Die Essenz des Laufens

Für Jeannette Fahrenstück, meine Schwester und Inspiration für dieses Buch. Danke.

Allgemeiner Hinweis:

Das vorliegende Buch wurde sorgfältig erarbeitet. Dennoch erfolgen alle Angaben ohne Gewähr. Weder die Autorin noch der Verlag können für eventuelle Nachteile oder Schäden, die aus den im Buch vorgestellten Informationen resultieren, Haftung übernehmen.

Juliane
Bruneß

Die ESSENZ des LAUFENS

ERKENNTNISSE AUS RENN-ODYSSEEN UND TRAIL-SINFONIEN

MEYER & MEYER VERLAG

Inhaltshinweis:

Das erste Kapitel behandelt unter anderem das Thema Suizid. Menschen, die über Selbstmord nachdenken, können sich jederzeit an die Telefonseelsorge wenden: 0800 1110111.

Die Essenz des Laufens

Bibliografische Information der Deutschen Bibliothek

Die Deutsche Bibliothek verzeichnet diese Publikation in der Deutschen Nationalbibliografie; detaillierte bibliografische Details sind im Internet über www.dnb.de abrufbar.

Auckland, Beirut, Dubai, Hägendorf, Hongkong, Indianapolis, Kairo, Kapstadt, Manila, Maidenhead, Neu-Delhi, Singapur, Sydney, Teheran, Wien

Member of the World Sport Publishers' Association (WSPA)

Gesamtherstellung: CPI - Clausen & Bosse, Leck

FSC www.fsc.org MIX Papier | Fördert gute Waldnutzung FSC® C084279

ISBN 978-3-8403-7810-2

E-Mail: verlag@m-m-sports.com

www.dersportverlag.de

INHALT

KAPITEL EINS

MANDARINENKUCHEN – ELBRUS WORLD RACE

Die Fischfutterflocken rieseln durchs neongrüne Licht, um sich kurz auf der Wasseroberfläche festzusetzen. Modrige Aquariumluft erreicht die Nase, als würde die wie ein Mund offenstehende mattschwarze Plastikklappe sie mir entgegenhauchen.

Sofort setzt sich der Madeleine-Effekt in Gang: Die Duftmoleküle aus der Luft gelangen in die Nasenhaupthöhle ans Riechepithel und zu den 30 Millionen Rezeptorneuronen, an die die Moleküle andocken, um sich über die an den Rezeptoren anhaftenden Sensoren direkt ins zentrale Nervensystem chauffieren zu lassen, rasend.

Ist die Geruchsinformation im Gehirn, nah an der Amygdala, dem Areal, das für Emotionen zuständig ist, angekommen, wird auch der Hippocampus als Teil des limbischen Systems, dem Wächter der Erinnerung, aktiviert. Zack, in weniger als einer halben Sekunde wird Erlebtes samt Emotion präsent. Bei mir flackern Bilder vom Toben auf bemoosten Baumstämmen im Wald der Kindheit auf. Alles ist leicht, grün, glücklich und ursprünglich.

Früher. Vor dem Suizid. Als die 0-förmigen Fischmäulchen anfangen, die Wasserhaut zu zerreißen, verschwimmt die Reflexion meiner verquollenen Augen darauf. Drei Fingerspitzen Fischfutter aus der gelben Fischfutterplastikdose. Klappe zu, Duft weg, Fische füttern fertig, erledigt, hämmert es durch den Kopf, als hinge das eigene Leben davon ab. Nächster Schritt.

Meine Finger hacken auf das Handy, um meinem Arbeitskollegen eine Textnachricht zu übermitteln, denn übermorgen ist Montag und an Werktagen wird gewöhnlich erwartet, zu arbeiten. Nicht so ich.

Montag werde ich nicht zur Arbeit kommen, lesen sich weiße Buchstaben auf schwarzem Hintergrund, Dienstag auch nicht. Ob ich je wiederkomme zur Arbeit, das kann ich jetzt noch nicht sagen, jedenfalls übermorgen nicht und jedenfalls sind die Fische versorgt, keine Sorge.

Nachfragen ignorierend, lege ich das Handy auf dem Holztisch ab. Alles, was notwendigerweise zu erledigen war, ist jetzt erledigt. Zwei Anrufe, die Fische, die Arbeit, alle Schritte erledigt. Ist noch etwas zu erledigen, irgendetwas, das mir Halt gibt oder Ablenkung, ist wirklich nichts mehr zu erledigen? Nein, wirklich nichts, alles ist erledigt, was zu erledigen ist. Punkt. Panik.

Im nächsten Moment bietet das Fenster der Balkontür dem Oberkörper den Halt, der gegen das Zusammensacken stützt, die Stirn schlägt gegen die Scheibe. Schreie schallen ins Ohr. Das müssen meine sein, denn ich bin alleine im Haus. Aber jemand muss mich doch umarmen, mich zusammenhalten, sonst werde ich auseinanderbrechen, das ist klar.

Die schwitzige Haut der Stirn stempelt einen schmierigen Abdruck auf das Balkontürglas. Ab jetzt ist alles anders, ab jetzt sieht man nur noch verschwommen hindurch. Oder sind das die Tränen, die den schwarzen Mascara in die Augen geschwemmt haben, der die Sicht behindert? Die durch den Grauschleier erkennbare Allgäuer Berglandschaft, das Immenstädter Horn, das sich auf der anderen Seite befindet, sieht unscharf noch sanfter und idyllischer aus, wie durch den Filter Harmonie. Als wäre nichts passiert. Als wäre alles okay und wie immer. Während ich von innen heraus eingehe.

Während ein anderer eben die verzweifeltsten Momente seines Lebens erlebte. Ein anderer. So anders ist er nicht. Der Heulkrampf verhindert das Atmen. Schreie ersticken ohne Atmung. Ich ersticke. Jemand muss mich fest umarmen, sonst werde ich eingehen. Irgendjemand.

Zehn Minuten zuvor verlassen sachliche Worte die Kehle, der Verstand funktioniert, als ich meine Schwestern informiere, dass ihr Vater nicht mehr lebt, dass er tot ist. Das ist zu erledigen. Ob meine Schwester rechts ranfahren könne, frage ich sie. „Warum denn das?“, fragt sie. Sie solle eben rechts ranfahren und erst dann informiere ich sie, als sie sicher am Straßenrand steht und nicht mehr im Schock als Reaktion auf meine Information in den Gegenverkehr fahren kann.

Sehr vernünftig ist das, einen Unfall soll sie nicht verursachen, nachdem sie die Information gehört hat. Meine andere Schwester frage ich, ob sie allein sei, nein, ihr Mann wäre bei ihr, der wird sie in den Arm nehmen können. Gut, also informiere ich auch sie. Sehr vernünftig ist das, denn allein sein und durch die Gefühle auseinanderbrechen soll sie nicht, nachdem sie die Information gehört hat.

Auflegen. Dann ist das erledigt. Das war vor den Fischen. Vor der Textnachricht, bevor ich das Handy weglegte.

Minuten zuvor, um kurz nach zwölf Uhr mittags, an diesem sonnigen Samstag im Mai, erreicht ein Anruf mein Handy auf dem Holztisch, an dem ich nach einem Schönwetterlauf am Alpsee sitze. Ein Heulen und die gebrochene Stimme meiner Mutter. Nicht in der Lage, auch nur ein verständliches Wort hervorzubringen.

Das braucht sie auch nicht, denn ich weiß sofort, was es ist. Papa ist tot. Wie? Das ist es, was ich nicht weiß. Er hat sich umgebracht. Brücke. Okay. Weitere Fragen funktionieren nicht.

Ein Schrei. Von mir? Mehr Information verkrafte ich nicht. Ob die anderen schon Bescheid wüssten? Das muss ich noch wissen. Nein, nur mein kleiner Bruder. Eine Polizeibeamtin hat ihn informiert und von der Uni abgeholt. Meine Schwestern wissen von nichts. Das erledige ich, sage ich. Und die Fische und die Arbeit, denke ich.

Ich komme, das sage ich noch in das feuchte Handymikrofon. Dann ist das Gespräch vorbei. Das war vor den zwei Gesprächen mit meinen Schwestern, vor den Fischen, vor der Textnachricht, vor dem Weglegen des Handys, vor dem schmierigen Balkontürglas.

Ein Jahr zuvor hat Papa noch gesagt: „Kind, lass das lieber sein. Den Mount Elbrus in Russland besteigen? Das ist viel zu gefährlich für dich. Guck dich doch mal an, du bist viel zu klein und zierlich für so was", während er meinen Oberarm demonstrativ schüttelt und daran erinnert, dass meine unmuskulären Ärmchen, wie er sie nennt, im Fitnessstudio nicht einmal das niedrigste Gewicht an den Geräten zu stemmen schafften.

Und, um mich zu necken, weil er weiß, dass mich das an die Decke bringt: „Das ist nichts für Frauen." Pff! Als ich das Equipment mühsam zusammengespart, gekauft und den Flug gebucht hatte, war er wie immer sehr stolz, dass sah man in seinen Augen und an seinem rechtsseitig hochgezogenen Mundwinkel.

Da sagte er gedämpft und ernst: „Kind, pass auf dich auf, komm gesund zurück!" Ein Fingerzeig auf die Wange, ein Kuss auf die Fingerzeigstelle und auf die Stirn, eine Umarmung, bei der er mit der rechten Hand meinen Rücken klopft.

Jahre zuvor stand er am Streckenrand eines Halbmarathons, den ich in meiner alten Heimat, dem Sauerland, lief. Angemeldet, um ihm stolz zu zeigen, dass ich Halbmarathon laufen kann. Ich wollte alles geben. Unklug war es, die Flasche Wein auf der Geburtstagsfeier mit Freunden am Vorabend zu trinken.

Statt als stolze Läuferin an ihm, dem Wartenden, dem zu Imponierenden, vorbeizulaufen, humpelte ich in zweistelliger Pace krampfgeschüttelt, in gebeugter Haltung, die Hände in Wadennähe, die Zuckende immer wieder kneifend, ins Ziel. Ein lächerliches Bild war das, Stolz unangebracht.

Lachend empfing er mich, drückte mich an seine Brust, sein herausragender Kuchenbauch war im Weg. Er schmunzelte: „Ach, so sieht das aus, wenn man Marathon läuft? Dann könnte ich das ja auch." Freute sich selbst am meisten über sein gelungenes Necken und reichte ein Stück seines Lieblingskuchens, Mandarinenkuchen, als Versöhnungsangebot. Kuss auf die Wange, Stirn, Umarmung mit Rückenklopfer.

Weitere Jahre zuvor stand er noch am Streckenrand meines ersten Fünf-Kilometer-Laufs, dem Radio-MK-Lauf, in Hemer mit zwei Stücken Kuchen. Eines davon: Mandarinenkuchen, für mich.

Jetzt ist er tot. Kein Kuchen, kein Kuss, kein Pabba, nie mehr.

„Da oben wirst du deinem Papa nah sein", sagen sie. Das ist makaber und es stört mich, wenn sie es sagen. Auf 5642 Metern Höhe wäre man dem Himmel so viel näher. Na und?

An den Himmel glauben vielleicht Kinder. Ich bin kein Kind mehr, leider. Tod ist Tod und das ist schlimm. Einem toten Papa will doch keiner nah sein, nur dem lebendigen. Mit Mandarinenkuchen, Rückenklopfen, jedem Necken der Welt und dem rechtsseitig hochgezogenen Mundwinkel.

Die Wochen nach dem Suizid bestehen aus Aushalten. Neben meinem Jurastudium, erst in Marburg, dann in Norwich und Bonn, habe ich mich für eine Fernuni entschieden, damit ich örtlich nicht gebunden bin und in die Berge ziehen kann. Es wird das Allgäu und eine Teilzeitstelle. Das Entgelt ist so niedrig, dass ich mir weder eine Wohnung noch ein Zimmer im hochpreisigen Bayern leisten kann.

Daher bietet mir mein Arbeitgeber an, während des befristeten Jobs auf einer Matratze in der Abstellkammer am Arbeitsplatz zu wohnen, wenn ich ab und zu die Fische versorge. Deal. Zwischen Aktenregalen zu schlafen, macht mir nichts aus, habe ich doch sowieso vor, viel draußen zu sein und maximal zum Schlafen in mein Zimmer einzukehren. Nun ist die Situation gekippt.

Der Rückzugsort, den ich bräuchte, ist nicht vorhanden, ich kann ihn zwischen Aktenschränken auf circa zwei Quadratmeter Bewegungsfläche nicht finden. Immer wieder kommt ein Kollege oder eine Kollegin in mein Kämmerchen, um sich der Akten zu bedienen und unterbricht dabei ab und zu einen Weinkrampf, zu dem ich mich zurückgezogen hatte. Das ist mehr als unangenehm.

Mit geröteten Augen anschließend im Gemeinschaftsbüro zu sitzen, macht die Situation noch unerträglicher. Die Blicke der Kollegen wiegen Tonnen. Gleich der Enge meiner Wohnsituation fühlt sich die innerliche Beklemmung an. Von allen Seiten wird es eng: rechts, links, unten, oben und von den Schultern aus drückt zusätzlich eine Art schwerwiegender Trauerrucksack zu Boden. Dem Gewicht standzuhalten, ist kraftaufwändig.

Und so werden die Tage multitonnenschwer. Sie bestehen aus Aushalten, Gegenhalten. Das Aufwachen aushalten, das Wachsein aushalten, Gespräche aushalten, Nachfragen aushalten, sich nicht zu verkriechen, aushalten, Menschen aushalten. Fischefüttern nicht vergessen. Gedanken aushalten, Stille aushalten, Dasein aushalten, die allabendliche Panikattacke in der Abstellkammer aushalten, Zeit aushalten.

Was das Aushalten unterbricht, ist eines: mich erschöpfen. Einen Allgäuer Gipfel hochklettern oder lange laufen. Jeden Tag. Jeden Tag ist es ein vierschrittiges Prozedere.

ERSTENS: DER ANRUF

Täglich erhalte ich einen Anruf, keinen unangenehmen, sondern einen angenehm innerlich drängenden. Angenehm, weil er aktiviert, mich aufweckt, hinhören lässt und weghören von meiner Befindlichkeit. Es sind die Allgäuer Alpen, die mich ansprechen. Sie meinen mich, das ist klar. Sie rufen an und ich habe keine Option, den Anruf abzulehnen.

Natürlich kenne ich den häufig auf Instagram verhashtagten, auf Pullover wie Tassen gedruckten, in Outdoor-Kreisen inflationär genutzten Satz von John Muir: "The mountains are calling and I must go." Das Rufen ist tatsächlich ein eindringliches *must*, so, dass ich weder weghören, mich wegducken noch nicht folgen könnte.

Am lautesten höre ich es, wenn ich vom am Arbeitsplatz liegenden Alpsee aus auf die Bergsilhouette schaue. Das Wasser ist schön anzusehen, aber es spricht mich nicht an, es liegt einfach nur da, von mir wahrgenommen, aber keine tiefere Beachtung fordernd.

Die sich im Wasser spiegelnden Bergekorpusse dagegen machen etwas mit mir, sie tangieren mich. Als würden sie mich physisch berühren. Sie fassen mich an, ziehen mich in einen Bergbann und scheinen daran zu arbeiten, eine Beziehung zu mir aufzubauen. Das schaffen sie. Selbst wenn ich in meiner Abstellkammer auf der Matratze hocke, bergblickfern, höre ich die alpine Ansprache, ich höre sie körperlich spürbar.

Sind es die Berge in ihrer Gesamtheit oder ist es jeden Tag ein anderer der über 600 Gipfel, der da ruft? Keine Ahnung. Um das herauszufinden, muss ich der Anfrage folgen. Ich kann nicht direkt los, denn zuerst muss ich arbeiten. Zum Glück ja in Teilzeit, das heißt, jeden Nachmittag kann ich ab spätestens vier Uhr raus, zur Beantwortung des Anrufs.

Jeden Nachmittag muss ich da hoch, auf jede einzelne Spitze, es gibt kein Umschiffen, denn ich werde gezogen, gleich einem Sog zerren die Berge meinen Verstand zum Tourenplanen und meine Beine bergwärts.

Sie versetzen mich durch ihr Rufen in eine Unruhe. Es kribbelt erst im Bauch, dann im Kopf, dann wippen Fuß und Bein ungeduldig unter dem Schreibtisch. Es ist kein Kribbeln wie beim Verliebtsein, eher wie in einer intuitiven Aufbruchstimmung, wahrscheinlich spüren Gnus auf ihren Streifzügen durch die Savanne auf Futtersuche Ähnliches. Als ginge es ums Überleben. Es ist weder angenehm noch unangenehm, es ist da und kann nicht überspürt werden.

Warum ist das so? Das Warum kenne ich (noch) nicht, aber ich weiß mit absoluter Sicherheit, dass ich los muss und zwar jeden Tag einmal. Kribbel, kribbel, kribbel. Gut, okay, dann folge ich dieser Besessenheit, ohne zu wissen, aus welchem Grund ich mich so hingezogen und hochgetrieben fühle, angerufen und gelockt. Vielleicht kann ich gleichzeitig dem Unten entsteigen, mir entsteigen, meinem Kopf, den Gefühlen, der Schwere, dem Drücken, allem.

ZWEITENS: DIE ANTWORT

Als entspräche das Rufen einer Logik, folge ich ihm. Ich lausche und gehe ihm entgegen. Jeden Tag aufs Neue drücke ich beim Anruf der Berge innerlich auf die grüne Annehmen-Taste. Um nach der Arbeit möglichst schnell loszukommen, setze ich mich an jedem neuen Werktag in meinen Bergsteigerinnenklamotten, also in Laufsachen, vor den PC.

Wenn ich mein Frühstück zubereite, packe ich direkt auch meinen Trailrucksack. So ist er schon frühmorgens für den Nachmittag gepackt und steht den Tag über in fluchtartiger Manier griffbereit neben meinem Drehstuhl. Wasser, Riegel, Jacke, Kopflampe, Erste-Hilfe-Set, reicht.

Mein rechtes Handgelenk positioniere ich so neben der Tastatur, dass meine Augen stetig rechtsseitig an ihm vorbeigleiten könnten, um, wie zufällig, auf den Rucksack zu schielen, gleich einer Beruhigung.

Neun Uhr, Mist, sieben Stunden noch. 12 Uhr, mh, vier Stunden noch. 15 Uhr, okay, eine Stunde noch. Aushalten, aushalten, ein bisschen noch. Blick auf die Uhr: 16 Uhr. Es darf losgehen.

Jeden Tag nach meinem Teilzeitjobarbeitstag sage ich Tschüss Trauer und bin kurz draußen. Dem Anrufen der Berge folgend, mit meiner Abwesenheit unten und Anwesenheit oben antwortend. Mein Drehstuhl hat seine Rotation nach meinem Aufspringen noch nicht beendet, da habe ich schon meinen Rucksack gegriffen und bin mit einem weiten Schritt über die Türschwelle gestiegen. Ein „Tschau Leute, bis moin“ wegmurmelnd, die Antwort der Kollegen nicht abwartend, bin ich raus.

Die Berge präsentieren sich einladend, fast erlösend. Ich trete aus meinem Schatten ein in die Bergwelt, auf einem Forstweg, einem Trail oder auf Teer, Hauptsache hinauf. Auf den Serpentinen zum Gipfel beginnt eine vielgliedrige Transformation, egal an welchem Gipfel, es passiert jedes Mal Erstaunliches.

Unten im Tal, in Immenstadt, drückt die Trauer zu Boden, der unsichtbare Rucksack ist gefüllt mit Schwerem und zieht meinen Körper und mein ganzes Wesen fußbodenwärts, ich kann kaum aufrecht stehen, ich sitze und trotte geduckt, kann nur kurzatmig überleben, so schwer drückt er mich runter und zwar pausenlos.

Dazu kommt die räumliche Enge meiner Kammer, die mich zusammenzupressen scheint, sie nimmt mir den Rest Atemraum, mit fortschreitender Zeit rücken mir die Wände von allen Seiten auf die Pelle und quetschen mich zusammen. Das ist anstrengend. Es ist mir aber möglich, den drückenden Trauerrucksack gegen meinen Trailrunningrucksack auszutauschen, zumindest zeitweise.

Nämlich täglich ab 16 Uhr gehe ich raus, aus dem Haus, über die Straße, auf den Trail, aus Immenstadt, aus dem tiefen Tal, steige ein in die Bergwelt und schaue Meter für Höhenmeter von oben herab auf die Stadt. Dann scheint auf einmal nur noch das Gewicht des Trailrucksacks auf meinen Schultern zu liegen.

Der Trailrucksack-Trauerrucksack-Tausch funktioniert, schwere Trauer-Teil bleibt im Tal hängen. Als könnte ich es einfach unten lassen, befreiend.

Da unten, da steht es und klar, es wird mich wieder erwarten, wenn ich zurück bin, in manischer Zuverlässigkeit wird es sich wieder auf meine Schultern heften, aber jetzt bin ich erst einmal kurz weg. Jeder Schritt bergauf lässt mich mein Kreuz aufrichten, richtig durchdrücken. Beim Aufsteigen registriere ich Schritt für Schritt intensiver: Hier kann ich ein- und ausatmen, tief, da ist Platz im Brustraum.

Nur bei meinem alltäglichen Gipfelgang gelingt das. Atmen. Und so steige ich, mal eine Stunde, mal mehrere, täglich einen Berg hinauf. Das Steigen entrückt mich. Einatmen, ausatmen, Kreuz durchdrücken, entschlüpfen.

Am Gipfelkreuz angekommen, fühlt es sich an, wie es sich in der Vorstellung eines Himmels anfühlen muss oder im drogenbedingten Rausch:

leicht, taub, frei. Hier lässt es sich aushalten, eine gewisse Weile. Sprengt die viele Luft gleich meine Lungen? Kann zu viel Sauerstoff high machen?

Und ich brauche den Stoff, denn der Anstieg war anstrengend, schlafe ich doch seit Tagen schlecht in der Todeszone Tal mit ihrem stark verringertem Sauerstoffgehalt. Durchatmen. Weder flach, stockend noch tränenunterbrochen, sondern tief, frei, ein, aus. Gleich der Weite des unermesslichen Ausblicks weiten sich die Lungenflügel. Es scheint ein Spiegelverhältnis zu sein. Räumliche Weite gleich innere Weite.

Das versichert mir, dass hier oben eine panikfreie Zone ist. Für Panik böte sich keine Gelegenheit, denn ich atme tief und während einer Panikattacke geht das nicht, Panik verflacht die Atmung, lässt nach Luft japsen, gleicht einem Ertrinken. Nicht hier oben. Hier oben ist auch die gefühlsfreie Zone, die rucksackfreie Zone, meinen Trailrucksack mal ausgenommen, der aber wiegt nur rund zwei Kilogramm statt zubodendrückendes, nicht in Kilogramm messbares Gewicht.

Der Blick über den steil abfallenden Berghang zurück und hinab ins Tal zeigt eine andere Welt, und zwar eine zur Nichtigkeit kleingeschrumpfte Welt. Durch ihre optisch geringe Größe bekommt sie in meinem Bewusstsein eine verringerte, eine verschwindend kleine Bedeutung zugeordnet. Es scheint sich wieder ein Spiegelverhältnis abzubilden.

Ich kann diese andere Welt hier oben sogar kurz vergessen. Kurz, weil die Zeit verfliegt, während sie unten stillsteht. Stunden vergehen wie Minuten. Kaum bin ich oben, droht schon die Dämmerung und Nachmittag wie Abend sind fast Vergangenheit. Zack, Bergzeit rum. Stehe still, Zeit, bitte, nur kurz. Aber den Gefallen tut sie mir nie.

Die Masse der Bergriesen, die Größe und Höhe der Gipfel drücken mir eine Erkenntnis auf: Wie klein und krümelig das Ich ist, samt seiner Gefühle, Körperlichkeit, seiner Psyche. Dieses Wissen erleichtert. Es ist, als sei ich in einer Bergblase aufgehoben, und zwar als eine Art erwachsenes Embryo, wohlbehütet, Mutter Erde hat mich in ihrer sicheren Obhut. Das Ich ist so schön unbedeutend klein im Gegensatz zu der Millionen Jahre alten substanziellen Bergwelt. Sie lässt gar keinen Raum für ein Ich. Ich bin zu Besuch, eine Zuschauerin ohne Hauptrolle, ich spiele überhaupt gar keine Rolle, bin eigentlich nicht richtig da, nur einen Fingerschnips lang, dann bin ich wieder weg und nichts und niemand wird meinen Gipfelbesuch erinnern.

Und das ist okay so, gut sogar, denn das Aufzeigen meiner Bedeutungslosigkeit beruhigt. Ich selbst habe nur Bedeutung als zeitweiser Part des Gipfels, auf dem ich stehe, nur in der Verbindung mit der Umgebung mache ich Sinn.

Sigmund Freud, Erfinder der Psychoanalyse, hat den Begriff des ozeanischen Gefühls geprägt. Das muss es sein: ein Erleben von Verbundenheit zwischen dem Ich mit der Umwelt, ein Einssein mit dem Universum, eine Art religiöses oder mystisches Erlebnis.

Da die Welt für uns Menschen von Schmerz, Enttäuschungen und Verdruss geprägt sei, scheine die Erreichung des ozeanischen Gefühls eine willkommene Möglichkeit zu sein, um dieser pessimistischen Analyse entgegenzuwirken. Das Linderungsmittel gegen Leid hat für mich die Form eines Bergs. Die Vorstellung des Verbundenseins mit dem All tröstet.

Das Gefühl entspricht einer All-Einheit, wie Säuglinge sie haben, bevor sie zwischen Ich und Welt zu unterscheiden lernen. Alles ist eine große Suppe; ich, du, Welt, Berg, Gefühl, Stein, weit, nah, alles eins. Zoome man aus dem Szenario heraus, würde man mich aus der Ferne als Person gar nicht erkennen, den Gebirgszug im Gegensatz schon und mich maximal als Teil des Gesamtbilds, der großen Suppe. Hier oben existiere ich kaum, nur als existenziell befristetes Fleisch auf standhaftem Stein in einer All-Einheit. Schön.

DRITTENS: DIE VERWANDLUNG

Ich habe den Anruf gehört, bin gefolgt und dank dessen bin ich draußen, aus der Welt, die das Ich erfährt, aus allem, was ich kenne. Anders ausgedrückt, ich bin drinnen, in der Gesamt-Suppe Welt, das Ich als Einzeleinheit nicht fragmentierbar.

Eine Veränderung beginnt. Verändert hat sich auch das Tageslicht. Es hat den Staffelstab der blauen Stunde übergeben. Irgendwann, nein, leider schon jetzt, muss ich wieder hinuntersteigen, meinen Safe Space verlassen, vom Himmelrauschen in die tiefe Senke wechseln. Mit jedem negativen Höhenmeter kommen die Lichter Immenstadts näher, wachsen von Streichholzgröße zu lebensgroßen Laternen und leuchtenden Fenstern heran.

Ah, hallo, schwerer Rucksack, ich spüre dich wieder. Es drückt und zwickt. Kurz muss ich die Luft anhalten und eine Weile ohne die Bergluft aushalten, in die Stadt tauchen. Nase zu und rein. Eine harte Akklimatisation durchlaufe ich. Die Melancholie der Ankunft nimmt Raum im Inneren ein, bis zum nächsten Nachmittag. Bis dahin muss ich einfach nur: aushalten. Aushalten. Aushalten bis zum nächsten Austausch am und mit dem Berg.

Es ist, als gäben mir die Berge etwas mit, ein Geschenk, das ich mir täglich abholen darf. Ich bewandere den Berg und kehre bewandert heim. Ich sage ein ungehörtes, unerwidertes Danke, jeden Tag aufs Neue. Es ist eine einseitige Beziehung, die mir sehr viel gibt, indem sie mich, jedes Mal auf andere Weise, verändert und mich beschenkt, vielfach.

Eines der Geschenke heißt Resonanz, also das Inverbindungtreten mit der Welt. Ein weiteres Geschenk heißt Bewusstmachung von Bedeutungslosigkeit. Und ein sehr praktisches Geschenk ist noch die körperliche Erschöpfung.

Nicht immer sehen die Geschenke gleich aus, manchmal gehe ich leer aus. Dann, wenn die Berge mal nicht rufen. Aktuell rufen sie täglich und ich darf dann ein Mitbringsel abholen.

VIERTENS: DIE UNVERFÜGBARKEIT

Ich bin wieder unten, auf dem Boden der Tatsachen, auch im tatsächlichen Sinne auf dem Fußboden meiner Abstellkammer, immerhin einige Zentimeter darüber auf einer Matratze gebettet. Der Rausch ist schnell verflogen, eher verpufft, er hält nicht an, leider.

Ich lerne: Wird der Körper gipfelbedingt ermüdet, jeder Energie verlustig, dann wird auch der Kopf im Tal taub. Nicht auf die angenehme Art wie oben, aber ein wenig taub eben, ein anderes taub, ein sehr willkommenes Phänomen. Die allabendliche Panikattacke vorm Schlafengehen dockt zwar kurz an, wird aber von lähmender Erschöpfung beruhigt und dann früher als ohne Gipfel vom erlösenden Schlaf unterbrochen.

Schlaf. Sobald ich das Bewusstsein verliere, ist es vorbei, der Rucksack ist erneut für kurze Zeit nicht spürbar.

Trotz meiner Methode ziehen sich die Tage ins Unendliche. Wie viele Gipfel muss ein Mensch machen, bis das Aushalten endet? Ich wünsche mir, dass der Vorrat an Gipfelgaben ein Vorrat unendlicher Art ist. Leider, werde ich erfahren, rufen nicht alle Berge nach mir und vor allem hat nicht jeder Berg Geschenke parat. Der Mount Elbrus in Russland zum Beispiel wird sich mir gegenüber geizig zeigen.

DAS HÖHER

Je höher man steigt, desto intensiver fällt die viergliedrige Rauscherfahrung aus. Schön wäre es, wenn diese Gleichung aufginge. Geht sie nicht. Das erlebe ich leiblich im Kaukasusgebirge.

Szenenwechsel zum Mount Elbrus, selber Sommer, nach dem Anruf meiner Mutter und dem der Berge. Der Elbrus ist der höchste Berg des Kaukasusgebirges, der höchste Berg Russlands und der höchste Berg Europas. Letzteres dann, wenn man die innereurasische Grenze, für die es keine allgemeingültige Festlegung gibt, östlich des Bergs zieht.

Der höhere Punkt des zweigipfligen Bergmassivs ragt, getrennt vom anderen Gipfel durch einen Sattel, 5642 Meter über dem Meeresspiegel empor. Diesen Punkt der Doppelspitze gilt es zu besteigen, der andere Gipfel ist nämlich 21 Meter niedriger.

Als Teil der Seven Summits, der höchsten Erhebungen der jeweiligen Kontinente, ist das Massiv bei Bergbegeisterten populär, so auch bei mir. Also ziehe ich an allen Hebeln, die mir eine Elbrus-Expedition möglich machen.

Ich spare Geld, so gut es geht. Meine Ersparnisse zur Abdeckung der Kosten in Höhe von rund 5000 Euro reichen längst nicht aus, also frage ich Sponsoren unter anderem auch für die teure Expeditionsausrüstung an, stelle eine Buchungsanfrage an ein Expeditionsunternehmen und suche unter dem #Elbrus Bekannte aus der Szene über Instagram und versuche, sie mit ins Boot zu holen, um Gemeinschaft zu finden. Alles funktioniert.

Im August steigen wir zu fünft (Magdalena, Anja, Christopher, Marcel sind an Bord) mit entsprechenden Visa ausgestattet in Moskau aus dem Flieger und machen uns auf den Weg in die Elbrus-Region. Da der Elbrus lange als heiliger Berg gesehen wurde, galt eine Besteigung als Tabu. Das ist inzwischen nicht mehr so. Wir wollen es angehen, ihn anzugehen. Wir verlassen die Metropole und fahren vom Großen ins Kleine.

Ob mich der Elbrus wie die Allgäuer Alpen angerufen hat? Nein, das Hingezogensein und die Faszination rühren von seiner Bekanntheit, den Mythen, Geschichten und Anekdoten. Man liest: Einer Sage zufolge ist die Arche Noah vor ihrer Landung am Ararat kurzzeitig am Elbrus gestrandet. Außerdem soll Prometheus, der laut griechischer Mythologie den Göttern Feuer stahl, um es den Menschen zu bringen und so Urheber der menschlichen Zivilisation wurde, genau hier zur Strafe angekettet worden sein, während ein Adler stetig von seiner ständig nachwachsenden Leber fraß.

Die persischen Dämonen Divs verbannte man zur Strafe für ihre Sünden auf den Elbrus und seitdem sollen sie hier leben. Erzählungen über Erzählungen klingen in meinem Ohr, als ich ihn das erste Mal aus der Ferne sehe.

Sein Rufen aber dringt nicht zu mir, er schweigt mich laut an als ich drei Monate nach dem Anruf, dem einschneidenden Anruf, nicht dem der Berge, sondern dem von meiner Mutter, Elbrus-Gebiet betrete und erstmals direkt vor dem mythenumwobenen Riesen stehe. Kein Mucks, sondern Totenstille auf dem Bergtelefon. Ich warte darauf, wie man auf die Nachricht des Angebeteten wartet, wenn man verliebt ist. Vergebens.

Tägliche Akklimatisationstouren, kein Duschen, die Gewöhnung, in Barrels zu schlafen, das ist Elbrus-Alltag. Barrels? Das sind runde, große, quer liegende Fässer, die als Schutzunterkunft gegen Kälte und Wind auf 3900 Metern Höhe dienen.

Extreme Witterungen lassen die russischen Nationalfarben in Weiß, Blau und Rot abblättern und zeigen pigmentiert die übertünchte rostige Beschaffenheit. Darin drei Holzhochbetten, ein Tischchen, ein Stuhl; daneben finden fünf Menschen eincontainert Platz zum Schlafen.

Übungen, wie man sich beim Abrutschen in die Tiefe mithilfe eines Eispickels retten kann, sollen unser Überleben sichern. All das bringen wir in den Tagen vor der Besteigung hinter uns. Wir scheinen bereit zu sein, meint zumindest unser Bergführer.

Am Gipfeltag kriechen wir um zwei Uhr nachts aus unseren Barrels, um draußen vom Bergführer empfangen zu werden. Heute wird es passieren. Ein prognostiziertes Gutwetterfenster lockt. Die arktische Kälte der Nacht schneidet messerscharf in alles, was nicht durch wärmenden Stoff abgedeckt ist. Den Schmerz entschädigt sie, indem sie uns sehr klar abzeichnende Sterne zur Schau anbietet. Im Gänsemarsch starten wir steil aufsteigend in die Expedition auf den Mount Elbrus.

Auf dem Mond würden wir uns nicht schneller bewegen. Schritt, atmen, Pause, Schritt, atmen, Pause. Auch die Montur erinnert an Neil Armstrongs Outfit 1969. Statt schnittiger Trailrunningklamotten tragen wir aufgeplusterte Windjacken über Daune, über Pullovern, über Funktionswärmeshirt, über Unterhemden, untenrum kiloschwere Stiefel, steigeisenfest.

Schritt in Zeitlupe für Schritt in Zeitlupe hacken die Steigeisen wie Anker in den vereisten Schnee, gleich einem Zahnrad, verlässlich in einem zeitlupenlangsamen Takt, stetig, malmen wir uns ins Hoch und thronen bald über dem Kaukasusgebirge. Die Dämmerung setzt zeitgleich ein und macht bei jeder Kopfwendung nach hinten eine Weite erfassbarer, die ich nicht kannte.

Als würden wir auf einer Leiter zu den Sternen steigen, unter uns ein Gipfelmeer; solche Gedanken kommen mir in den Sinn bei diesem Anblick purer Pathetik. Offensichtlich entsteigen wir der Welt.

Der Sonnenaufgang im Osten offenbart dann die endlose Weite und stellt dem Auge eine überfordernde Anzahl an Gipfeln unter uns dar. Kann ein Anblick wirklich atemraubend sein? Nein, das ist die Höhe. Auf die Höhe antwortet der nach Atem ringende Kopf mit dröhnendem Schmerz, der Magen mit Grummeln, Anzeichen der Höhenkrankheit erinnern an den schlimmsten Kater, den man sich nicht einmal ausmalen mag.

Viel trinken, ermahnen wir uns gegenseitig. Ein Teammitglied spuckt. Blutspritzer zeichnen sich im Schnee ab. Ein paar Meter weiter sieht man Erbrochenes, nicht nur ihr scheint es an der Stelle so schlecht ergangen zu sein. Das sieht nicht gut aus. Sie will aber weiter, hoch, zum Gipfel.

Im Vergleich zu ihren Beschwerden sind meine Kopfschmerzen und das Unwohlsein eine Lappalie. Steigt sie, muss auch ich steigen, so wie wir alle, sie unterstützend, das ist ganz einfache Gruppenpsychologie. Wenn die Schwächste weitermacht, müssen alle weitermachen. Okay. Machen wir weiter.

Bei minus 30 Grad Celsius und zu wenig Sauerstoff in den Lungen fällt das Denken schwer. Die Eiseskälte brennt beim Einatmen in den Nasenflügeln. Der eisige Wind findet jeden Millimeter freiliegender Haut und schneidet hinein, simultan sengt die Sonne genau diese wenigen Zentimeter Haut erbarmungslos dorr. Sonnenbrand auf erfrorener Haut brennt doppelt.

Zwar liegt nicht viel zu verbrennender und zu erfrierender Haut frei, aber die kopf- und gesichtsumschließende Sturmhaube hat um die Mundpartie etwas Stoff ausgespart, damit der Atem beim Höhenbergsteigen nicht noch durch dicken Stoff gezogen werden muss. Die Atmung macht auf über 5000 Metern Höhe sowieso schon große Mühe, weil die Luft hier oben dünn ist, der Sauerstoffgehalt ist auf die Hälfte geschrumpft.

Auf über 8000 Meter Höhe ist der Sauerstoffgehalt so niedrig, dass man von der Todeszone spricht. Für mich ist 3000 Meter darunter schon die Todeszone erreicht, genau hier, am Mount Elbrus in Russland, fühle ich mich dem Tod näher als je anderswo. Ganz anders als in den Allgäuer Alpen fühle ich mich nicht frei.

Ersticke ich gerade? Meine Hand greift zur Sturmhaube und will die Mundpartie freilegen, aber das tut sie schon, die Hand langt ins Leere.

Ich hechele mich vorwärts. Über dem Sattel, der West- und Ostgipfel des Mount Elbrus verbindet, erscheinen die Worte. Kurz vor Erreichen des höheren der zwei Gipfel des Elbrus Massivs, dem Westgipfel, klingen sie deutlich an. „Da oben wirst du deinem Papa nah sein … Auf 5642 Metern Höhe bist du dem Himmel so nah …"

Gleich bin ich da oben und damit dem Himmel näher als ich es jemals war. Die Worte mag ich zwar nicht, eingebrannt haben sie sich trotz meines Gegenwillens. Ein Schluchzen unterbricht die beschwerliche Atmung. Ich ersticke. Ersticke ich jetzt? Hecheln. Heulen.

Jemand muss mir helfen, mich umarmen. Stattdessen ein schmerzender Schlag in Form der Klang der Stimme im Kopf: „Kind, lass das lieber sein." Umarmung, Rückenklopfen, Kuss. Diese Gesten hätte ich gerne eingefroren, um sie bei Bedarf aufzutauen zu können, um sie wieder zu fühlen. Bedarf bestünde jetzt. Aber da ist nur das arktisch Eisige, das mit einem weiteren Windstoß antwortet, der die anderen die Eispickel in den Boden hämmern lässt, damit er sie nicht zu Boden ringen kann.

Meinen Körper lasse ich gewähren, er gibt nach und sinkt nieder wie ein Sack neben den gespurten Pfad und verschmilzt mit dem Schnee. Nicht mehr den Schein zu wahren, standhaft zu sein, tut gut, nur kurz pausieren auf dem Sattel zwischen den gigantischen Gipfeln, bevor es auf die Gratwanderung zum höchsten Punkt geht.

Ein Innehalten ist dort nicht mehr möglich, der Grat ist so schmal, dass ein Straucheln oder Hinsetzen einen Absturz bedeuten würde. Tage zuvor lernten wir ja den Umgang mit dem Eispickel, der in solchen Situation Leben retten soll und einen Rutsch in die über 5000 Meter Tiefe verhindert. Jetzt dient er als Stütze zum Aufstehen in Richtung Grat.

Ich würde gerne umdrehen, ich wäre gerne woanders, aber das geht nicht. Der einzige Weg führt bergauf für mich. Ich bin gefangen in Gesellschaft. Die anderen akzeptieren kein Innehalten und das ist lebensrettend, also weiter, hinauf.

Überkochende Emotionen bei eingefrorenen Gedanken auf dem Gipfel des Mount Elbrus, dem höchsten Punkt des Kaukasusmassivs, dem höchsten Punkt Russlands, dem höchsten Punkt Europas.

Freudvoll
Und leidvoll,
Gedankenvoll sein,
Hangen
Und bangen
In schwebender Pein,
Himmelhoch jauchzend,
Zum Tode betrübt –
Glücklich allein
Ist die Seele, die liebt.

An Goethes *Freudvoll und leidvoll* erinnert, sehe ich uns am Gipfel stehen. Irgendwie himmelhoch jauchzend und gleichzeitig zu Tode betrübt, in einer Odyssee verweilend und eine tiefe Schluchzsinfonie produzierend. Glücklich, voller Liebe und dankbar, einen so tollen Papa gehabt zu haben, unglücklich über die allgegenwärtige Vergänglichkeit.

Das Schluchzen lässt weder eine ausreichende Atmung noch eine gute Sicht zu, blockiert die luftliefernde Nase mit unnötigem Trief. Die schmierigen Scheiben der Skibrille, als obligatorischer Augenschutz, beschlagen. Schmetternde Windstöße wollen uns offenbar vom Gipfelplateau hauen. So eine brutale Natur.

Fotos machen und wieder hinuntersteigen, das ist der Plan. Weg vom himmelnah, hier will ich nicht länger sein. Trauer und Verzweiflung ziehen viel mehr Kraft als der körperlich beschwerliche Aufstieg auf einen der Seven Summits. Der Rückweg wird sehr beschwerlich werden. Nicht jeder Gipfel gibt Geborgenheit. Der Elbrus verkloppt.

Der Rückzug aus der sauerstoffarmen Zone ist härter als der Aufstieg. Wieder unterhalb des Gipfels kotze ich mir nicht nur die Seele aus dem Leib. Tränen, Erbrochenes, Schweiß, Nasentrief – der Körper gibt viel an diesem Tag. Das nach Sauerstoff lechzende Gehirn fabriziert irre Gedankengänge.

Statt den Schnee als Gefahr zu erkennen, stellt es ihn als Verlockung dar, als eine Einladung, für immer hocken zu bleiben, einzuschlafen und nie mehr aufzuwachen. Die Trauer, die Schmerzen, nichts mehr zu spüren, alles wäre weg, nichts mehr da. Zum Leben zu unmotiviert, zum Sterben zu motiviert.

Fühlt es sich so an, wenn man nicht mehr leben will? Nein, das sind keine Suizidgedanken, wir tun hier immerhin das Lebensbejahendste, das ich mir vorstellen kann. Das ist Erschöpfung, gepaart mit Höhenkrankheit, Trauer und der entlastenden Vorstellung einer Exitoption aus der Tour.

Das Team wartet zu meinem Leidwesen auf mich. Ciao, Exit. Lasst mich doch bitte hier verweilen und geht. Ein Alleinsein wäre schön. Und einen kurzen Moment schlafen. Das Relikt meines Verstandes fasst diese unklugen, der Sauerstoffarmut geschuldeten Gedanken.

Zwei meiner Freunde helfen mir, die Arme untergreifend, auf und zerren mich Richtung Runter, dahin wo mehr Verstand spendender Sauerstoff wartet und ich lasse sie gewähren. Rührend, dass sie sich kümmern, danke.

Irgendwie, ich mit viel Po-Rumgerutsche, kommen wir von diesem Berg zu unserem Barrel. Vor der weiß-blau-roten, rostigen Blechtonne liegt bald wieder eine Lache Erbrochenes und ich bekenne mich schuldig. Irgendwann krieche ich in diese Tonne, in meine Koje auf das Holzlattenbett. Der Schlaf erlöst zuverlässig von Gedanken, Gefühlen und auch vom Spucken.

Kein Traum von Fischfutter, Bildern von Allgäuer Alpen, an den Seiten eingerissen und dem erdigen Sand auf dem Sarg, sondern traumloser Schlaf, angenehmste Bewusstlosigkeit, endlich bewusstseinslos. Das Aufwachen führt zurück in den Albtraum, den hinter mir liegenden und den mich erwartenden. Das hier ist noch lange nicht vorbei, die Expedition war erst der Anfang.

In wenigen Tagen würden wir das Elbrus Word Race laufen. Was? Wie soll das nach der brutalen Erfahrung am Gipfel des Elbrus funktionieren? Angemeldet bin ich für den Ultratrail, der über 66 Kilometer mit 3900 positiven wie negativen Höhenmeterns auf sehr technischem Gelände durch das Kaukasusgebirge führt, über Kletterpassagen, mit Flussquerungen und durch eine Schlechtwetterwand.

Wie soll ich das bei mentaler Minusenergie schaffen? Absagen ist keine Option, genauso wenig wie das todbringende Sitzenbleiben im Schnee, es muss weiterlaufen. Das Leben ist wie immer erbarmungslos, wie der Elbrus, wie der Laufsport.

Man muss das aushalten, so glaube ich zu dem Zeitpunkt. Zwar habe ich keine mentale Energie für einen Wettkampf, aber ich freue mich auf die Belohnung nach dem Race: Es wird Erschöpfung warten gleich einer Bewusstlosigkeit. Das ist es, was ich brauche. Das wird schön. Das Race ruft.

Szenenwechsel zum Elbrus World Race. Nach dem Start in Jilysu, westlich des Elbrus gelegen, trabe ich in Zombiemanier, wenn es das wilde Gelände zulässt, ich steige das viel zu steile, viel zu technische Gelände entlang, schaffe gerade so die für einen Laufwettkampf viel zu technische

Kletterpassage, bei der ich meinen Rücken über einem viel zu tiefen Abhang hängen sehe.

Der Wettkampf führt über lauter Nichtwege. Trabe einfach als Gnu weiter. Intuitives Weitertraben, aus einem inneren, nicht in Worte fassbaren Antrieb heraus. Fahrig vegetiere ich im Kaukasus rum. Dafür, dass wir uns mitten in der Wildnis befinden, was aufregend anmutet, ist meine Haltung stoisch.

Selbst bei den Flussüberquerungen durch den viel zu kalten und viel zu reißenden Bergstrom Kyrtyk, vorm Wegreißen durch ein Seil gesichert und eingehängt im Subashi, bleibe ich gleichmütig und ertrage einfach nur das aktuell viel zu anstrengende Leben und diesen viel zu überflüssigen Lauf.

Bis zur Zäsur, dem Gewitter hinter dem Chatkara-Pass, der wie eine Mondlandschaft karg, trostlos und vor allem schutzlos anmutet, beginnen sich über meiner Anhöhe Gewitterwolken aufzubauen. Meine Pace ist hoch, auf dem Mond wäre sie nicht niedriger. Blitze zucken und zwar über, neben mir, von überall unberechenbar und jedenfalls viel zu nah. Donnerschläge prügeln auf das Trommelfell ein. Hat einer der Schläge mich getroffen?

Auf einmal laufe, nein, renne ich los. Von der Donnerpeitsche angetrieben, sprinte ich den Berg hinab. Über ein graubraunes Matsch-Geröllfeld stürzend tragen die Beine sicher in die Baksan-Schlucht, ein neongrünes Tal, das umgestürzte, bemooste Bäume präsentiert. Ich nehme eine Nase.

Zack, Madeleine-Effekt: Die Duftmoleküle aus der Luft gelangen in die Nasenhaupthöhle und die 30 Millionen Rezeptorneuronen nehmen ihren Lauf auf. Wieder wird in weniger als einer halben Sekunde Erlebtes samt Emotion präsent: Bilder vom Toben auf bemoosten Bäumenstämmen im Wald der Kindheit. Alles ist wieder leicht, grün, glücklich und natürlich. Mir wird warm in der Brust, die Wärme zieht ins Gesicht und lässt den linken Mundwinkel nach oben streben, ein halbes Lächeln, das vollständig wirkt.

Das Unwetter lasse ich hinter mir sich ausgewittern, ungehört. Ich bin mit meinen Sinnen woanders: hier unten. Hier riecht es nach lebendig. Diesen Geruch inhaliere ich weiter tief in die hinteren Nasenhöhlen ein. Der rechte Mundwinkel wandert nach oben. Alles wächst, fließt und lebt hier und ich fließe auf dem Trail mit.

Die Lebensgeister sind nicht fahrig wie am Gipfel des Elbrus, sondern aufgeweckt, regelrecht in Aufruhr, hellwach. Ich will leben und laufen und dabei lächeln. Und das mache ich. Mit meinem Trauerrucksack auf dem Rücken, immer. Das muss man aushalten, einfach aushalten, nicht weniger, aber auch nicht mehr.

66 Kilometer sind irgendwann, nach 15 Stunden, geschafft, nicht weniger, aber zum Glück auch nicht mehr. Ich nehme noch eine Nase mit, der Hippocampus tut verlässlich seinen Dienst.

Bei der Abreise beobachte ich die kaukasische Kulisse. Die Barrels, die Jeeps, die Menschen. Viel Geräusch, viel Gewimmel dringt ans Auge und ins Ohr. Und die Berge, sie schweigen laut.

DIE ERKLÄRUNG

Es ist nicht neu, dass vom Auge kaum zu erfassende Panoramen Menschen in den Bann eines apathischen Staunens ziehen. Eines Staunens? Es ist mehr und Hartmut Rosa, Soziologe, weiß, was es ist.

Er liefert die Erklärung zu dem oben beschriebenen Phänomen. Die Räume, in die wir gestellt seien, haben eine Wirkung auf die Psyche. Die Beobachtung: Es gibt ein Spiegelverhältnis zwischen Landschaft und Innenleben.

Rosa nennt das Resonanzverhältnis. Resonanz? Das sei jede Form des Inbeziehungstretens (oder -laufens) zwischen Mensch und Welt. Es gehe um eine tiefe Form seelischer Erschütterung, die einen verändere. Wie tritt man in ein solches Verhältnis ein? Laut Rosa so:

ERSTENS: DER ANRUF

Raum berührt mich und spricht zu mir – zum Beispiel in Form des sogenannten *Rufs der Berge*. Das sei ein ganz anderer Zustand als der Alltagsbewältigungs- und Verzweiflungsmodus, in dem Menschen oft in Zeit- und Effizienznot sind, immer zweckbestimmt und unter Optimierungszwang handeln, Erfahrungen parametrischer Art sammeln, die man erfassen kann, per Stravaeintrag oder Likezahl, die ständig auf Steigerung und Beschleunigung ausgerichtet seien, von Kontrollierbarkeit und Verfügbarmachung geprägt.

Demgegenüber stehe das Resonanzbedürfnis: Menschen, die die Berge lieben, wollen die Sehnsucht stillen, sich überwältigen lassen und so auf andere Weise mit der Welt verbunden werden. Sie hören das Rufen.

ZWEITENS: DIE ANTWORT

„Du musst auf den Berg hören", sagt Reinhold Messner. Dem Ruf der Berge folgend, erfahre man das Inbeziehungtreten. „Ich gehe dem Berg entgegen, ich wandere (oder laufe) ihn hoch. Ich werde berührt, antworte, es macht was mit mir und ich mache etwas damit", so Rosa.

Hier könne sich Zeit- und Raumwahrnehmung ändern, die Welt schrumpfe zusammen, die Zeit dehne sich aus. Was vor Beginn der Trailtour war, sei nicht mehr relevant, habe keinen Raum. Die Seele fungiere als Spiegel, in dem die Dinge sich umso tiefer eingraben können, je höher wir steigen. Mit der Wahrnehmung der Weite weite sich auch Innen etwas. Wenn es passiere, dann sei es eine tiefe Erschütterung.

DRITTENS: DIE VERWANDLUNG

Es entsteht eine Transformation. Rosa: „Das macht was mit mir, ich komme als andere Person vom Berg zurück. Es holt mich aus dem Panzer des In-der-Welt-Seins heraus." Das Ganze ist ein Austausch.

VIERTENS: DIE UNVERFÜGBARKEIT

Dieses Phänomen sei ergebnisoffen wie unverfügbar. Rosa sagt: „Die Sehnsucht gilt dem Unverfügbaren, etwas nicht Beherrschbaren. Selbst auf bekannten Wegen, die man schon zigmal gewandert ist, ist es jedes Mal etwas anderes: der Himmel, die Wolken, das Licht."

Das einzig Gewisse: Es passiere eine wie auch immer geartete Verwandlung, die Erfahrung verändere uns, zeitweise. Merkwürdig schnell verfliege das Empfinden, wie ein Rausch. „Wir sehnen uns nach dieser Unverfügbarkeit. Da fühlen wir uns in Resonanz mit der Welt. Da fühlen wir uns lebendig. Da ist etwas, was über uns hinausgeht", glaubt Rosa. Danke für die plausible Erklärung des Phänomens.

Laufend Resonanzerfahrungen zu sammeln, kann im positivsten Sinne lebensverändernd wirken. Das glaube ich auch und deswegen habe ich dieses Buch über eben diesen Kern, die Essenz, des Laufens geschrieben, wie sie sich mir in über einem Jahrzehnt Lauferlebnissen dargestellt hat.

KAPITEL ZWEI

ANGSTLUST – ZUGSPITZ ULTRATRAIL

Wie hat das alles angefangen, das Ultratraillaufen, die Faszination Berge und Hochgebirge? Im nordrhein-westfälischen Sauerlandpark Hemer hat das angefangen, 2010 und damit sieben Jahre vor Kapitel eins.

Ein Meer aus Köpfen, ein Wald aus Körpern und ich mittendrin, reingemogelt, mein Mantra in Dauerschleife wiederholend. Ich kann das. Ich kann das. Ich bin mir sicher, dass ich das kann. Ich kann das, absolut sicher.

Zwar ist es mir unvorstellbar, fünf Kilometer am Stück zu laufen, also ohne stehen zu bleiben, ohne mich hinzusetzen, ohne ohnmächtig zu werden und ohne, dass der Wunsch aufkäme, die Beine fielen einfach ab. Groß ist die Demut, als ich mich im Startfeld des Fünf-Kilometer-Laufs im Hemeraner Sauerlandpark wiederfinde.

Ein weiter Weg, der weiter weg außerhalb meiner Komfortzone liegt als jede meidungswürdige Situation, die ich mir in diesem Moment ausmalen könnte. Egal, ob ich die Läuferinnen und Läufer links oder rechts neben mir scanne, jede und jeder scheint sportlicher, motivierter und vorbereiteter zu sein. Der Blick auf den Boden beweist das.

Es gibt bestimmte Erkennungsmerkmale, die Laufende auszeichnen. So rahmen meine Augenwinkel ausschließlich Laufschuhe, während meinen Sneakers beschuhten Füßen die Abstimmung zum ansonsten sportlichen Kostüm, bestehend aus Tchibo-Turnshirt und H&M-Laufhose, versagt bleibt.

Mein Schuhwerk entheimlicht: Ich bin keine Läuferin, ich besitze nicht einmal Laufschuhe, ich habe mich reingemogelt. Beschämend ist insbesondere, dass kleine Kinder im Startblock stehen, wohlgemerkt mit adäquaten Schuhen ausgestattet, die mir nicht einmal bis zur Brust reichen: Ihr könnt fünf Kilometer laufen mit euren kurzen, kleinen Beinchen und euren unausgewachsenen Körperchen? Euren Eltern sollte man das Sorgerecht entziehen lassen, denke ich besorgt oder vielleicht besorgter darum, dass sie die Distanz schaffen und ich nicht.

ANTRITT

Meine Sorge ist berechtigt. Das zeigte der Vortag. Am Vortag wollte ich mich nämlich gegen das Rennen wappnen, durch einen Testlauf auf einem Laufband. Das örtliche Fitnessstudio sagte bereitwillig zu – natürlich dürfe ich eines der Laufbänder ausprobieren. Das schien mir ausgeklügelt zu sein.

Die Idee war, es zu testen, ob der Körper überhaupt dazu triezbar wäre, der Erdanziehung fünf Kilometer lang trotzend, die Beine in viel zu schneller Bewegung zu heben. So könnte eine Blamage am Folgetag ausbleiben. Denn eine große Antwort fehlte mir: Wie lang sind fünf Kilometer eigentlich? 400 Meter kannte ich vom Schulsport: Das ist eine Runde im Stadion.

Unvergessen hatte sich ins Gedächtnis gebrannt, wie anstrengend das Laufen einer ganzen Runde auf der Bahn war. Ich erinnere mich auch, dass ich bei den schulischen Bundesjugendspielen einmal 800 Meter geschafft hatte. Der Stolz aufs Schaffen wich damals der Erschöpfung.

Im Schulsport rechtfertigten unkoordinierte Bewegungsabläufe, dass man mich *Körperklaus* taufte: Musste ich eine Übung am Barren turnen, demonstrierten mit an Sicherheit grenzender Wahrscheinlichkeit blaue Flecken am Schienbein meine Unsportlichkeit, beim Einüben einer Tanzchoreografie kollidierte ich unsanft gemeingefährlich mit den anderen, weil ich entweder rechts mit links verwechselte oder meinen Körper einfach nicht domptieren konnte, die geschmeidigen Bewegungen des Vorturners zu kopieren.

Im Laufen war ich immer okay gewesen, weil man nur einen Fuß vor den anderen setzen muss. Das bekam ich meist hin, ohne andere oder mich selbst zu verletzen. Kann man mit Ok-ness fünf Kilometer schaffen? Fünf Kilometer!

Fünf Kilometer sind mehr als fünfmal so viel wie die längste Distanz, die ich meinen Beinen je zugemutet hatte: In meinen fast zwei Jahrzehnten Lebenszeit waren Hundespaziergänge, mal ein Tischtennisspiel mit Alexander, meinem Bruder, eine Radtour mit Jeannette, meiner besten Freundin, oder der Sportunterricht die bewegungsintensivsten Erfahrungen geblieben. Und selbst diese Erfahrungen waren selten positiv, vor allem Letztgenannte, der Schulsport, hatte sich als schrecklich in meine Erinnerung gebrannt. Schrecklich blamabel, schmerzhaft und selten mit einer befriedigenden Note belohnt.

An Wahnwitz grenzend also die Idee, sich für diesen Laufwettkampf zu registrieren. Warum hatte ich das überhaupt getan? Das Abi in der Tasche stand ich vor dem Jurastudium und dem Umzug vom Sauerland in eine ferne Großstadt. All die Um- und Aufbruchpläne schafften ein selbstbewusstes Momentum: In dem meldete ich mich beim *Radio MK-Lauf* in der alten Heimatstadt an. Eine letzte, große Abschiedsaktion, bevor ich die Zelte abriss. Ich wollte mit wehenden Fahnen gehen beziehungsweise laufen.

Immerhin hatte ich vor Kurzem auch irgendwie das Abitur geschafft, trotz der null Punkte in Mathematik. Ich konnte offenbar alles schaffen, schlussfolgerte ich daraus. Fünf Kilometer zu laufen, sollte schaffbar sein für mich, solange ich dabei keine Gleichungen lösen müsste.

Mit dem gleichen Selbstbewusstsein steuere ich am Tag der spontanen Vorbereitung auf den Lauf mit flachen Sneakern auf ein schwarz-grau-rotes Laufband zu. Das Laufband ist eines von vielen, das sich in eine lange Reihe einfügt, die vor einer weitläufigen, durch große Fensterfassaden hell ausgeleuchteten Gymarena aufgebahrt sind.

Auf der Trainingsfläche tummeln sich einige Fitte, die Gewichte stemmen und dabei Geräusche von sich geben, die ihre Anstrengung demonstrieren, mal ein Stöhnen, mal ein Keuchen, mal eine Art Schrei ob der Belastung. Auf der Ausdauerseite bin ich die einzige Person. Eine unangenehme Atmosphäre ist das, direkt gegenüber und damit im Blick von superfitten Menschen zu stehen, die genau wissen, was sie tun, ganz im Gegensatz zu mir.

Da die Bandfläche des Geräts auch noch erhöht ist, besteige ich das Band wie eine Bühne, deren Präsenz ich gar nicht will. Das versuche ich zu verdrängen. Den beißenden Geruch von Desinfektionsmitteln und stickigem Fitnessstudiomief entschlossen wegatmend, drücke ich erst den Startknopf, presse meinen Finger fest auf die Schnellertaste, bis das Band zum Laufschritt zwingt. So weit, so gut.

Eine ganze Weile trabe ich erhobenen Hauptes. Ich laufe, toll! Bis ich mir einen Blick auf die Distanzanzeige erlaube: 200 Meter erst? Oh, das hätte ich anders eingeschätzt. Die Anzeige steigt lähmend langsam an. 400 Meter. Nach 800 Metern steigt Stolz auf und die Finger drücken hoffnungslos optimistisch die Taste *schneller*, aber langsam wird es wild: Einen Kilometer zeigt das Band endlich an.

Der Atemrhythmus eine Zehn, auf einer Skala, auf der ich zehn als zu bedrohlich einordnen würde. Durch den halb geöffneten Mund ringt sich ein Hecheln, das zu einem Keuchen heranwächst. Ist das normal? Nicht, dass ich vom Gerät kippe. Macht das Herz das Ungewohnte mit? Schweiß drängt aus den Poren direkt in das absorbierende Baumwollshirt, das sich reaktiv nass und schwer auf den Oberkörper klebt und mich aufs Band zu drücken scheint. Scheiß Schwerkraft!

1,2 Kilometer. Jeder Aufprall der Sneaker auf dem schwarzen Band erweist sich als Unannehmlichkeit. Aufhören, bitte. Aufhören, aufhören, bitte! Der Kopf pocht, viel zu warm, stickig, anstrengend. Das kann nicht gesund sein! Eine kurze Pause wäre schön, aber dann würden die anderen Trainierenden herüberglotzen und denken: Was macht die denn da, die kann das ja gar nicht? Der Schein muss gewahrt werden, dass hier eine Läuferin am Werk ist.

1,4 Kilometer. Die Bewegung fühlt sich nicht gut an. „Bring mich weg von hier“, scheint der Körper zu wimmern. Der Kopf kämpft dagegen an, es rotiert: „Ich kann das. Ich kann das. Ich bin mir sicher, dass ich das kann. Ich kann das. Absolut sicher.“

Bei der Displayanzeige von 2,3 Kilometern kann ich die flache Hand nicht mehr davon abhalten, hastig auf die Notfallstopp-Taste zu hauen. Mein Schweiß rennt weiter, ich nicht. Ich steige vom Band, der beschämt gesenkte Kopf zieht einen schweißnassen Körper hinter sich her, über die Traniningsfläche in Richtung Umkleidekabine. Wie ein Walk of Shame fühlt sich das Passieren der anderen Trainierenden an.

Alle in ihrem Element, ich dagegen ein Alien auf dem mir unbekannten Planeten Sportlichkeit. Nach dem schnellen Stillstand komme ich bei meinem Abgang langsam wieder zu mir. Ob ich einen Vertrag abschließen wollte, fragt man mich überaus freundlich an der Studio-Rezeption. Auf gar keinen Fall! Nie wieder will ich laufen, nie wieder. Wirklich nie wieder. Geduckt verlasse ich das Gebäude, fast wieder im Laufschritt. Fünf Kilometer? Eine Unmöglichkeit.

Tja, trotzdem stehe ich am Folgemorgen des Schmachtags an der Startlinie des Rennen, mit meiner Vorerfahrung wenig optimistisch. Es fällt der Startschuss des *Radio MK-Laufs*. Die Lauffreudigen und ich, der Alien in Sneakern, rennen auf den Fünf-Kilometer-Kurs im Sauerlandpark. Mein Mantra ist nach meiner gestrigen Erfahrung wichtiger denn je geworden. „Ich kann das. Ich kann das. Ich bin mir sicher …“, abrupt stoppt es.

Einige der Kinder überholen mich. Die machen das demonstrativ unverkrampft, fast freudig wirkend? Und damit gleichzeitig mich erniedrigend. Egal. Ich wende meinen Blick ab. Vor mir trabend erkenne ich eine Schulfreundin, die ich seit Jahren nicht gesehen habe. Sie lenkt mich ab, als ich neben sie laufe, indem wir uns kurz unterhalten. Sie plaudert locker, meine Sätze dagegen sind von tiefen Atemzügen unterbrochen.

Von meiner durch die Unterhaltung verursachten Atemnot abgesehen, empfinde ich Freude. Beschwingt von der Wiederbegegnung hopsen die Beine die Anstiege hinauf. „Übertreibt mal nicht", denke ich, sie zügelnd. Der Kurs führt über Wurzeln. Über Stock und Stein zu hüpfen, erinnert an das Rumtoben in der Natur in Kindertagen.

Daran, als ich mit meinem Bruder im Sauerländer Wald gerannt bin, um ihn zu fangen oder mich von ihm fangen zu lassen. Oder daran, als meine Schwestern mit mir das Schaf-und-Wolf-Spiel gespielt haben, bei dem ich oft das Schaf war und vor dem Wolf, also meiner Schwester, wegrennen musste, ansonsten zwickte sie mich in den Po und das kam einem Gefressenwerden gleich, weswegen es das zu vermeiden galt.

Man kann extrem schnell rennen, wenn es um den simulierten Tod beziehungsweise ums Überleben geht, man denkt nicht mehr nach, sondern rennt, kopflos. Das war eines meiner liebsten Spiele, weil es so aufregend war, gejagt zu werden. Paradox, das Gefühl der Unbeschwertheit inmitten der beschwerlichen Lauferei zu spüren. Es trägt über den Kurs.

Ich weiß nicht, wie lange ich so vor mir herdenke und -laufe, als mein Blick an meinem Papa am Streckenrand haften bleibt. An ihm und den zwei Stücken Kuchen in seiner Hand. Ich ahne: Eines davon, Mandarinenkuchen, seine liebste Sorte, ist für mich, also gebe ich Gas, bevor er sich umentscheidet und doch beide vertilgt. Das wäre meinem Papa zuzutrauen. Wenige Minuten später überquere ich, Sneakers beschuht, die Ziellinie, mit einer überraschten Unüberraschtheit. Ist es echt geschafft? „Habe ich doch gewusst, dass ich es schaffe", das Selbstbewusstsein ist zurück und mit Überschreiten der Ziellinie sprunghaft gewachsen. Mit hochrotem, pochendem Gesicht, das zu einem einzigen Grinsen wird, resümiere ich: Die Bewegung hat Spaß bereitet und das Stück Mandarinenkuchen, das mein Vater mir bewahrt hat, schmeckt außergewöhnlich gut. „Fünf Kilometer sind lang, wenn man sie laufend verbringt", finde ich.

Und ich hätte eines zu diesem Zeitpunkt unmöglich erahnen können. Unmöglich. Nur ein Jahr später würde ich 24 Stunden und 24 Minuten lang laufen. Moment, was?

Was muss in einem Jahr passieren, dass ein Körperklaus von fünf Kilometern auf der Straße auf 100 Kilometer Trailrunning upgradet? 100 Kilometer, am Stück, laufend, und zwar im Hochgebirge, über technische Alpinpfade. Es ist gar nicht so viel, was dafür passieren muss:

Das schöne Erlebnis in Hemer bleibt mir in warmer Erinnerung, sodass ich dranbleibe. Zum Start des Jurastudiums kratze ich all mein Erspartes zusammen, gönne mir richtige Laufschuhe und beginne, mehrmals die Woche zu joggen. Klar, meist mit Walkingunterbrechungen, weil mir selbst einstellige Distanzen sehr anstrengend erscheinen.

Zwei Kilometer laufen? Okay, unter der Voraussetzung, dass ich zwischendurch gehen darf. So funktioniert das für mich. Leider kenne ich sonst niemanden, der gerne läuft, weswegen ich laufend alleine unterwegs bin. Anfangs ist mir das sehr recht, irgendwann wird es langweilig.

Aber es gibt sie, die Läufer: In der mittelalterlichen Studierendenstadt Marburg finde ich ein Apartment in einem Fachwerkhaus, in dem ausschließlich Kommillitonen leben. Das ist oft laut, aber, zu meiner Freude, auch sportlich. Vor der Nachbartür sehe ich täglich Trailrunningschuhe stehen. Der Grad der Verschmutzung variiert, was mich schlussfolgern lässt, dass die Schuhe regelmäßig im Einsatz sind. Die Füße, die zu den Schuhen gehören, sollten mich zu meinem 100-Kilometer-Abenteuer inspirieren.

Irgendwann treffe ich die Schuhe im Hauseingang, ergreife die Chance und spreche ihren darinsteckenden Besitzer an. „Ach, du läufst auch?“ Eine dümmere Frage hätte ich nicht stellen können, aber ich suche verzweifelt jemanden, dem ich mich einmal anschließen kann und erfrage daher einfach das Offensichtliche.

Ich erfahre, dass der Schuhbesitzer Daniel heißt und für einen 100-Kilometerlauf trainiert. 100 Kilometer? Aha. Das nehme ich einfach zur Kenntnis. Die Distanz kann ich mir nicht vorstellen. Interessiert mich auch nicht, Hauptsache, ich darf bei einer seiner Touren mitlaufen.

In der neuen Stadt bin ich bisher immer auf derselben Route unterwegs gewesen, auf derselben Distanz und in derselben Begleitung: Keiner. Auf sein liebstes Thema Laufen angesprochen, beißt Daniel an, ich darf ihn begleiten. Wir werden eine kleine, nachbarschaftliche Trainingsgemeinschaft.

Daniel zeigt mir neue Trailrouten in den Marburger Lahnbergen und erzählt währenddessen stundenlang von Trainingsmethoden, Ernährungshacks, Equipment, und ich? Lausche, laufe und mache Fortschritte. Läuferisch wie erkenntnistheoretisch in Bezug auf den Ultratrailsport. Fünf Kilometer am Stück laufen? Das schaffe ich nach wenigen Wochen ohne Probleme. Ultratrailsport? Ist für mich kein Fremdwort mehr.

Nach einem gemeinsamen Laufsommer und Stunden voller Laufvorlesungen auf den Marburger Trails fühle ich mich expertisiert. Daher frage ich unbedarft, ob ich mich nicht auch beim 100-Kilometer-Lauf anschließen dürfe. Immerhin, so mein Gedankengang, halte ich beim Laufen durch das Marburger Mittelgebirge mit Daniel mit, dann sollte ich doch auch beim Laufen im Garmischer Hochgebirge klarkommen?

Über Facebook konnte ich mir einen Eindruck vom Event verschaffen. Der Veranstalter *Plan B* wirbt mit überzeugenden Bergbildern, auf denen zwischen auftürmenden Felsformationen sich mehr ameisen- als menschenähnliche Punkte im Gänsemarsch abzeichnen. Die Laufenden wirken vor der Kulisse verschwindend unbeachtlich. Da soll es nicht um die Personen oder nur um das Laufen gehen, auch nicht um die Natur.

Die Bilder versprechen, dass es beim Ultratrailevent um ein Mehr geht: vielleicht um ein gemeinsames Lauferlebnis, in dem die Fiktion eines Wir atmet. Ich meine auf den Bildern ein „Wir schaffen das gemeinsam, wir erleben das gemeinsam, das Wir ist mehr als das Du“, zu sehen. Davon will ich ein Teil werden.

Und die Kulisse? Da will ich hin, da will ich laufen. Ich will 100 Kilometer, in den Bergen mit Gleichgesinnten beim Zugspitz Ultratrail (ZUT). Ich spüre, dass sich durch die Tür des ZUT etwas Großes auftun könnte, dass ich einer neuen Leidenschaft auf den Fersen bin, wenn ich es nur schaffe, den Fuß über die Türschwelle zu setzen.

Reingelukt habe ich durch das Training, jetzt muss ich großschrittig eintreten. Es kribbelt sprudelnd von den Fußsohlen bis in den Hinterkopf, wenn ich daran denke. Die Berge und die 100 Kilometer scheinen mich zu rufen und ich muss dem Rufen folgen, zwingend, intuitiv, wie ein Raubtier auf der Fährte der verlockendsten Beute. Ich bin richtig aufgedreht.

… plötzlich bin ich für einen 100-Kilometer-Lauf angemeldet. Äh, Moment. Echt für die 100 Kilometer? Es hätte andere Distanzoptionen gegeben, niedrigere. Nein. Eins. Null. Null. Das sind 20-mal fünf Kilometer. Und fünf Kilometer sind schon verdammt viel. Dazu kommen über 5400 Höhenmeter, Zugspitz Ultratrail, einmal um den höchsten Berg Deutschlands herum.

Oje! Kann ich das schaffen? Kann überhaupt irgendjemand das schaffen? Auf einmal sind die pathetischen Gedankenspinnereien verflogen (Fiktion eines Wir blablabla) und das Ausmaß der Konsequenzen meiner Anmeldung lässt meinen Verstand rotieren. Die Frage nach der Machbarkeit macht das Projekt interessant, ist aber real gar nicht bewertbar.

Zu viele Unbekannte bietet das Hochgebirge, die Distanz selbst, mein Körper. Höhenmeter? Kenne ich nur aus den Lahnbergen, mehr als 150 habe ich noch nie am Stück geschafft. Und 100 Kilometer? Keine Ahnung, ob ich so etwas schaffen kann. Ist das die Definition von Abenteuer?

ZWEIFEL

Der Schauspieler Johnny Depp hat in einer Dokumentation über ihn gesagt, dass ihn Projekte gerade dann interessieren, wenn er sich deren Umsetzung kaum vorstellen kann. So begann er, ein Filmprojekt als Regisseur zu realisieren. Was ihn an der Herausforderung reizte, war eben das: die vielen Unbekannten, die das neue Projekt bietet, das Ungewisse, das Ob des Schaffens und die Möglichkeit des Scheiterns.

Das Wissen, dass man etwas sowieso hinbekommt, sei langweilig. Klar kann man sich ewig nur in seiner Komfortzone bewegen, das geht auch.

In der Komfortzone findet man aber keine Abenteuer, sondern nur wohlig warme Routinen. Alltag, Wiederholungen und irgendwann lähmende Lethargie? Ungewissheit gibt es in der Komfortzone kaum.

Abenteuer dagegen werden erst durch den ungewissen Ausgang zum Abenteuer. Das reizt Johnny wie auch viele Ultrarun-Freaks. Im Vorhinein lässt sich dann aber eines nicht vermeiden: das große Zweifeln an der Schaffbarkeit, an einem selbst und der Sinnhaftigkeit des Ganzen.

Nach dem Selbstbewusstseinsschub, der zur Anmeldung für das Rennen führt, beginnt das große Zweifeln. Ein klassisches Phänomen: die Pendelbewegung von sportlichem Selbstbewusstsein zu Ultra-Zweifeln und wieder zurück. Der Zweifel wird zum treuen Begleiter, zum wichtigen Begleiter.

Und, mal ganz ehrlich, der Zweifel hat Hand und Fuß. Wer läuft ernsthaft 100 Kilometer am Stück, zu Fuß? Geht das überhaupt? Hallo, Zweifel, da bist du ja wieder, willkommen auf meiner Reise zum Ultratrail.

Mit fortschreitenden Trainingsläufen bekomme ich ein besseres Gefühl für Distanzen. Ich stelle fest, dass der Körper in kurzer Zeit sehr anpassungsfähig ist und der Kopf dazu beitragen kann, dass man Distanzen bewältigt, die man für unmöglich bewältigbar hält.

20 Kilometer? Bekomme ich hin, aber sie sind noch immer sehr herausfordernd, vor allem 20 Kilometer mit Höhenmetern. Ich grübele: „... und 100 Kilometer sind das fünffache dieser Distanz." Zweifel: „Eben! Wie soll ein Mensch diese Anstrengung ertragen?"

Ständig ploppt er plagend auf und zeckt sich in meine Überlegungen, saugt an meiner Überzeugung, alles schaffen zu können, was ich will. Unangenehm. „Realistischerweise kannst du das nicht schaffen. Wie auch, du kannst dir die Distanz ja nicht einmal vorstellen. Im Auto 100 Kilometer machen, okay, aber in Laufschuhen? Haha, das muss ein Witz sein. Warum hast du dich angemeldet? Du bist dumm."

Nach Laufeinheiten, die nicht optimal liefen, in denen ich mich schwach, langsam und unfit fühle, gräbt der Zweifel besonders tief ins Motivationszentrum: „Was willst du dir beweisen, oder anderen? Das muss doch nicht sein, das ist zu viel, vielleicht auch gefährlich, auf jeden Fall ist es sinnlos. Warum sollte man sich das antun, wie sehr muss man sich selbst hassen? Sag mal, wovor läufst du eigentlich weg? Das ist doch krank, gesund jedenfalls nicht. Lass es einfach sein."

In diesen schlechten Momenten würde ich dem Zweifel gerne recht geben und aufgeben, mich abmelden, alles absagen. Was da hilft? Schlafen, essen, erholen, ZUT-Bilder anschauen und sich begeistern lassen, denn dann wird der Zweifel zum Supporter.

Wie das? Naja, man fuchst sich erst recht richtig rein, denn, damit die Zweifel nicht zur selbsterfüllenden Prophezeiung werden, muss ich aktiv werden und das heißt laufen, laufen, laufen.

Er wird genauso wichtig für mein Laufziel wie ein Trainingsplan. Besser gesagt: sein Abwehren. So, wie ich meinen Körper trainiere, lerne ich, mit ihm umzugehen, indem ich ihn ernst nehme (denn oft hat er ja recht), aktiv werde und ihn so aus dem Weg schiebe (erst dann hat er immer öfter unrecht).

Kommt das Wort *Zweifel* nicht von *zwiespältig*? Das Gegenteil ist die Einfalt und wer will schon einfältig sein. In der Aufklärung galten Zweifel sogar als notwendige Voraussetzung für einen Erkenntnisfortschritt. Für den Philosophen René Descartes ist der Zweifel sogar eine notwendige Methode, um Erkenntnis zu erlangen. Nach dem Motto: Wer nicht zweifelt, bleibt dumm.

In der Psychologie sind Zweifel ähnlich positiv assoziiert. Descartes und Depp hätten sich wahrscheinlich gut verstanden und ich versuche, sie zu verstehen. Zweifeln bringen das Denken in Bewegung. Das kann ich nicht nur bestätigen, sondern sogar noch ausweiten. Sie bringen nicht nur das Denken, sondern mich in Bewegung. Die marternden Gedanken lassen mich meine Laufschuhe schnüren, immer, wenn sie aufploppen. Sehr konstruktiv.

Warum sind Zweifler gesellschaftlich so unerwünscht? Würde ich nach einem Bewerbungsgespräch Zweifel an dem Job anmerken, wäre ich sicherlich raus, ähnlich nach einem Tinder-Date. Es wird ein selbstbewusstes Auftreten gewünscht. Zweifeln gilt als unsexy, wird mit Unentschlossenheit gleichgesetzt. Alle wollen Gewissheit und auf keinen Fall aus dem Gleichgewicht gebracht werden. Vielleicht krankt die Gesellschaft an zu sehr Überzeugten. Vielleicht sollten wir mehr zweifeln, Uneindeutigkeit zulassen, die Gedanken in Bewegung bringen und damit offen für Abenteuer werden. Zweifel: „100 Kilometer sind zu weit für dich." Zack, springe ich auf und schlüpfe in meine Asics, um sie mit Höhenmetern zu füttern. Tschüss, Komfortzone, herzlich willkommen, Zweifel, schön, dass du da bist.

Ich habe noch Zeit zum Vorbereiten auf den ZUT, immerhin über ein halbes Jahr. Über der juristischen Fachliteratur in Form von Beckschen Kommentaren zur StPO, zum BGB und zur ZPO liegen neuerdings Hubert Becks Trainingsbuch und bunte Trail-Magazin-Ausgaben. Tausend Tabs zu Trailequipment, Riegeln, Gels, Laufstöcken erleuchten am Uni-PC die dröge Bibliothek.

Zusätzlich zu den wissenschaftsbasierten Unterhaltungen mit Lauf-Guru Daniel verfolge ich akribisch Rennen und Ultratrainierende und -finisher auf Social Media. Was tragen die für Ausrüstung, was essen sie, wie laufen sie? Ich scanne alles ab, gierig, besessen.

Im Jurastudium lerne ich, neben Rechtswissenschaften vor allem Sitzfleisch zu haben. Das Laufen lässt mich aufstehen, aus der verstaubten Marburger Uni-Bib, weg vom Schreibtischstuhl, holt mich an die frische Luft, raus in die Natur und lässt mich toben, spielen und Stress, Ernsthaftigkeit oder Druck vergessen.

Trailrunning wird zu einem guten Freund, der auch neben dem Sport Früchte trägt. Er macht mich gelassen, zufrieden, an manchen Tagen sogar richtig glücklich. Davon möchte ich mehr, sehr viel mehr. 100 Kilometer erscheinen genau richtig. Auf der Distanz werde ich sehr, sehr lange in den Genuss von Natur, Trailtoben, Naturspielen und Glücksempfindungen kommen. Zweifel: „Ob du das schaffst?" Keine Ahnung, lieber Kollege Zweifel, aber lass uns gerne wetten, denn: Ich will das. Ich will das. Ich bin mir sicher, dass ich das will und deswegen kann, weil ich es will. Ich will und kann das, absolut sicher!

Mein Fuß steckt mitten in der Tür zur neuen Welt und ich bin begierig, vollständig einzutreten. Mein persönliches Abenteuer anzutreten, das die Blase der Komfortzone sprengen wird und mich so befreit, bereit macht für das Neue. Und neu daran wird alles sein: In der Vorbereitung auf meinen ersten 100er wird die längste gelaufene Distanz der Frankfurt-Marathon sein, also 42 Kilometer. Jeder Meter jenseits dieser Marke wird Neuland werden.

ANGRIFF

Der Fuß steht nicht mehr in der Tür, heute hebe ich ihn an, um die Schwelle zu überschreiten und die Ultrawelt zu betreten. Knapp ein Jahr nach meinem Fünf-Kilometer-Debüt finde ich mich an der Startlinie des 100 Kilometer langen ZUTs im Alpendorf Grainau wieder. Mitten in einem Ozean aus Köpfen und einem Urwald aus Körpern.

Alle sind hin zur Strecke gerichtet, die unter Deutschlands superlativen Berg im Wettersteingebirge liegt. Zweifel sind Vergangenheit. Sie werden abgelöst von Angst. Sie macht sich breit, sie ist auf nichts Bestimmtes gerichtet, immerhin weiß ich gar nicht konkret, was die alpine Reise bieten wird und was mich erwartet.

In den Bergen bin ich das letzte Mal gewesen, als ich drei Jahre alt war, bei einer Ferienfreizeit mit Nicole und Ivonne, meinen Schwestern, im Allgäu. Das Gefühl der Angst bewirkt eine angespannte Aufmerksamkeit. Mit Blick auf den Boden wird klar: Es hat sich vieles getan im letzten Jahr seit dem Fünf-Kilometer-Lauf.

Dreckige Trailrunningschuhe schmücken meine Füße, gesäumt von anderen Laufschuhen. Jeder Dreckfleck bezeugt eine Trailtrainingseinheit und damit Kompetenz. Unglaublich, wie sich das Leben innerhalb eines

Jahres verändern kann. Schön, ich bin kein Alien unter den Laufenden mehr, nein, ich fühle mich richtig hier. Wie eine Forelle unter anderen Forellen, die sich im kalten Bergwasser tummeln, bereit, gegen den Strom anzuschwimmen, in dem jeder Schweinehund absaufen würde – einfach, weil sie spüren, dass sie es tun müssen.

Der Kopf meint mantramäßig: „Ich kann das. Ich kann das. Ich bin mir sicher, dass ich das kann. Ich kann das, absolut sicher. Außerdem will ich das“ und hilft mir so bei diesem spannenden Verhängnis, auf 100 Kilometern Strecke, durchs Hochgebirge.

Mein Herz trommelt so laut wie ein Wäschetrockner mit einem Paar Laufschuhen darin. Ich habe Angst und gleichzeitig habe ich Lust auf das lange Laufen.

Kurz bevor der Startschuss in der Luft fällt, halten die Lungen stockend ebendiese zurück. Sekunden verstreichen, in denen die berühmte zu Boden fallende Stecknadel einen die Versammelten erschreckenden Laut verbreiten würde. Die Stimme des Moderators dringt wie durch ein Blechrohr an mein Ohr. Ich erwarte den Startschuss, alles andere ist ausgeblendet, steht still, Bewegungen nehme ich in Zeitlupe wahr.

Bis ein lauter Knall Erlösung bringt. Der Startschuss fällt. Ausatmen. Auf einmal beschleunigt sich die Realität. Wie ein Pfeil beim Loslassen des Bogens schießen wir los, Fußgetrappel, ähnlich den Hufen einer Hirschherde nach deren Aufscheuchen der sie jagenden Jagdhundmeute.

Schweißgeruch vermengt sich mit dem intensiven Duft des Dorfs nach Kuh und überdeckt den dazwischenliegenden Duft nach Sportwaschmittel. Die ersten Meter liegen viel zu schnell meilenweit zurück. Die durchfurchten und genoppten Vibramsohlen wechseln vom festen, glatten und bekannten Straßenasphalt auf den unebenen, wurzel-, stein- und stufenbehafteten Bergtrail und damit in eine andere Welt hinein.

Auf die graue Sicherheit des stetig ebenen Teers, auf dem selten ein Stolpern droht, warten wellige Wanderwege, Huckel, Felsbrocken, aschefarben, mitten auf meiner Lauflinie, mandalaartig verschlungene Wurzelschlingen, cremige Matschlöcher, hellbraun. Die Stimme des Moderators entzieht sich unseren Ohren, seine Worte verhallen seit dem Startschuss ungehört. Selbst bei konzentriertem Hinhören ist er kaum noch zu vernehmen.

Das Schuhgetrappel auf dem waldig-weichen Trail ist in bedeutungsvoller Gedämpftheit zu hören, niemand wagt, es sprechend zu unterbrechen. Laut geworden ist unser Atmen. Parallel zur steigenden Strecke wächst es zum Schnaufen heran. Die Nasenwände beben.

Das wohlbehütete Zugspitzdorf, mit seinen kitschig-bunt mit Lüftlmalerei verzierten Hausfassaden, den farbigen Fensterläden und heimeligen Hütten, übergibt die Teilnehmenden an die bereits lauernde Bergwelt, die in rauer Erhabenheit über Grainau thront. Ihr Lauern hat ein Ende. Gleich einer Entführung absorbiert sie in all ihrer Imposanz die kleinen Silhouetten der Verführten in ihrem Schatten. Gelockt hat sie durch Schönheit, doch jetzt zeigt sie ihr wahres Gesicht. Denn so schön sie anzusehen ist, so schwer ist die Bergwelt zu erlaufen.

Ich atme inzwischen in Windstärke zehn durch die Nase ein. Die Mitlaufenden hecheln mit geöffnetem Mund. Der Trail krümmt sich in Richtung Himmel. Aus Laufen wird Traben, Steigen und in der steilsten Steigung dann Stagnieren. Die Teilnehmenden drängenden sich aneinander, nach und nach darf jeder eintreten auf den Singletrail.

Ich nutze das Stocken im Feld, um durchzuatmen und mich umzusehen. Langsam neigt sich mein Kopf in den Nacken, ich blicke hinauf, kneife meine Augen zu Schlitzen zusammen, in der Hoffnung, das Ende des Anstiegs zu erkennen. Keine Chance. Es ist, als würde man unterhalb eines Wolkenkratzers stehen und versuchen, das Dach zu erspähen.

Bis in den Himmel ragt die graue, feuchte Wand, die das Höllental von Grainau trennt. In deren Kluft steigen wir in Serpentinen auf. Oh, es geht weiter: Ich bin an der Reihe, den waldgesäumten Weg zu betreten. Sträucher streichen meine die Oberschenkel fest umschließende Tight. Sie presst die Adern zusammen und lässt so das Blut schneller zum Herzen schießen. Los, los, transportiere schön viel Sauerstoff überallhin, den brauche ich jetzt, denke ich, einen Atemzug nehmend.

Ich will die hinter mir Wartenden nicht aufhalten. Also ramme ich die Laufstöcke zügig abwechselnd in den feuchten Boden. Mal treffen die Spitzen auf Stein, mal auf das Holz der Wurzeln, mal dringen sie tief in die feuchte Erde ein, mal muss ich sie mit einem Ruck an mich reißen, weil sie sich in einem Steinschlitz oder einer Wurzelranke verhaken.

Wenn ich etwas im letzten Jahr gelernt habe: Trailrunningstöcke sind Trumpf, ich kann mir nicht vorstellen, einen Ultratrail ohne sie hinzukriegen, auch mental. Ich male mir aus, dass die Stöcke an einem Seilzug am Ende des Anstiegs befestigt sind und mich hochhieven.

Manchmal male ich mir ein Zahnrad aus. Der Stock, der in den Boden greift als eine Zacke, meine hebelnden Arme als weitere Zacke – dieser Mechanismus trägt die Last meines Gewichts die Höhenmeter hoch. Das Bild hilft mir. Beim Herunterlaufen bieten die Stöcke Halt, entlasten meine Knie, die, so stelle ich es mir zumindest vor, ohne die Stütze bei über 5400 negativen Höhenmetern einfach durchbrechen würden wie der Aufprall morschen Totholzes nach freiem Fall. Beide.

Deswegen ramme und ramme und ramme ich die Stöcke in den Grund. Rechts, links, rechts, links, rechts, links, rechts, links, rechts, links. Ich harpuniere den Untergrund unerbittlich mit meinen Trailwaffen. Rechts, links, rechts, links. RECHTS LINKS RECHTS LINKS. Der Anstieg ist bitterlich lang. Weiter rammen, on repeat rechts und links.

… bis einer der Harpunenhiebe meinen rechten Laufstock in zwei Teile bersten lässt. Flüche entfleuchen mir im Weiterrennen und meine Finger nesteln verzweifelt an den zwei Stockhälften herum, die sich nicht mehr zu einem Teil vereinen lassen.

„Das war es. Ohne meine Stöcke werde ich nicht ins Ziel kommen. DNF (Did Not Finish) nach nicht einmal zehn Kilometern“, schießt es mir durch den Kopf. Peinlich. Die Finger fummeln weiter. Leider bin ich neben ungeschickt auch ungeduldig. Das erste salzige Nass macht sich in meinen Tränendrüsen bereit, nur einen Lidschlag vom Abtropfen entfernt.

Zum Weinen kommt es (noch) nicht, denn meine Verzweiflung bleibt nicht unbemerkt. Helmut, sein Name ist auf seiner am Oberkörper befestigten Startnummer 101 zu lesen, fragt, ob er helfen könnte, während er lässig neben mir hertrabt. Als wäre ich wieder Kind, halte ich ihm meinen Stock wie ein ramponiertes Spielzeug hin, mit geweiteten, tränenbereiten Augen, in der Hoffnung, es heil zurückzubekommen, um weiterspielen zu können.

Er hantiert beim Weitertraben und plaudert währenddessen. Er arbeite bei *Sport Conrad* und kenne einen Trick. Es macht knickklickklack und ich bekomme die zwei Stockhälften als ein wieder voll belastbares Stück zurück. Helmut wünscht noch viel Vergnügen und trabt weiter, ich sehe nur noch seinen Trailrunningsrucksack dahinzuckeln, dann verlieren meine geweiteten Augen seine Umrisse zwischen anderen Laufenden. Er lässt mich baff zurück.

Hat mir da gerade ein Konkurrent geholfen? Konkurrenz. Alle gegen alle bei einem Wettkampf – ist das nicht das Credo von Rennen?

Das erfahre ich ab jetzt häufiger: Konkurrenz wird in der Trailrunningszene kleiner geschrieben. Wir befinden uns inmitten eines Wettkampfs, bei dem es um persönliche Platzierungen geht. Das Versagen der anderen bedeutete den eigenen Vorteil. Scheide ich frühzeitig aus oder laufe langsamer, steigt Helmut in der ZUT-Gesamtplatzierung einen Platz nach oben auf.

Aber das ist beim Trailrunning, wie ich immer wieder erfahren werde, nicht so priorisiert wie im Straßenlauf oder anderen Sportarten. Die es hier und heute zu besiegen gilt, sind die Höhenmeter, auch berstendes Equipment, und nicht die Mitlaufenden. Bei einem Straßenmarathon wäre die Situation anders ausgegangen.

Nicht nur, weil dort kaum jemand Laufstöcke kennt, auch weil dort geschubst und gedrängelt wird, statt sich gegenseitig zu helfen. Das musste ich bei meinem Straßenmarathon in Frankfurt leidvoll erfahren, den ich als Training für den ZUT antrat.

Wenige Meter nach dem Start trat mir in der großen Menschenmasse beim Laufen jemand unsanft in die Hacken, sodass ich meinen Laufschuh in der laufenden Menge verlor; 11.000 Teilnehmende waren auf der Marathonstrecke unterwegs, mein Schuh irgendwo unter ihnen und ich musste ihn wiederfinden. Söcklings, zum Boden gebeugt suchte ich die Strecke von links nach rechts ab, inmitten des Wettkampftrubels. Statt mir meinen verlorenen Schuh zu reichen, wurde der zur Seite gekickt und ich zu Boden gerempelt.

Am Boden liegend wurde ich angemeckert, ich würde stören, ein Tritt traf mein Steißbein. So muss sich Simbas Löwenvater in Disneys *König der Löwen* gefühlt haben, als er sein Junges aus einer panischen Gnuherde retten wollte - überall Beine, Tritte, nirgendwo das Gesuchte. Aufhelfen? Weit gefehlt, auf diese Idee kam keiner bei der PB (Personal Best)-Jagd, der eigene Lauf zählte mehr.

Klar, jeder schnellere Mitlaufende ist Konkurrenz und bedeutet im Ranking einen Slot weiter unten. Ein eigenes Downgrade könnte das Ego treten, dann lieber die Mitlaufende, mich, treten. Die Masse zog an mir vorbei und ließ mich getreten zurück. Ich fand meinen Schuh irgendwann unter der Rennbande liegen und lief den Marathon zu Ende. Desillusioniert. Nicht nur ich, auch die Werte Sportlichkeit, Fairness, Gemeinschaft wurden an dem Tag mit Füßen getreten.

Anders beim Trailrunning, hier scheinen diese Werte zu gelten und das begeistert mich. Beeindruckung und Dankbarkeit gesellen sich zum Gefühl der Demut. Es scheint, ich sei Teil einer Gruppe geworden, die aufeinander achtet. Keine Gesellschaft der Singularitäten, in der jeder einzigartig zu sein versucht und nur auf das eigene Fortkommen und die eigene Performance schaut, sondern eine kleine Gesellschaft, in der das gemeinsam Geteilte, das Traillaufen, mehr zählt als das Hervorheben der eigenen Einzigartigkeit.

Performance wird nicht als der eigene Erfolg definiert, sondern es wird geschaut, wie man in der Gruppe performed. Helmut hat heute aus meiner Sicht eine Eins-a-Performance hingelegt. Danke Helmut, du hast mir den Trailsport schmackhaft gemacht.

Diese Gedanken tragen mich eine Weile. Ich kann das Traben zwischen grünen Baumkronen und Felswänden genießen, es kribbelt im Bauch, das Gefühl wandert bis ins Gesicht, zieht meine Mundwinkel nach oben.

Bis die Strecke vor einer höher als hochhaushohen, dunkelgrau melierten Felswand so steil in Richtung des Höllentals bergauf zieht, dass es zu anstrengend wird zum Denken. Der Spaß ist vorbei. Das Genießen auch.

Ich hacke in gleichmäßigem Takt den rechten und den linken Laufstock in den steinbesähten Grund und schwimme hikend im Feld der anderen schweratmenden Stockhacker mit nach oben, mich im Schatten der bedrohlichen Felswand ihrem Fuße nähernd.

Die körperliche Komfortzone ist in Grainau stehen geblieben. Und das ist gut so. Wir suchen hier genau das. Abseits der begehbaren Wege, also auf Trails, werden wir zu Unentwegten. Das ist unangenehm, weil es so anstrengend ist und Menschen meiden, wenn es geht, genau das, das Verlassen der Komfortzone.

So fühlt es sich also an, außerhalb der wohligen Wände des Komforts. Ich spüre genau hin. Und erkenne darin etwas.

ANGST

Das Verlassen der Komfortzone bildet überhaupt erst eine Zone ab, in der wir Komfort als solchen erkennen und wertschätzen lernen, vorher ist alles Komfort beziehungsweise nichts. Das Nichtgenießen gehört zum Genießen, das Leiden zum Glück, die Angst zum Mut, es bedingt sich wechselseitig.

Schon das Gefühl unmittelbar nach der Anmeldung zu diesem Rennen war als pure Angst zu beschreiben. Den Button *Registrieren* anzuklicken, hat sich mutig angefühlt. Mut ist der Gegenspieler der Angst, ohne Angst kein Mut, ohne Mut keine Angst. Das Anmelden hatte mir einen Kick gegeben und diesen Kick suchen wir alle, oder?

Danke, Angst, dass es dich gibt. Denn durch deine Überwindung fühle ich mich mutig. Und Mut tut gut, Angst also auch. Ultratraillaufen beinhaltet eine Art Angstlust. Ultratraillaufen produziert Mutige durch das Kultivieren von Angst. Paradox.

Laut Hegel, einem Philosophen aus dem 18. Jahrhundert, gehört Angst zum notwendigen Übergang auf dem Weg des Bewusstseins zum Selbstbewusstsein. Und Selbstbewusstsein macht mutig. Auch für Jaspers, ebenfalls ein Philosoph (20. Jahrhundert), schafft durchgestandene Angst ein unbegreifliches Vertrauen in den Grund aller Dinge und in sich selbst.

Ist Angst also etwas Gutes? Warum fühlt sich die Angst dann wie psychologische Nacktheit an, das Ich so schutzlos? Und worauf bezieht sich die Angst überhaupt? Ich meine, was ist das Schlimmste, das hier passieren kann?

Der Tod und damit mein Nichtmehrsein. Aber sobald man sich dessen bewusst wird, fühlt sich das Leben umso intensiver und noch schätzenswerter an. Das wiederum verleiht ein sofortiges Gefühl der Freiheit und Leichtigkeit.

Unter diesem Aspekt bewirkt Angst Gutes. Oder löst die Angst vor möglichen Schmerzen und dem unausweichlichen Leiden Furcht aus? Zweifellos. Friedrich Nietzsche, genau, Philosoph, schreibt: „Mut zum Leiden: [...] Ohne den guten Willen zum Schmerze würden wir allzu viele Freuden fahren lassen müssen."

Das verstehe ich so, dass nur, wer Schmerzen kennt, Nichtschmerzen zu schätzen weiß und nur so am Nichtleiden Freude finden kann. Selbst Schmerzen können also etwas Gutes sein, ihnen muss nicht mit unkonkreter Angst begegnet werden.

Ganz im Gegenteil, der Mut zum Leiden ist erstrebenswert für ein gutes Leben. Denn ein gutes Leben zeichnet doch aus, dass Freude im Nichtleiden empfunden wird und das geht nur, wenn man das Leiden kennt.

Bas Kast, Wissenschaftsjournalist und Autor, beschreibt das Phänomen als Wechselspiel zwischen einem Prozess (hier: Leiden) und dem dadurch ausgelösten Gegenprozess (hier: Nichtmehrleiden und der darin empfundenen Freude). Die Hypothese katapultiert das Leiden natürlich auf die erstrebenswerte Seite.

Oder bezieht sich die Angst auf das Nichtschaffen des theoretisch Möglichen, diese 100 Kilometer zu Fuß zurückzulegen? Bestimmt auch. Konkret lässt sich die Angst einfach nicht fassen. Sie begleitet mich stetig auf diesem Weg, ist Mitwirkende und Protagonistin dieses Erlebnisses. Auch wenn meine Schlussfolgerung steht, dass Angst gut ist, nervt sie. Ohne sie ginge es auch.

Mir erscheint sie überflüssig, lästig und nicht zielführend. Selbst über die Angst nachzudenken, zieht runter. Beim Denken des Begriffs Angst flackern Bilder vor dem inneren Auge auf, von von Schreien verzerrten Gesichtern, Düsterheit, bodenlosen Abgründen, Wölfen mit fletschenden, langen Eckzähnen und Weidekühen.

Schnell lenke ich die Gedanken auf ihren Gegenspieler: Mut. Zack, flattern ganz andere Bilder auf. Von Heldinnen und Helden in erhabener Pose in gleißendem Licht, von Athene in Homers *Odyssee*, von Odysseus selbst. Ein externer Beobachter könnte erkennen, wie sich mein eingesackter Oberkörper aufrichtet, die Schultern zurückstreben, sich die Brust heraushebt und die Striemen vom Trailrucksack zum Spannen bringt.

Es ist interessant, zu beobachten, wie man sich unterbewusst offenbar an starken, positiv affirmierten Begriffen und Bildern hochhangeln kann, körperlich wie mental, also weitermachen damit, mehr Mentalbilder.

Aristoteles, richtig, Philosoph, meint: „Nur der mutige Mensch kann glücklich werden“, Mut gehöre zu einem glücklichen Leben dazu. Denn wer mutig ist, ist gleichzeitig aktiv, kann Dinge bewirken und verändern, statt defensiv das oft leidensvolle Leben nur passieren zu lassen und zu ertragen.

Der erste Schritt heißt Überwindung, also Kraft aufwenden, um Situationen zu suchen, die schwerfallen, unangenehm sind und meidungswürdig, oder, wie Nietzsche schreibt, leidensvoll. Das schaffen wir nur, wenn wir Mut ausprobieren, auch den Mut, Zweifel auszuhalten.

Situationen suchen, die schwerfallen, unangenehm sind und meidungswürdig ... Das sind Situationen, die ängstigen. Dann müsste Mut zur Angst Sinn machen. Und durchgestandene Angst schafft wiederum Mut. Das ist ein Teufels- beziehungsweise Glückskreislauf.

Mut lässt sich ohne Angst gar nicht denken; streiche ich Angst aus dem Kopf, muss ich auch Mut streichen. Schade. Was war wohl zuerst da, der Mut oder die Angst? Und ist ein Mutant ein mutiger Mensch?

Wenn Mut wie ein Muskel ist, habe ich ihn angespannt, als ich die Angst überwunden habe, an einem 100-Kilometer-Lauf teilzunehmen, denke ich und hoffe gleichzeitig, dass das mit Freude und Selbstbewusstsein belohnt werden wird und ich den Mutmuskel weiter trainieren und noch oft kontraktieren kann.

Oh, ich weiche ab und verliere mich, das passiert, denn, den Gedanken über die Essenz des Laufens gilt eine heranwachsende Liebe. Irgendwo muss diese sich ja auszutoben wissen.

Aber weiter im Rennen, samt Abweichungen, beim Laufen lässt es sich über Stunden zu tausend Themen philosophieren. Die Strecke bietet Raum für sinnlose, sinnvolle und sinnsuchende Gedanken, manche verweilen und werden weitergesponnen, manche sind makaber, viele belanglos.

Manchmal summe ich eine ausgedachte Melodie, mal singe ich ein bekanntes Lied, dessen Text ich nicht mehr kenne, also denke ich mir einen neuen aus. So wird aus dem Original-Songtext *Mr. Brightside* von The Killers auf einmal:

"I'm coming out of my cage and I've been doing just fine
Gotta, gotta be down because I want it all
It started out with 5 k, how did it end up like this?
It was only 5 k, it was only 5 k
Now I'm falling apart and they're running away
While I'm having a snack and they're almost in Grainau
Now they're going to bed and my stomach is sick
This is hundred k, wish I've avoided this snack
I just can't run, it's killing me, let me go."

Mal wirft meine Erinnerung alte Konflikte auf, zum Beispiel mit meinem Ex-Partner, der mir, nachdem ich voller Stolz und Mut verkündete, dass ich am 100-Kilometer-Zugspitz-Ultratrail teilnehmen wolle, mit großen, ungläubigen Augen gegenüberstand und wie persönlich angegriffen meinte: „Das ist zu gefährlich. Das ist nichts für Frauen. Wenn Du das machst, bin ich weg." Er ging zwar nicht, aber ich, und zwar zum ZUT. Allein.

Mal versuche ich, versöhnliche Gedanken zu fassen, ärgere mich über Diskussionen, in denen es mir an Schlagfertigkeit fehlte. Denke mir neue Argumente aus, Witze, über die nur ich lache: Kennt ihr einen guten Fahrradwitz? Ich ja, aber den ‚fahrrad' ich nicht.

Mal führe ich Selbstgespräche.

Mal beobachte ich den Grund unter meinen Schuhen wie rechts und links von mir, muss aber schnell feststellen, dass ich das lieber sein lasse, denn Stolpern ist die Folge, mal mache ich Fotos mit meinem Handy, das zur Pflichtausrüstung gehört. Die Zeit scheint so schneller zu vergehen.

Irgendwann stoppt die Müdigkeit den Denkfluss und lullt ein. Ein paar Mal werden die Gedanken und sogar die Müdigkeit unterbrochen, von einem Krampf in der rechten Wade, Schmerzen in den Zehen, im unteren Rücken, an den Händen, da, wo die Schlaufen der Laufstöcke sitzen, in den Knien, besonders rechts, in den Unterarmen vom Stockeinsatz, den Fersen, den Fußsohlen.

Die Strecke bietet wirklich sehr viel Raum und Zeit für Gedanken, Gefühle, Gespräche, Lieder und Schmerzen und Simulationen.

SIMULATION

Rechts, Stich, links, Stich, rechts, Stich, links, Stich. Serpentinen, steil bis zum Geht-nicht-mehr, machen das Laufen unmöglich, für mich zumindest, also steige ich über Wurzeln, Steine, Schotter, matschiges Gras, immer aufwärts, und versuche, mich aus der Monotonie zu denken. Rechts, Stich, links, Stich, rechts, Stich, links. Schritt für Schritt, Stockstich für Stockstich.

Mal sage ich meine unbedingte Maxime auf. Diese klingt komisch, aber sie wirkt, weil sie so stark und übertrieben ist. Ich sage mir immer wieder: „Und wenn ich sterbe. Und wenn ich sterbe, ich laufe heute 100 Kilometer. Und wenn ich sterbe, ich laufe heute diese 100 Kilometer. Und wenn ich sterbe …"

Natürlich will und werde ich hier und heute nicht sterben. Mein Leben wäre dieses neue Hobby nicht wert. Aber es ist wichtig, meinem Kopf das vorzumachen. Indem ich ihm eine lebenswichtige Situation simuliere, bringe ich ihn dazu, obwohl er nicht mehr will, weiterzumachen.

Diese Gedanken lösen Emotionen aus, die den Körper in eine Leben-oder-Tod-Situation versetzen; wegen Unlust oder Schmerzen würde er nun sicherlich nicht mehr das Signal zum Aufgeben senden, denn das bedeutete: Tod. Das finde ich fuchsig.

Der Philosoph, Publizist und Moderator des Schweizer Fernsehformats *Sternstunde Philosophie* Wolfram Eilenberger, hat dieses Verhalten als phänomenologisch beschrieben und einen Titel dafür gefunden. Das sei *simulierte Unbedingtheit*. Man tue so, als ob es um alles ginge, obwohl man wisse, dass das nicht der Fall sei.

Bei leidenschaftlichen Fußballfans ließe sich das Phänomen der simulierten Unbedingtheit häufig beobachten. Bei einem wichtigen Spiel gehe es für sie emotional wie mental um alles, um Leben oder Tod. Verliere die eigene Mannschaft, können sie sich tagelang totbetrübt fühlen und dass, obwohl es nur um ein Spiel gehe.

Die Emotionen aber seien echt und erheben die Sache erst zu einer wichtigen. Das mache das ganze Hobby spannend. Nicht nur erhöhe diese Simulation unser Hobby, sondern das ganze Leben. Das sei ein Intensivierungsmodus des Daseins, so Eilenberger.

Ultra-intensiv leben, ist es das, was wir im Ultrasport suchen? Wahrscheinlich funktionieren solche Simulationen nur in Wohlstandsgesellschaften wie in unserer westlichen. Fürchtet man tatsächlich um seine Existenz, hat man sicherlich nicht das Bedürfnis, sich eine Gefahrensituation für das Leben im Kopf auszuschmücken, just for fun. Die Vorstellung ist makaber.

Für uns Ultratraillaufende ist das aber genau das Ausbrechen aus dem meist sorgenreduzierten Alltag, den wir brauchen. Da kann man ruhig mal mit Ängsten spielen und sich danach mit Mut belohnen, wenn die simulierte Situation vorüber ist. Schöner Effekt. Das Selbstbewusstsein steigt, was für ein Luxus.

Und nach der Situation verkrümeln wir uns wieder in unseren sicheren Alltag, in dem manchmal das größte Problem scheint, wenn die Kaffeemaschine defekt ist, die Bahn sieben Minuten verspätet abfährt, oder, am schlimmsten, wenn man nur einen Empfangsbalken hat.

MUT

STOPP! Plötzlich werde ich aus meiner Gedankenwelt katapultiert. Was passiert hier? Trailsohle trifft glatte Eisfläche, rutscht samt Bein nach rechts, abgrundwärts, hängt im luftleeren Raum. Ich strauchele, fuchtele wild mit den Armen und den daran befestigten Stöcken, gewinne gerade so das Gleichgewicht zurück, stehe stocksteif da.

Gefahr? Will. Nicht. Fallen! Jede Müdigkeit weicht Furcht. Weg, weg. Schneefeld. Rutschig in Richtung Abgrund. Ich kann die Kälte riechen, sie bohrt sich durch meine Funktionswäsche wie ein eifriger Wurm, während meine Hände die Stockschlaufen nass schwitzen. Angstschweiß. Zittern meine Knie?

Meine Augen sind, glaube ich, auf ein Dreifaches vergrößert. Sie suchen eine Alternativroute, vergeblich. Ausweichen ist aussichtslos. Der einzige Weg vorwärts führt über die Schneehölle. Was ist das für ein Event?

Fester Stand lässt eine Einschätzung und ein Überblicken der prekären Lage zu. Der Weg, oder eher Nichtweg, wie er sich mir darbietet, der das Schneefeld passieren soll, ist exponiert und schmal, links fällt ein Hang steil in die Tiefe wie in den Schlund eines Pottwals. Hunderte Trailrunner sind vor mir über das Stück gelaufen, deswegen ist der Schnee platt zu glattem Eis zertreten.

So stehe ich mit meiner Furcht und Antipathie vor der Passage, völlig überfordert. Die Lage wird nicht besser, als sich ein Trailrunner an mir vorbeischiebt, selbstbewusst drauflos trabt, ausrutscht, noch mit seinen Armen rumfuchtelt und unkontrolliert in Richtung Tiefe rutscht. Seine Laufstöcke funktioniert er zu Eispickeln um, indem er sie in den Hang haut und nach einigen Metern gerade so Halt findet. Zwei andere Teilnehmende helfen ihm zurück auf den Pfad.

Schock und Furcht lähmen, lassen mich wie eingefroren stagnieren. Dumm dastehen. So, wie immer mehr Laufende, die mich passieren und den Weg wagen. Die Furcht schleicht in Richtung Panik. Ich kann das nicht, ich will nicht. Aber ich muss. Muss ich? Meine Knie zittern tatsächlich. Na toll, zuverlässige Knie bräuchte ich schon, wenn ich das überleben soll. Eine Alternative gibt es nicht und Umkehren ist keine Option. Hallo, Angst.

Hatte ich vor einigen Stunden nicht erst reflektiert, dass Angst erstrebenswert ist? Denn auf deren Überwindung folgt Selbstbewusstsein, Mut und so. Die Praxis lässt die Philosophie sehr blass wirken. Angst ist schrecklich.

Einerseits drängt etwas in mir vorwärts, andererseits bremst es. Zwei Herzen schlagen in meiner Trailrunnerbrust. Interessiert beobachtete ich die beiden sich in mir kämpfenden Gefühle. Ich kann mein Inneres nicht treiben lassen, einen der Kontrahenten, den vorwärts drängenden, muss ich bestärken. Der andere darf nicht die Oberhand gewinnen, denn der will hier Wurzeln schlagen. Okay.

Eine Filmreportage in meiner Erinnerung wachgerufen, über Gnus in Südafrika, lässt antreibende Bilder vorm inneren Auge filmisch aufflackern. Gnus, diese kuhartigen Antilopen stürzen sich Steilhänge hinunter, durchqueren krokodilbeheimatete Flüsse, nur um anzukommen, irgendwo dort, wo es Futter gibt und kein Verhungern mehr droht.

In diese Gnumentalität versuche ich mich zu versetzen und sie mir zu eigen zu machen, denn auch ich muss unbedingt zur nächsten Verpflegungsstation zum Futtern, ansonsten werde ich den Zugspitz Ultratrail ebenfalls nicht überleben, spitze ich meinen Gedankengang bewusst zu, die Eilenberger'sche *simulierte Unbedingtheit* im Hinterkopf, wobei sich das gerade eher nach unsimulierter Bitterernsthaftigkeit anfühlt.

Aber es funktioniert und so siegt eines der Herzen, das mutige: Der erste Schritt löst sich knuspernd aus der Schneekuhle, in die er sich gebohrt hatte und ertastet das feindliche Eis. Hier knuspert nichts mehr, das Aufsetzen klingt wie ein Schritt auf Marmor.

Der Grund glänzt auch wie feinste Mamorkunst. Der Pfad erlaubt es nicht, einen Fuß neben den anderen zu setzen. Die Stöcke, in die Schneewand links gesteckt, gebieten minimal Sicherheit, so meine ich zumindest. Schritt. Stich. Schritt. Stich. Schritt. Stich.

Die Stöcke in die Wand nadelnd, verleihe ich der Weste des Bergs ein gepunktetes Muster auf Weiß. Wie nach einer Inzision nähe ich die Weste an den unfreiwilligen Patienten Berg, damit sie bloß nicht abrutscht, mich mitreißend.

Auf einmal greift ein fester Handgriff meinen Arm und zieht ihn in Richtung Sicherheit. Die Hand gehört zu einer Frau, die eine Bergwacht-

Weste trägt. Unbemerkt ist sie erschienen, während das Delirium mich bremste und betäubte. Meinem Arm folgend, lässt mein Körper sich auf rutschfesten Untergrund geleiten. Es ist geschafft. „Danke" und weiter.

Angst ist anstrengend, das Adrenalin fällt, die Erschöpfung steigt proportional an. Nicht Mut hat die Angst dieses Mal überwunden, sondern die Lust auf Essen. Das ist okay, ich verbuche es trotzdem als eine Art des Muts, eine sehr sinnvolle.

Die motivationsnährende und hoffentlich bald magenfüllende Verpflegungsstation (VP) nähert sich mit jedem meiner Schritte, das weiß ich, weil es alle zehn Kilometer Essen gibt. Der Blick auf meine Uhr verrät: 50 Kilometer sind bald rum. 50 Kilometer und zwölf Stunden. Nach zwölf Stunden des Steigens, Laufens wird das Denken zu anstrengend und so treibt ein leergedachter Kopf einen schmerzenden Körper über die Trails.

Bis zum nächsten Drama, als ein ZUT-Unterstützer bei der VP informiert, dass ich, wenn ich weiter so langsam vorwärtskäme, das Zeitlimit nicht schaffe und disqualifiziert würde. Weniger als 26 Minuten blieben mir bis zum sogenannten *Cut-Off*.

Das ist die vom Veranstaltenden vorgegebene Zeitspanne, in der die Streckenabschnitte zwischen den Verpflegungsstationen zu bewältigen sind, andernfalls wird man aus dem Rennen genommen oder schafft es zumindest nicht in die offizielle Wertung. Auch mit einer Finisher-Medaille wird man nicht nobilitiert.

Das sind zwei Bemühungen, nach denen jeder Teilnehmende strebt. Mit allem, was er hat. „Und wenn ich sterbe, ich laufe heute 100 Kilometer, und wenn ich sterbe …".

Im Hinblick darauf, dass noch 50 Kilometer zu bewältigen sind, und zwar 50 höhenmeterlastige, durch die Nacht, durch eine mir unbekannte Gebirgsgruppe, mit bereits belasteten Beinen, kommt die Aussage einem tatsächlichen, dieses Mal nicht nur einem simulierten, Todesurteil gleich. „Ich laufe heute 100 Kilometer ", ob das realistisch ist oder nicht, ich will weitermachen! Ich werde weitermachen! „Und wenn ich …" Aber zuerst: ESSEN.

Die Verpflegungsstation ist aufgebaut wie ein Bufett. Auf großen Holzbrettchen finden sich liebevoll in Quadratform geschnibbelte Käsestückchen, die Erinnerung an Butterbrotdosen zu Schulzeiten wachrufend, Nüsschen in einer separaten Schale, Kuchenscheiben, in mundgerechten Stücken serviert, ein Suppenkessel, Stullen, belegt mit allen möglichen Leckereien.

Salzig? Klar, Schmalzstulle. Süß? Sicher! Nutellabrot. Gereicht werden die kalorischen Köstlichkeiten von Händen, die zu lächelnden Helfenden gehören. Angerichtet mit so viel Herz für uns verschwitzte Dreckige in Eile. „Danke dafür!" Das muss ich aufschreiben, denn alles andere als dankbar ist mein Verhalten nach der Cut-Off-Ansage den Schnibblern und ZUT-Supportern gegenüber.

Jede zivilisatorische Gepflogenheit verfliegt hier. Statt mir Gereichtes anzunehmen, denn das würde zusätzliche Zeit kosten, raffen meine Finger von jedem Brettchen, aus jeder Schale und aus jeder Schüssel wahllos Kalorien zusammen in meinen Futterbeutel, einen reißfesten Gefrierbeutel mit Zippverschluss. Die Finger klauben blindlings nach Energie, eine Fuhre in den Mund, eine Fuhre in mein Vorratsdepot, denn das wird mich die Strecke schaffen lassen, hoffe ich.

Vegan oder nicht, gesund oder ungesund, meinen kulinarischen Vorlieben entsprechend oder nicht? Egal, Hauptsache viel. Gurke schiebt halb zerkauten Käse, schiebt zermatschte Nuss an den Gaumen und weiter in den Rachen. Viel hilft viel. Noch eine Handvoll Riegel in den Mund gestopft, den Würgereiz unterdrückt, greife ich schmatzend mit der anderen Hand zu den abgestellten Stöcken und hetze los.

Runterspülen mit einem Becher Isodrink, gluckgluckgluckahh, von dessen Inhalt mir die Hälfte über die Wange läuft und eine klebrige Spur hinterlässt. Säubern? Keine Zeit. Kauen, schlucken, rennen, erbeutetes Futter verstauen. Weiter, weiter, weiter, und zwar schnell. Cut-Off? Das will ich nie mehr hören. Ich galoppiere, gnumäßig.

Wie nach der Injektion einer Adrenalinspritze bleibt die Station hinter mir liegen und nur die im Gepäck verstauten Genüsslichkeiten erinnern an sie, es ist voller Käse, Kuchen, Keksen, Riegelfragmenten und oh, ist da auch ein Stück Gurke mitgekommen? Das Wissen darum gibt mir ein erhabenes Gefühl.

Kalorien, insbesondere in Kohlenhydratform, sind meine Waffe, eine sehr scharfe Waffe. Die Glukosezufuhr hievt mich aus dem Unterzucker wie eine helfende Hand aus dem Moor. Plötzlich kann ich wieder Gedanken fassen, klar und deutlich, und zwar: Ich kann das. Ich will das. Ich bin mir sicher, dass ich das will und deswegen kann. Ich will das schaffen, absolut sicher, vor allem mit vollem Magen.

Die Dunkelheit hat sich fast unbemerkt ans Wettersteingebirge herangeschlichen. Der Tag senkt sich und eine milde Kühle zieht Kreise, gleich einem Tropfen, der sich in einen See fallen lässt. Das hinter den Bergspitzen silhouettierende Licht der orangelila Abenddämmerung wird von einem blauschwärzlichen Sog abgelöst, dem sich niemand hier draußen zu entziehen vermag.

Alles wird geschluckt, das Gebirge, Bäume, wir. Die Dunkelheit weckt neue Angst. Alleine im Hochgebirge zu laufen, ist furchteinflößend, vor allem, wenn es so dunkel wie im Inneren eines Tintenfasses aussieht. Die vielen kleinen Stirnfunzeln der Teilnehmenden, die wie unbedeutende Glühwürmchen an den Gebirgswänden auf und ab schimmern, schaffen es kaum, die Dunkelheit beim Dunkelsein zu stören.

Sie bieten gerade einmal genug Helligkeit, um, statt in den Felsabgrund zu stürzen, den Trail zu erkennen und ihm zu folgen. Dass meine Sicherheit an der Verlässlichkeit meiner Stirnlampenbatterie hängt, lässt ein ungutes Bauchgefühl gedeihen. Ich verlasse den baumbehangenen Forstweg und erreiche offenes Gelände um ein weitläufiges Gewässer.

Sonnwendfeuer, die das Wettersteingebirge an diesem Wochenende im Juni zieren, wirken etwas bedeutsamer gegen das Dunkel. Mitten in den entfernten Felswänden und an einigen Gipfeln brennt es. Zwar ist Eile angebracht, den Moment nehme ich mir doch, um an dem Gebirgssee stehen zu bleiben und die Feuer in der Ferne beim zitternden Flackern zu betrachten.

Oben die Sterne, darunter die Feuer, die von der aalglatten Wasseroberfläche reflektiert werden, unten die Stirnlampen. Licht über Licht über Licht über Licht. – „Was für eine kitschige Postkartenidylle, da kann man kaum die Angst aufrechterhalten. Das ist wirklich schön hier. Bitte einprägen, das sind die guten Momente“, diktiert der Restverstand, der sich nach dem Aufsaugen des Moments der Bewunderung entreißt und sich wieder der Qual des Weitermachens hingibt.

Schinderei wäre euphemistisch, Tortur, Horrortrip, Marterung, Schikane treffender. Die brennenden Berge schmelzen hinter mir zusammen, als ich wieder in eine bebäumte Forststraße einbiege und von den dunkelschwarzen, langen Schatten gefangen genommen werde. In ihnen ist es kalt.

Da hilft die Vorstellung, ich sei Melvilles Kapitän Ahab, als der abtauchende weiße Pottwal Moby Dick mich in die unendlich dunkle Tiefe des Ozeans zieht und verspeist. Es fühlt sich auch tatsächlich so an, als hätte mir Moby Dick zuvor mein Bein abgerissen, genau wie im Roman.

Schmerzhaft dümpelt mein Körper über die Gebirgspfade mit Beinen wie Stümpfe. Sie lassen sich nur noch deswegen heben, weil sie durch die armunterstützte Kraft aus den Laufstöcken geführt werden. Apropos, Arme, die schmerzen vom millionenfachen Aufsetzen der Stöcke. Hatte schon jemand mal eine krampfende Beule im Unterarmmuskel vom Stockeinsatz? Einfach Ultratraillaufen, dann kann man das erleben.

Jeder weitere Auftritt nach stundenlangen Auftritten verwandelt die Trailschuhe in Foltergeräte. Sie erinnern mich an Särge. So muss es da drinnen auch aussehen. Meine Füße fühlen sich zerstört, matschig, dem Tod näher als dem Leben an.

Weiter, weiter. Wie ich beim Hiken, strauchelt meine Stirnfunzel beim Lichtwerfen. Sie reicht nicht aus, um der Schwärze Einhalt zu gebieten, ein irrleuchtendes Nichtlicht. Hallo, Angst, da bist du ja schon wieder. Meine Situation? Unallein zwischen Traillaufenden, die ungesehenen sind in der dunklen Nacht, bin ich doch allein in bergiger Gefahrenzone.

Das Licht droht zu erlöschen, die Ersatzbatterien sind ja schon eingesetzt und reichen nicht aus.

Als sich die Bäume lichten, nimmt meine Ohrmuschel Schritte wahr, sich nähernde. In der Magengegend flackert Optimismus kribbelnd auf. In der Halbhelligkeit bleibe ich so lange stehen, bis die Schritte zu mir aufgeschlossen sind, um Teil der Gruppe Funzeln zu werden und deren Lichtreservoir zu vergrößern.

„Hi, ich bin Juliane, darf ich bei euch mitmachen? Ich habe Angst." Die, zu denen die Schritte gehören: „Hi, klar. Ralle, Stefan." Tschau, Angst. Ralle, Stefan und ich dümpeln gemeinsam dahin, dem dreifachen Scheinkegel nach. Es ist wie ein Dahinsiechen. Rechts, Stich, links, Stich, rechts, Stich, links, Stich mal drei.

Mal leitet Stefan das Grüppchen an, mal ich, mal Ralle und ich gemeinsam, wenn der Trail breit genug ist zum Nebeneinanderherwackeln. Jeder neue Schritt gleicht einem Würgegriff um die Seele meiner Füße. Gemeinsam fällt es nicht leicht, aber leichter. Ob mich das zu einem schlechten Menschen macht? Das Wissen, dass die anderen mindestens genauso hart leiden wie ich, lässt mich weniger leiden, mehr noch, es gibt mir ein gutes Gefühl.

Es beruhigt, zu hören, was die anderen plagt. Mehr davon! Was tut euch alles weh? Ach so, Stefan, dein Rücken hat eine inzwischen blutende Scheuerstelle vom ratschenden Rucksack, es suppt schon den Rücken hinunter? Ach so, Ralle, du knickst andauernd um, weil deine Bänder nach dem Sturz vorhin ziemlich demoliert sind? Erzählt mir alles en detail, bitte. Dann und wann schaffen wir eine Unterhaltung, die von stundenlangem Schweigen unterbrochen wird. Der Weg ist weit.

Wir laufen nicht, sondern stapfen, zügigst. Das Zeitlimit haben wir im Blick und im Griff. Drei Beinpaare schreiten sich abstrampelnd voran. Hat noch jemand eine Ekelstory parat? Nein? Dann lauscht meinem Monolog: „Ich hasse Laufen, ich bin mir sicher, dass ich Laufen hasse, absolut sicher, ich hasse, hasse Laufen." Die Zustimmung meiner kleinen

Gruppe findet in Seufzen, Schnaufen, Stolpern ihren Ausdruck. Es ist zeitweise ein einsamer Sport, aber das gemeinsame Gleichfühlen verbindet ungemein.

Endlich, der vorletzte Anstieg, so meine ich. In einem waldbenetzten Steilhang schlägt der Schuh, der nicht gerade in der Luft hängt, auf dem Singletrail immer wieder gegen die mir inzwischen mehr als lästigen Steinbrocken und treibt mit jedem Anprallen einen neuen Nagel in den Schuhsarg. Ein Hass hat sich entwickelt gegen Steine. Auch gegen Wurzeln. Aber vor allem gegen die scheiß Steine.

Der erste Aufprall stört, der zweite nervt, der dritte nervt, der vierte nervt, der fünfte schmerzt und nervt noch mehr, einer der vielen Folgenden kostet mich den Nagel des großen Zehs. Der ist offenbar doch noch nicht tot, denn ganz genau ist spürbar, wie sich der abgelöste Nagel im rechten Socken vom Nagelbett unabhängig macht. Das harte, spitze Stück, das ich erst für ein Steinchen hielt, piekt zwischen meinen Zehen.

Bei der Erkenntnis um meinen körperlichen Verlust wird mir schlecht. Das muss ich mit Ralle und Stefan teilen. Die Story katapultiert mich auf der Leidens- und Ekelskala sicher nach ganz oben. Wenig beeindruckt erzählt Ralle gähnend, dass er eh nur noch sechs von zehn Fußnägeln besitzt. „Jedes Rennen ein Nagel“, scherzt er. Oder, warte, ist das gar kein Scherz? Was ist das für ein masochistischer Sport? Wo bin ich hier reingeraten? Das ist nicht gesund.

Die Augen, zusammengekniffen, suchen akribisch den dürftig kopflampenbeleuchteten Boden nach den schmerzbringenden Steinbrocken ab, versuchen, das Andocken zu verhindern, um das Überleben der restlichen Nägel und meine körperliche Integrität zu sichern. Meine Füße sollen nicht wie Ralles enden! Aus meinem Gesicht lösen sich Tränen, die ins Dunkle fallen. Nicht nur mein Gesicht trieft.

Triefende Socken nach einem unkoordinierten Tritt in einen zu überquerenden Gebirgsbach, denn die Schrittlänge ist nicht mehr weit spannbar, nerven fast nicht mehr, nein, sie passen sehr gut ins Gesamtbild der allmählichen Zerstörung. Klar, jetzt ist auch noch alles nass, sicherlich laufe ich mir Blasen.

Was kommt als Nächstes? Ist das ein Test, wie viel ich ertragen kann? Bin ich zum Boxsack der Natur geworden, die sich so richtig an mir auslässt?

Ein Boxsack in Trailschuhen als nasse Foltergeräte, der rechte Schuh ein Zehnagelsarg. Beim Unterkriechen eines niedergefallenen Baumstamms mitten auf dem Trail bleibe ich an ihm hängen. Mit seinen knöchernen Astfingern reißt er meinem Rucksack ein Stück Material aus und stößt mich dabei brutal zu Boden.

Ich lande polinks im Dreck. Nicht dein Ernst, Natur?! Mir reichts. Ich hasse, hasse, hasse, hasse, hasse, hasse das!

Nur knapp komme ich wieder hoch, die Beine sind fast funktionslos. Nichts an mir ist nicht schmutzig, schmerzt nicht, brennt nicht oder ist nicht kaputt, einfach nichts. Was, was zur Hölle tun wir uns hier an? Natur und Equipment scheinen sich gegen mich zu richten.

Auch mein Rucksack beginnt, den Rücken zu zerbeißen, die Handschlaufen schneiden in die Handhaut und die Stirnlampe knabbert meine Stirn wund. Ich muss an die Textpassagen aus dem Lied *Dusche* von Farin Urlaub denken: Wenn Tassen in Massen sich einfach fallen lassen, wenn Scheren sich wehren und dir den Krieg erklären. Sein Kühlschrank hasse ihn sowieso, er sei paranoid. Doch als sein Bettbezug ihn beißen wollte, wusste er, er brauche Dynamit. Ich auch, um Berge, Equipment, vor allem Steine, Flussbetten, Wurzeln wegzusprengen.

Ich muss das nicht tun. Bei der nächsten Station könnte ich rausgehen aus dem Rennen, bei Kilometer 85, da erspähe ich Grainaus lockende Lichter, meine zu wissen: Jetzt nur noch runter ins Tal laufen, dann ist es geschafft, das geht auch noch, irgendwie.

Die Zivilisation wartet und ich bin bereit, aus meinem Abenteuer auszutreten, zurück in den wohligen Alltag, wo ein Bad wartet, wo ein weiches bedecktes Bett steht, wo Fahrstühle das Steigen überflüssig machen, wo ein Pflaster für meinen Zeh bereitliegt, wo ich, in meiner Vorstellung, Schmerztabletten wie Smarties schlucken könnte, wo ich haufenweise Pizza essen werde, wo ich meine Laufschuhe an den Nagel hängen würde, also einen Wandnagel. Das Ferne ist so nah!

Aber, nein, falsch gedacht, Pustekuchen. Statt in Richtung der Finish-wartenden Lichtquelle abzubiegen, informieren die Helfenden, dass es noch einmal ins Dunkle gehen soll, denn die Strecke macht eine Schleife in Richtung Alpspitze hoch, erst beim Osterfelderkopf kehrt, um dieselbe Verpflegungsstation noch einmal zu erreichen, bevor wir bergab gen Grainau dürften.

Eine Extrarunde also. Da muss ich noch einmal nachfragen: „Wie jetzt. Da unten ist Grainau. Das Grainau, wo das Ziel steht, und ich soll nochmal in die entgegengesetzte Richtung laufen, Richtung welchen Bergs, Osterfeuerwas? Das macht keinen Sinn, reiner Mumpitz. Das kann nicht sein."

Die Helfenden zeigen mir die Strecke erst auf dem Handy, dann noch auf Papier. Natürlich haben sie recht, zu wenig habe ich mich mit der Streckenführung beschäftigt. Auch mit der Kilometeranzahl kommt es hin. Es sind eben verdammte 100 an der Zahl. Aber eine Schleife, echt jetzt? Ralle und Stefan sagen nichts.

Das mache ich nicht. Wenn der Veranstalter versagt, zu tun, wofür ich ihn bezahlt habe, nämlich mich ins Ziel zu führen, dann kann ich hier ja wohl legitim Widerstand leisten, meine Registrierung anfechten, kündigen, egal, jedenfalls mache ich echt nicht mehr mit. Wackelnden Beines will ich mich trotzig hinsetzen und demonstrieren. Aber aus dem Sitzen käme ich nie mehr hoch.

Widerstand zwecklos, oh Mann, ich will wirklich nicht weiter. Aber ich muss. So muss sich Mentaltod anfühlen. Mein „Dann mach ich halt weiter. Ciao.", klingt wie das Röcheln eines Tiers, das erdrosselt wird. Mit Augen, die zu zwei großen Nullen geformt sind, biege ich in die Schleife ein, widerwillig, Ralle und Stefan einholend, Gedanken fassend, die in meinem Gesicht keinen Ausdruck mehr finden. Die beiden fahren mit dem Nichtssagen fort, wie Gnus oder Gnu-Zombies.

Wären wir im Ziel, könnte ich mich hinsetzen. Klar, ich müsste nie mehr aufstehen, es wäre ja vorbei. Und wie ich mich hinsetzen würde, ohne zu zögern säße ich, denn da wären bestimmt ein paar Stühle mit Polstern oder Bänke mit Lehnen und sicherlich helfende Hände, die mich stützen könnten.

Vielleicht könnte da eine Schlafgelegenheit sein mit Kissen, vielleicht sogar ganz großen, weichen. Ganz sicher wären da Decken, warm und flauschig, die mich lange ummanteln, erst, um mich in den Schlaf zu begleiten und dann tagelang, bis ich wieder erwachen wollen würde, und zwar erholt, schmerzfrei, trocken und sauber. Die Decken wären sicher, aber erst ist da Unmut.

UNMUT

Ich will nicht mehr, ich kann auch nicht mehr, da bin ich mir absolut sicher. Keinen einzigen Höhenmeter schaffen meine Oberschenkel noch, die schon seit Stunden auf jede Kontraktion mit Zittern antworten, insbesondere beim Bergabgehen. Und dummerweise führen die letzten Kilometer ausschließlich bergab. Jägersteig heißt der Downhill.

Die Laufstöcke dienen inzwischen nicht mehr dem Laufen, sie sind zur Gehhilfe geworden. Ich bin fertig. Körperlich, mental, emotional und überhaupt. Keine Strategie schlägt an: Die Gnus sind verpönt, sehe ich aus wie ein Gnu, oder was? Mut ist mir egal. Zum Singen oder Nachdenken bin ich zu geschafft. Der Kopf ist leergedacht. Die Bewegungen fahrig.

Die Begeisterung für den ach so tollen Trailrunningsport, in dem noch ach so wichtige Werte zählen, ist auf einer Begeisterungsskala auf unter null gesunken. Ralle und Stefan? Ja, die plätschern auch irgendwo rum, kaum wahrgenommen.

Die Zeit dehnt sich wie Kautschuk bei Raumtemperatur. Rechts … links … bla. Jede Minute schleicht. Stocken die Sekunden? Laut meiner Laufuhr bin ich länger als 20 Stunden unterwegs.

Ich weiß, ich hatte schon geschrieben, dass ich das hasse, also alles. Berge? Werden überbewertet. Laufen? Ein ätzender Sport, genau wie Wandern, Steigen. Es soll einfach endlich, endlich vorbei sein. Was haben die Veranstaltenden sich hierbei bloß gedacht und was habe ich mir gedacht und überhaupt?

Irgendwann zerhacken Sonnenstrahlen die Dunkelheit wie ein Steinwurf durch eine Fensterscheibe. Es splittert Gold. Da, am Horizont, der große, schiefpyramidenförmige Berg, er erscheint nicht mehr graublau, sondern vergoldet, samt Gipfelkreuz.

Könnte der Osterfeuerirgendwasberg sein. Die Sonne hat es eilig und knüpft sich auch die gegenüberliegende Bergkette vor, dann tunkt sie das gesamte Gebirge in eine alles vergoldende Neuer-Morgen-Stimmung, die ich dank perfekter Position nahe der Alpspitze bestens beobachten könnte. Konjunktiv.

Mein erster Sonnenaufgang in den Bergen. Magisch? Nein, ich bin durch. Es spricht mich nicht an. „Morgenstund hat Dreck im Mund“, der kitschige Sonnenaufgang entschädigt für nichts. Das Naturspektakel bringt kein Licht in meine Leidensdunkelkammer. Alles ist Dreck und Schmerz. Ich will weg.

Stoisch schleppen sich meine Beinstummel unter Beobachtung meiner müden, nur noch halbgeöffneten, teils wegen Müdigkeit, teils wegen ihrer Schwellung, Augenlider dahin. Nie mehr will ich gegen einen Stein docken, daher richte ich alle Konzentration auf den Boden. Soll die Sonne tun, was sie tun muss, unbeobachtet von mir, ich tue, was ich tun muss. Ein gesenktes Haupt entspricht eh meiner inneren Haltung.

Meine Stirn ist von der Druckstelle der Stirnlampe erst wund und inzwischen blutig gescheuert worden. Ich könnte Erlösung, wenigstens von diesem Schmerz, schaffen und sie, Tageslicht sei dank, abnehmen. Aber das geht nicht, ich bin zu müde, meine Arme zu heben, meine Finger zu benutzen, um sie abzustreifen, stehen bleiben, die vorderen Verschlussschnallen meines Rucksacks lösen, gleich zweimal, dann den Reißverschluss öffnen, die Lampe verstauen, zumachen, aufsetzen, wieder in Gang kommen ... Das sind ja tausend Einzelschritte, nicht einen davon bekäme ich gebacken.

Das wäre alles Energie, der ich längst verlustig bin. Die Lampe bleibt dran, verliere ich eben literweise Blut aus der Stirn. Mehr als das Weitertrotten in Zombiemanier steckt nicht in mir. Das Trotten darf nicht unterbrochen werden, ich nicht aus meiner Trance gerissen, sonst endet es hier, das ist klar.

Ah, wieder die VP. Leider kriegt man hier keine Sedierung, ja, daran hat der Veranstalter nicht gedacht. Das wäre doch was oder zumindest Schmerzmittel oder Drogen. Wie sonst kommt der Deckel auf die 100 Kilometer?

Es geht zu Ende. Im wahrsten Sinne gehen. Und im wahrsten Sinne *Es*, damit meine ich mich. Alles Menschliche ist einer Masse erschöpften Etwas gewichen, das auf den Zielbogen zu zombiewalked. Ichlose Schritte gehen so: Rechtslinksrechtslinksrechtslinksstolpernrechtslinksrechtslinks. Und genauer: Zitternde Beinmuskulatur rechts anspannen zum Abdrücken, Krampf unterdrücken, Bein lockern in der Luft rechts, zitternde Beinmuskulatur links heben zum Abdrücken, Bein lockern in der Luft links, ... hypnotisierend.

Eine Endlosschleife. Ultralang. Gleich einer Motte, die immer wieder gegen das geschlossene Oberlicht poltert, obwohl doch eine breite Bahn nach draußen führt, kann ich nicht aufhören, weiterzumachen. Das Licht ist das Ziel, nicht das Draußen und das, obwohl ich lieber draußen wäre, aus dem Rennen, aus dem Sport, aus allem. Ich laufe das letzte bisschen Leben aus dem Leib, ich laufe die letzten paar Meter des Rennens zum beleuchteten Zielzelt, mottenmäßig.

Da wartet die Zäsur: das Stopp, das Stehenbleiben, in Grainau, Zielbogen über mir, Trail hinter, Trail unter mir, aus und vorbei, Ende. Ich war mir sicher, das würde nie enden und ich in einem „Und täglich grüßt das Murmeltier"-Schmerz- und Bewegungskreislauf gefangen.

AUSTRITT

Nach 24 Stunden und 28 Minuten überquert mein geschundener Körper, getrieben vom vakuumierten Kopf in Zombiemanier oder eher eine Allegorie meiner selbst die Ziellinie nach 104 Kilometern und 5424 Höhenmetern in Grainau. 32 Minuten vor dem gefürchteten Cut-Off von 25 Stunden.

„Geschafft", denke ich und meine damit nicht mich, die das Rennen geschafft hat, sondern das Rennen, das mich geschafft hat. Für ein High Five mit Ralle und Stefan müsste ich die Hände anheben, das schaffe ich nicht, also klatschen wir auf Bauchhöhe ab. Für Freude zu geschunden. Emotionen kosten Kraft und die ist auf der Strecke geblieben, Kilometerweit weg.

Das Finish habe ich mir anders ausgemalt. Hopsend, feiernd, jubilierend, von der Bergschönheit gekostet und somit inspiriert, wie eine Entpuppung von einer unsportlichen Person zu einer strahlenden Ultraläuferin, als würde jeder Mensch ein Upgrade erfahren, der das Ziel erreicht, als würde jede und jeder upgelevelt in Grainau einlaufen, durch den Triumph des Finishes ein wenig gewachsen, aufgerichtet, strahlend. Nichts da.

Es ist ein erniedrigendes Gefühl, das von einem scheußlichen Bild bestärkt wird. Wunden, Dreck, blutunterlaufene Augen sehe ich, wie nach einer fiesen Schlägerei. Ich kann es sehen, das von den Bergen ausgekotzt-Gefühl. Die Berge haben mich nicht mit offenen Armen empfangen, sondern verprügelt, aufs heftigste vermöbelt, meinen Zehennagel abgeschlagen, meine Stirn zerdötscht, meine Beine amputiert? Ach ne, Letzteres ist nur Wunschdenken.

Erniedrigung, Desillusion, das sind die treffenden Worte und wimmerwürdig. Ultratrailrunning? Ich habe dich entmystifiziert. An dir ist nichts

Magisches. In dir steckt viel Leid. Wie gerne würde ich aus meiner geduckten Haltung und ganz aus meinem schmutzigen Körper steigen oder wenigstens meine Haut ausziehen und wegwerfen, vor allem aber meine Füße, diese zehennagelmissenden Klumpen, zusammen mit den von ihrer Schwellung gespannten Trailschuhen.

Der Grad der Schwellung hat die Schnürsenkelschleifen zu Henkersknoten verwandelt. Vermutlich werden die Schuhe von den Füßen abplatzen. Oder sie müssen mit Skalpell und Pinzette freigelegt werden. Die sind verloren, die Schuhe wie die Füße.

Jemand hängt mir eine Finisher-Medaille um den Hals. „Danke", röchelt es aus meiner Kehle. Tränen würden sich lösen, wenn ich noch Emotionskraft hätte, aber nicht vor Freude, sondern weil es endlich, endlich, endlich vorbei ist. Von Sportüberdruss gesättigt, will ich nur noch weg hier.

Meine Pension ist wenige hundert Meter vom Zielbereich entfernt. Humpelnd erreiche ich sie. Duschen. Die Laufsachen von meinem Körper streifend sehne ich mich nach dem warmen, behutsamen Strahl der Brause. Die Schuhe tun mir nicht den Gefallen, sich aufplatzend zu lösen, ich muss meine Füße aus ihnen schälen, ahne und rieche dabei Abstoßendes.

Wie Gegenstände, die nicht zu meinem Körper gehören, wende ich die nackten Füße hin und her. Der plätschernde Duschregen wäscht Schlammreste, kleine Steinchen, Blut und gelbe Eitermasse in den Abfluss. Das Verschwinden des gelbraunrot verfärbten Wassers im Abflussloch nehme ich aus einem schmalen Schlitz meiner absinkenden Augenlider wahr, bis es dunkel wird. Endlich schlafe ich, zusammengesackt im weißen Duschbecken mit großem Bequemlichkeitsmangel, ein. Schlaf, das erste Versöhnliche nach den unerträglich langen Stunden in Qual da draußen, in der Dusche, aber das ist egal. Schlaf ist das Schönste der Welt.

Willkommen, angehende Bewusstlosigkeit, vorbei, das war es. Eine Wiederholung dieses Sports werde ich meinem Körper, davon bin ich überzeugt, nie mehr antun, wie auch, beide Füße, selbst die Arme von der Stocknutzung, mein Magen, die Oberschenkel, die Waden, alles halbtot.

Egal, alles ist egal, außer Schlaf. Willkommen, angenehme Gleichgültigkeit. Gute Nacht, mitten in den Morgenstunden? Alles ist entwichtigt. Nichts hat Gewicht, außer mein Körper, um ein Vielfaches. In der Schwere finde ich Schlaf.

299 Menschen finishen den zweiten Zugspitz Ultratrail 2012 mit seinen 104 Kilometern und 5424 Höhenmetern, davon 277 Männer und 22 Frauen. Ich werde Letzte und Erste in meiner Altersklasse zugleich, denn ich bin die jüngste Finisherin mit 21 Jahren. Mein Hausmitbewohner Daniel, der mich auf das Event aufmerksam machte, muss leider völlig erschöpft nach der Hälfte aussteigen. Helmut finisht viele Stunden vor mir. Ralle und Stefan geht es gut. Chapeau.

Wenn Freunde später fragen, wann der nächste Laufwettkampf in den Bergen anstehe, antworte ich mit Bestimmtheit. Auf keinen Fall, das wusste ich, nie wieder wollte ich laufen, nie wieder, wirklich nie wieder.

EINTRITT

2016, 2017, 2018, 2022, 2023 hängen wieder Finisher-Medaillen um meinen Hals, mit dem Zugspitz-Ultratrail-Logo darauf. Außerdem würde ich hunderte anderer (Ultratrail-)Laufwettkämpfe mitmachen.

Und nicht nur die läuferische Seite meines Lebens nimmt Anstoß: Zehn Jahre nach dem ZUT würde ich mit meinem Mann Christian, den ich übers Laufen und übers Schreiben darüber kennenlerne (denn er arbeitete als Chefredakteur des Printmagazins *LAUFZEIT* für den Verlag dieses Buchs), in den ZUT-Ort Garmisch-Partenkirchen ziehen. Was? Wieso dieses Hobby weiterführen nach der die letzten Buchseiten füllenden Leidbeschreibungen?

Die Erkenntnis, dass Ultratrailsport wie ein großer Grabbeltisch ist, der Essenzielles fürs Leben bieten kann, fällt erst nach der wohltuenden Dusche. Um zum Tisch zu gelangen, muss man durch die Tür in den Raum treten, die Vorbereitung heißt. Die Tür zu öffnen, bedeutet auch, sich zu öffnen und sein Innerstes hervorzubringen.

Steht man erst einmal in all seiner Authentizität in dem Raum, vor dem Tisch, kann man zugreifen: Resonanz? Mut, das Aushalten von Angst und Zweifeln, Akzeptanz von Verletzlichkeit, Stärke, simulierte Unbedingtheiten, Demut? Was darf es denn sein? All das liegt am Grabbeltisch bereit, um kultiviert zu werden.

Am Ende, nicht am Ende eines Wettkampfs, der nicht hinter der Ziellinie endet, sondern später, macht das Zugreifen ziemlich viel glücklicher. Das möchte ich mit dem Geschriebenen vermitteln. Wenn man einmal die Türschwelle überschritten hat, fällt es schwer, die Tür von außen zu schließen. Eine Entmystifizierung kann man offenbar genauso rückgängig machen wie die Integrität von Zehennägeln.

KAPITEL DREI

KATHARSIS – TRANS ATLAS MARATHON

MÜNCHEN I

Drei Gesichter schälen sich in der sie spiegelnden Konferenztischplatte über Krawattenknoten auf teuren Hemden aus noch teureren Anzügen heraus. Als bildete ich eine Verlängerung der Tischspiegelung, habe ich dieselbe Haltung wie die der drei mir gegenübersitzenden Anwälte angenommen, samt Lächelns, das statisch wie in Ton gedrückt wirkt.

Die Haltung ist seit Betreten des Gebäudes steif, so, als hätte man mir bei Überschreiten der Türschwelle noch in der Drehtür meine Wirbelsäule genommen und durch einen Schneeschippenstiel ersetzt. So sitzt man hier, so wie man sich siezt. Es ist kühl. Damit ist nicht nur die Beschreibung der Zimmertemperatur, sondern auch die der Atmosphäre gemeint.

Ersteres steht im harten Kontrast zur hochsommerlichen Hitze, die die bodentiefe und deckenhohe graublaue Glasfassade des Bürogebäudekomplexes abschirmt. Zweiteres ist standardmäßiges Gebärden während eines Vorstellungsgesprächs in einer Münchener Großkanzlei. Nicht nur kühl, sondern eingefroren scheinen die oberen Hälften der Gesichter, wie gecopy-pasted: Starr blickende, mich fixierende Augenpaare, über dunkelblauen Anzügen, unter lächelnden Mündern, die sich abwechselnd öffnen, um mich mit Fragen zu beschießen, zur Vorstellung, zum Kennenlernen.

Ich versuche, angestrengt sorgfältig, schlagfertig oder schlau zurückzuschießen, verbal dynamisch, körperlich statisch mit einem Stiel im Rücken. Das Frage-Antwort-Gewitter kommt einem verbalen Tischtennisbattle über einem meterlangen Konferenztisch nahe, der die Maße einer Tischtennisplatte allerdings sprengt.

Irgendwann lässt der Fragenhagel nach und ich werde nur noch mit Wattebäuschen beworfen, mit mir angenehmeren Fragen zum Sport: „Sie sind Marathonläuferin", mit ehrlich beeindrucktem Ausdruck, „und heute fliegen Sie nach Marokko, um einen weiteren Marathon zu laufen?" Mit einem Blick auf meine das Handgelenk fassende Uhr, nicke ich beruhigt, denn bis zum Abflug ist noch Zeit und berichtige: „Einen Etappen-Ultratrail, das sind sechs Ultratrails in sechs aufeinanderfolgenden Tagen, startend in der Wüste, über das marokkanische Hochgebirge führend, endend wieder in der Sahara."

Ich bekomme die Stelle als Juristin mit dem Beisatz: „Sie haben den Job. … wer sich 280 Kilometer über das Atlasgebirge kämpft, dem trauen wir auch zu, dass er sich durch das Haifischbecken einer Großkanzlei kämpfen kann." Und so darf ich mich werktags in die Form eines arbeitsverträglich angeordneten Business Dress schieben, meine Füße in Pumps stecken und beim Sitzen die stockgerade Form eines Besenstiels annehmen, ob an Konferenztischen oder an meinem Bürotisch.

Die Form sieht vor, dass man sich siezt, auch nach der Anstellung. Ich sehe bei dem förmlichen Lächeln, die die Augen nicht mitumfassen, in Form gebrachte, gerade und gebleachte Zahnreihen. Die Form muss wie die Contenance stets bewahrt bleiben, das Gesicht eingefroren und der Rücken stielgerade, ein Straucheln beim Staksen auf Pumps in den langen Kanzleigängen tariere ich, so hoffe ich, geschickt und ungesehen aus. Peinlich, bloß nichts anmerken lassen. In wenigen Wochen habe ich schon viel gelernt über das, was man tut und was man nicht tut.

Man siezt sich, klar. Man bietet einer in der Hierarchie höherstehenden Person nie das Du an. Bietet sie es dir an, ist das erzählenswert. Man beendet eine E-Mail mit *Beste Grüße*, denn *Viele Grüße* ist einen Tick zu lapidar. Man lacht nicht laut. Was zu laut ist? Das muss ich noch herausfinden, man erkennt ein Zulaut definitiv am irritierten Gesichtsausdruck des Gegenübers.

Man trägt auch bei hochsommerlichen 35 Grad keine Kleidung, die Knie zeigt. Man sitzt unbequemst gerade. Man geht zügig über die Flure. Man steht nicht einfach herum. Man grüßt, obwohl in Bayern, nie mit *Servus*, zu salopp; ein *Grüß Gott* ist ok, gut sogar. Man redet schnell, um keinem die Zeit zu stehlen, sowieso fasst man sich kurz.

Man hält Small Talk, bevor man zur Sache kommt, kurz, versteht sich. Man hat niemals, wirklich niemals, Falten im Hemd, in der Bluse oder im Rock, man würde sich zum Gespött machen. Morgendliches Bügeln wird zum neuen Sport, ein Bügeleisen im Kanzleischrank parat zu halten, ist das nächste Level.

Man trinkt Kaffee, allein aus sozialen Gründen. Man spricht viel über seinen Workload, eigentlich in jedem Gespräch. Man nennt es Workload, nicht Arbeitspensum, man spricht von Meetings, Calls und Jour fixe. Man muss viel tun und noch mehr sein lassen. Alles eine Sache der Form.

Als ich einmal wieder Kaffee trinke, schweifen meine Gedanken aus der glasfassadeneingefassten Lobby ab, nach Marokko: Szenenwechsel zur VP 1 beim Trans Atlas Marathon.

An VPs sind jegliche zivilisatorische Gepflogenheiten verflogen: Es wird von der Hand in den Mund gestopft, die Finger abgeleckt, geschlürft, gerülpst, hinter das Essenszelt gepinkelt oder gekotzt. Es gilt, möglichst viel Nahrung in möglichst kurzer Zeit zu horten, wie eine Horde Wildhamster. Wildhamster sind keine Haustiere, sie meinen es ernst, wie David Foster Wallace schon wusste.

Das Zivilisierteste an der VP ist das Studentenfutter, das in einen Trog geschüttet wurde. Von meiner geöffneten Hand hinterhergezogen, lange ich in die Tiefe des Bottichs, um weiter zu horten. In meinem Gefrierbeutel, der Hortenklave, finden die Nüsschen und Rosinen neben Gurke, Dattel und Riegelstück ihren Platz. Den kulinarischen Tabubruch erkennend, weiß ich, dass ich mich auch künftig über Kulinarik-Knigge und Essmanieren während eines Wettkampfs hinwegsetzen werde.

Und das gibt mir ein erhabenes Gefühl, regelrecht befreiend. Mit dem Handrücken ein Gurkenstück aus dem Mundwinkel abwischend mache ich mich schmatzend auf den Weg. Ich wünsche noch einen schönen Tag auf Französisch und trabe weiter.

Ob ich den Job in der Kanzlei wohl bekommen hätte, wenn mein Chef diese Szene beobachten hätte können, der sein Gesicht bereits zu einer abweisenden Maske verzieht, die die Abscheu über die Möglichkeit des Falls zum Ausdruck bringt, sein First Flush Tea könnte zu heiß (mehr als 80 Grad Celsius) aufgegossen worden sein? Ich halte die Tasse mit der rauchenden, schwarzen Flüssigkeit in beiden Händen und genieße die Erinnerung, bis ich mir die Zunge verbrenne und in den Moment und in die Glasfassaden zurückfinde.

ELIAS I

Ultratrails bieten einen starken Kontrast zum teils hochformalisierten Arbeitsleben. Warum entwickeln manche Menschen das Bedürfnis, aus diesem auszubrechen? Norbert Elias, Soziologe, formuliert die kluge Antwort.

Ein zentraler Aspekt in der Entwicklung der menschlichen Zivilisation ist Kontrolle, so Elias. Die Kontrolle des Individuums über sich selbst ermöglicht es ihm, seine körperlichen Impulse und Emotionen zu regulieren und so Handlungen an den gesellschaftlichen Normen auszurichten. Die Geschichte der menschlichen Gesellschaft sei auch die Geschichte der Affektkontrolle.

Während sich im Mittelalter noch munter ins Gesicht gedroschen wurde, erhielt der Schauspieler Will Smith keinen Applaus, als er bei der Oscar-Verleihung 2022 dem Moderator und Komiker Chris Rock ins Gesicht schlug, nachdem der einen Witz über seine Frau gerissen hatte. Körperliche Gewalt, also fehlende Affektkontrolle, gilt heute als Ausdruck archaischer Männlichkeit, wenig schlagfertig und vor allem: unzivilisiert.

Wer zuschlägt oder laut wird und es trotz tausender Angebote nicht hinbekommt, sich gesellschaftsfähig zu therapieren, der steht in der Gesellschaft ganz unten.

Affekt- und Selbstkontrolle gelten als zivilisiert, mehr noch, als Distinktionsmerkmal. Wer möchte sich nicht zu einer besonders zivilisierten gesellschaftlichen Gruppierung zugehörig zählen? Allerdings habe die Kontrolle überhandgenommen. Elias: „Die Kontrolle, die die Menschen über sich selbst ausüben, ist zum Teil automatisch geworden, sie hat sich ihrer Kontrolle entzogen und ist zu einem inhärenten Teil ihrer Persönlichkeitsstruktur geworden." Wir verhalten uns, insbesondere im Arbeitsleben, kontrolliert, Knigge-konform, formell höflich, regelrecht reguliert – überzivilisiert?

Nach Elias gibt es eine Lockerung vom Selbstzwanggefüge: „Soweit man sehen kann, lassen sich Freizeitbeschäftigungen als soziales Feld, auf dem die in der Nichtfreizeit geltenden Zwänge gelockert werden, in unserer Gesellschaft finden. Sie dienen der Entlastung von Zwängen und Kontrollen und lockern ihren Druck. In der Freizeit befriedigt unsere Gesellschaft das Bedürfnis, die Aufwallung starker Emotionen in der Öffentlichkeit zu erleben – das Bedürfnis nach einer Art von Erregung, die nicht in der Weise den relativ geordneten Zustand des sozialen Lebens stört und gefährdet, wie die ernsthafte Art der Erregung dies für gewöhnlich tun würde (Zuschlagen, laut werden et cetera). In unserer Gesellschaft, in der die Neigungen zur ernsten und bedrohlichen Art der Erregung abgenommen haben, hat die ausgleichende Funktion der spielerischen Erregung zugenommen. Mit deren Hilfe wird dem Menschen die Gelegenheit zu einer *Erholung der Seele* geboten."

Diese spielerische Erregung finde soziale Zustimmung. Es sei eine solche, die nicht zum Spannungsabbau genutzt werde, sondern im Gegenteil Spannung erzeugen soll, also einhergeht mit Furcht, Traurigkeit und anderen Emotionen, die man im gewöhnlichen Leben versuchen würde, zu vermeiden. Zum Beispiel laute Begeisterung, Mut zum Überwältigtsein, Wunsch nach Wirklichkeit, Austausch, Freiheit, Reibung, Rausch, aber auch Zorneslust, Angst, Wut und Pathos, Lust am Naiven, nicht der stärksten Ratio. So ähnlich beschreibt es Simon Strauß in *Sieben Nächte* und man könnte meinen, er sei Ultratrailläufer, denn das sind alles Dinge, die am Grabbeltisch Trailrunning bereitliegen.

Laufen also Menschen in ihrer Freizeit deswegen Ultratrails, um eine *Erholung der Seele* von Zwängen, Druck und Kontrolle zu erfahren? Die Formel: Erregung potenzieren, so einen Spannungsaufbau erzeugen = Seelenerholung. Das klingt logisch. Zur Umsetzung ist noch zu klären, was Elias konkret mit Spannungsaufbau meinte. Vielleicht Folgendes?

MAROKKO I

Erneuter Schwenk nach Marokko. "Take a look to the sky just before you die, it's the last time you will, … For whom the bell tolls, time marches on." Als läute Metallicas Lied aus meiner Spotify-Playlist eine Prophezeiung ein, hämmert es als Auftakt für den vor mir liegenden Anstieg in meinen Gehörgang, wie eine Warnung.

Ich stoppe mein lautes Mitsingen und lege in besorgter Skepsis beim Glockenschlag meinen Kopf in den Nacken, krümme meinen Rücken hohlkreuzartig in Richtung Himmel. Die zerfetzten Wolkenfragmente scheinen sich erst in meinen Augen und dann als Durchfurchung meiner Stirn widerzuspiegeln. Meine Sorge steigt. Genau wie die schwarzgrau melierten Wolken, die sich über der marokkanischen Berglandschaft fernsehturmhoch aufbauen.

Seit Stunden sind die Trails hier durch den Atlas einsam, keine Laufenden, keine Hirten, keine Wanderer, nicht einmal Ziegen, maximal Schafe. Es ist der zweite Tag von sechs Tagen beim 280 Kilometer langen Trans Atlas Marathon, bei dem die 25 Angemeldeten das Atlasgebirge überqueren, indem sie täglich rund eine Marathondistanz plus x zurücklegen, in ständigem Bergauf- und Bergablauf.

Flussbetten, Bergpässe, Berberdörfer, Wüste, Seen, Baumlandschaften – die Strecke ist abwechslungsreich. Gestern war es auf dem Trail noch grell, es war heiß, staubig und vor allem steinig, Wüste eben. Ständig musste ich selbst unter meiner Sonnenbrille die Augen zusammenkneifen. Es lief glatt und ich selten allein.

Heute, etwa 2000 Höhenmeter weiter oben, ist alles anders. Der Boden zeigt sich besonders grobsteinig, der Himmel teils tiefschwarz, ein aggressives Flussrauschen in den Ohrmuscheln verrät Wassermassen und dass es nachts in Strömen geschüttet hat. Zunächst machte mir das nichts, ich lief, hopste und sang die ersten Kilometer der Etappe, aber das ist vorbei.

Beim Erklimmen einer Hochebene lösen sich Regentropfen aus den aschig graumelierten Wolkentürmen, nirgendwo ein menschliches Lebenszeichen. Ist das noch der richtige Weg? „Hallo? Ist da jemand? Irgendjemand?" Nein, niemand, nirgends. Das Gelände ist unwegsam, sodass ein falsches Abbiegen leicht passiert und bei meinem Orientierungssinn ist das sowieso nahe liegend.

Über derart unwegsame Steinhänge führt doch kein Gruppenevent, oder? Schon länger habe ich keine orangefarbene Markierung, die für die Läufer auf Steine zur Orientierung gesprayed wird, gesehen. Neben Sorge steigt Unruhe aus dem Bauch in Richtung Kehle und schnürt sie wie eine viel zu eng sitzende Krawatte zu, die von Schritt zu Schritt zum Henkersknoten zu mutieren scheint.

Tief durchatmen. Bei einem Unwetter im ungeschützten Hochgebirge unterwegs zu sein und das ohne Orientierung, das finde ich übel. Hilfe anfragen? Ein Ding der Unmöglichkeit. Empfang gibt es null. Ich bin abgeschottet, alleine und verloren.

Ausgerechnet als ich den höchsten Punkt des Plateaus erreiche, setzt ein Hagelschauer ein und der Regenschauer potenziert sich. Na toll. Aua, jede Hagelkornberührung mit der Haut schmerzt. Aufhören! Ich fluche, laut, hört ja niemand.

Eine gelbe Regenjacke, aus dem Laufrucksack gezerrt, versucht, den Kopf mithilfe der abwehrenden Kapuze vor den einschlagenden Körnern zu schützen, vergeblich. Ich krümme meinen Rücken möglichst rund, um mein Gesicht zu schützen. Triefende Schafe ziehen im Augenwinkel vorbei und scheren sich nicht um die gelbe Jacke und auch nicht ob des stechenden Hagels.

Klapprige Gestalten sind das. Ich erkenne Rippen, obwohl sie ungeschoren sind. Näher am Leblosen als am Leben, fristen sie ihr Dasein hier im Nirgendwo. Metallica, noch tiefer in die Gehörgänge geschoben, müssen mit *For whom the bell tolls* gegen das Hagelgewitter anbrüllen, erfolglos, der Aufprall von Eisklümpchen und der Wasserwurf auf die Regenjacke übertönt sie.

Was ist das für eine aggressive Geräuschkulisse, wenn nicht einmal Metalmusik auf Maximallautstärke akustisch dagegen ankämpfen kann. Die Trailschuhe schmatzen im Schmutz, dringen bei jedem Aufsetzen in ihn ein und schleudern bei jedem Rausziehen eine Ladung nasser, sandiger Erde herum, die sich in Rinnsalen, wie Schlangen windend, den Weg die Waden hinunter bahnt. Selbst der sonst so geliebte Trailuntergrund scheint ihnen heute nicht gutgesonnen zu sein.

Als wollte er die Schuhe fixieren, als wollte er mir etwas Böses, mir, die ich die Schuhe wie Unkraut aus ihm jäte, das er mit dem Festhalten der letzten Wurzelstränge hält, ums Überleben kämpfend. Die Erhebung, auf der ich laufe, wirkt wie eine Theaterbühne für ein Horrorstück. Als Requisite bräuchte es zwingend einen am Streckenrand platzierten, verrottenden Kuhschädel. Einen verdorbenen Geruch nehme ich wahr, ohne einen Totenkopf zu sehen. Vermutlich sind das die augenscheinlich verwesenden Schafe.

Schaute man von außen auf diese Kulisse, würde ich in meiner grellgelben Jacke vor graubraunem Setting wie die unfreiwillige Akteurin erscheinen, auf die die Scheinwerfer gerichtet sind, in der Ankündigung, dass nach ansteigender Dramaturgie ein schauriger Höhepunkt folgen würde.

Der folgt. Die Schmutzflatschen an den Waden kleben an der nackten Haut wie durstige Blutegel. Der Laufschritt verquert zu einem unsicheren

Stolpern. Starke Beine werden zu wackeligen Stelzen und damit zu einem Hindernis statt einem Halt. Die nassen Steine und das schlammige Geröll belächeln den törichten Versuch, sturzfrei voranzukommen. Ich hadere, strauchele, unbeholfen.

Wieder ein lautes Fluchen. Gefangen in völliger Konzentration auf die herausfordernde Strecke, vernachlässigt das fokussierte Auge das Drumherum. Ungesehen bleiben verdorrte Büschel mit nicht unbeachtlichen Stacheln – hätte ich denen doch mal Beachtung geschenkt, autsch – in Abwechslung zu den vorbeischleichenden, verdorrten Schafen, malträtiert vom weltuntergangseinläutenden Wetter. Doch Moment, eines wirbt um Aufmerksamkeit, ist weder Busch noch Schaf noch Stein.

Links von mir erhebt sich ein für ein Schaf viel zu großes Beige. Ein Etwas baut sich auf. Von meinem durch den Regen verschwommenen Blick nicht gleich kategorisierbar. Eine Hyäne, ein Wolf? Ein Mix? Nein. Ein Hund! Der zeigt Zähne und sein Haupthaar ist zinnsoldatengleich aufgestellt. Das beigefarbene Fell hängt nass und dreckig vom abgemagerten Körper herab. Wollte ich als Regisseurin ein Tier für ein Horrorstück casten – so sähe das Vieh aus.

Ich reiße die an Kabeln befestigten Kopfhörer aus meinen Ohren und Metallica weicht abrupt beißendendem Knurren und hämmerndem Hagelschlag. „Scheiße!" Mit der kopfhörerlosen Hand über die Augen gewischt steht das Tier noch immer da und sieht wild aus.

„Hunde, die bellen, die beißen nicht", schießt eine Beruhigung durch den Kopf. Was ist mit Hunden, die knurren und nicht bellen? Ich will wegweichen, bleibe aber schockstarr stehen. Fliehen in dem Gelände? Keine Chance, das ist viel zu steinig und rutschig. „Ich tue dir nichts, bitte lass mich durch? ", wimmere ich unnötigerweise und akzeptiere, dass meine letzte Stunde geschlagen hat, so wie Metallica schon vor Stunden prophezeite. "... for whom the bell tolls."

Doch die Wendung des skurrilen Theaterstücks naht. Das Tier weicht zurück, duckt seinen im Verhältnis zu seiner eher schmalen Statur viel zu großen Kopf unterwürfig, bewegt sich einige Meter zur Seite. Überheblich meine ich, dass mein Zureden Mitleid beim Monster erregt, da höre ich hinter mir eine deutliche Stimme: „Einfach einen großen Stein aufheben. Davor fürchtet sich jeder Hirtenhund." „Hi, Taha!" Man duzt sich.

Taha wird zum Helden in der Szene und zum Protagonisten meiner Etappe. Die sich nähernden Schritte in seiner knallroten Regenjacke waren im Metal- oder Wettergetöse untergegangen, sodass er unbemerkt bis auf wenige Meter zu mir aufgelaufen war. Mit einem sanften, übers ganze Gesicht gezogenen Lächeln und in aller Ruhe zeigt er einen der großen Steine in die Höhe. Der Hund, der ohne aufgestelltes Nackenfell quasi halbiert und ziemlich ungefährlich aussieht, hat Land gewonnen und überlässt uns bereitwillig sein Revier. Einen Steinwurf in seine Richtung möchte er nicht riskieren.

Es scheint, als würde Taha die Situation amüsieren. Für mich ist er ein Lebensretter. Das sage ich ihm. Auch darüber lächelt er hinweg. Sein Gesicht zementiert seinen beschwingten Schritt, er lächelt mit dem ganzen Körper, seinem ganzen Wesen und strahlt so Optimismus und Leichtigkeit aus. Ich steige in die positive Stimmung mit ein.

Taha und ich verlassen die Bühne, das Stück ist vorbei, der Abspann wird besänftigend schön. Schräge Sonnenstrahlen zerreißen den Wolkenvorhang. Ein beeindruckendes Bild bereitet sich vor uns aus: über ein flowiges Tal, dessen rötlicher Lehmboden mit grünlichem Gestein bestückt ist. Den bemitleidenswerten Hund lassen wir bei den noch bemitleidenswerteren Schafen hinter uns, die graue Unwetterfront weicht orangenem Lichtschein und ich habe einen Freund gefunden.

Zoomt man aus der Szene heraus, bewegen sich zwei bunte Punkte, der eine grellgelb, der andere knallrot, durch die ebenso bunte marokkanische Gebirgslandschaft. Der Schlamm auf unseren verschmutzten Trailschuhen wird beim Durchqueren eines türkisgefärbten Flusses weggewaschen werden, dann in roten Lehmboden, über grünes Gestein und in gelben Sand treten und später von Partikeln einer Blumenpracht aus einer farbenfrohen, wilden Wiese bestäubt werden, über die Schmetterlinge wie Konfetti schwirren.

Um der ganzen Szenerie noch die Kitschkrone aufzusetzen, hoppelt ein Ziegenbaby an uns vorbei, pechschwarz, ursüß. Vom Horrorfilm zum bunten Bollywood-Blockbuster, in nur wenigen Kilometern, zur Abrundung müsste als Hintergrundmusik nur noch Beethovens neunte Sinfonie laufen, die, so wird sie beschrieben, „das Jammertal hinter sich lassend, das Heiligtum der Freude eröffnet", vom Irdischen ins Himmlische changiert. Das tun auch wir hier.

Vieles wird nun leicht, gemeinsam verfliegt die Strecke und mit ihr die Sorgen. Zum Beispiel, dass wir noch auf einen 3000 Meter hohen Pass aufsteigen müssen, Dass da noch Schnee liegt.

Dass wir einen weiteren Hirtenhund treffen, einen noch unfreundlicheren. dass ein weiteres Unwetter naht, dass mein Wasservorrat immer knapper wird, ich immer durstiger werde, dass mein Handyakku schwächelt, was daran liegen könnte, dass Taha und ich viele Selfies aufnehmen und er auch Bilder von mir für mein Instagram-Profil aufnimmt, dass mein Knie so hart gegen einen Stein schlägt, dass Taha ein deutliches KLONK vernehmen kann.

„AUA, VERDAMMT", entfährt es mir so laut, dass man es noch auf der anderen Talseite vernehmen müsste. Taha lächelt und das würde Elias wohl auch über so viel Unkontrollierbares und die damit einhergehende Lockerung aus dem zivilisatorisch bedingten Selbstzwanggefüge. Spannungsaufbau gab es heute genügend und es geht noch weiter.

Wie Treibgut, das ein zufälliger Windstoß erfasst hat, driften wir über das Atlasgebirge, vom Gefühl her ziellos, laut Eventformat Wettkampf doch versiert. Taha teilt sein Wissen und Geschichten mit mir. Er plaudert, während wir über nasse Felsen, schlammdurchzogene Flussbetten und bebuschte Hochebenen traben.

An einem Busch fange ich mir wieder einen Dorn ein. Blut rinnt meine Hand hinunter, während er vom Leben der Berber und von seinem Leben, das er teils in Marokko, teils in der Schweiz bei seinem Arbeitgeber *Weltweitwandern* verbringt, erzählt. Er arbeitet als Berg- und Reiseführer und kennt die Region und jeden der Trails wie seine Westentasche.

Ständig zeigt er mit ausgestrecktem Arm auf einen weit entfernten Gipfel, eine Hütte, einen Adler, den ich nie entdeckt hätte, ist mein Blick doch immer auf den Boden vor mir gerichtet, weil ich in dem technischen Terrain nicht stürzen möchte, oder auf Beduinen, die nomadischen Wüstenbewohnenden, die wir mit angestrengt zusammengekniffenen Augen in der Ferne erspähen können. Sie leben im Hochgebirge, mal hier, mal dort, bleiben nie lange an einem Fleck. Meldepflicht, Kontrolle? Fehlanzeige. Taha erzählt mir von den Bräuchen der hier wohnhaften Berber. Beerdigt werden Mitglieder der Gemeinschaft nur kopfwärts in Richtung Mekka. Interessant.

Wir erreichen Zivilisation. Ein marokkanisches Dorf, das aus nicht einmal 20 terracottafarbenen Lehmhütten besteht. Eines könnte eine Schule sein. Vor dem Eingang der etwas größeren Lehmhütte sehe ich schon von Weitem kleine Kinder. Sie laufen und lachen. Sie spielen Fangen.

Als sie uns sehen, schauen sie aufmerksam herüber, dann laufen sie weg und verschwinden im schattigen Inneren der terracottafarbenen Hütte. Zwei strecken ihre Köpfe hinaus und beobachten uns skeptisch. Ich kann sie verstehen, ich wäre genauso skeptisch, wenn zwei fremde Menschen durch mein Dorf trabten, ausgerüstet, als seien sie auf einer Expedition mit den Rücksäcken, den Trinkschläuchen, der bunten Funktionskleidung. Ich würde mich fragen, ob sie nichts Besseres zu tun hätten.

Alle Erwachsenen hier gehen einer sinnvollen Beschäftigung nach: ernten, Ziegen oder Schafe versorgen, waschen. Und wir laufen einfach. Das ist in dieser Umgebung kontrastreich und komisch, wobei, laufen, das tun die Kinder offenbar auch gern. Aber wir, wir fangen einander nicht einmal. Das erscheint sinnlos.

Als wir in Hörweite des Eingangs laufen, ruft Taha ihnen etwas auf Arabisch zu. Wenn Taha ins Arabische wechselt, dann klingt es lauter als im

Französischen oder im Deutschen, in meinen Ohren fast aggressiv, auch wenn es etwas sehr Nettes ausdrückt.

„Sie dürfen sich uns anschließen, ich habe sie eingeladen", sagt er in meine Richtung. Den zwei Köpfen, die sich in unsere Richtung gereckt hatten, folgen erst die Oberkörper, dann trauen sie sich ganz heraus. Die zwei laufen uns hinterher. Den zwei Mutigen folgen die anderen Kinder, sicherlich zehn Lauffreudige. Erst in sicherem Abstand, dann direkt neben uns her. Von unten schauen sie zu uns hinauf.

Taha redet mit ihnen, laut, ich verstehe nichts, sondern laufe einfach in der kleinen Menge und freue mich über die Gesellschaft, deren munteren Gespräche und die Gemeinsamkeit. Die Kinder lachen kreischend und laufen hüpfend. Am Ende des Dorfs endet unsere Gemeinschaft. Taha und ich ziehen zu zweit weiter.

Zum Beeilen aufforderndes „Yallah, yallah" tönt durchs ganze Dorf. Winkend werden wir verabschiedet. Winkend lassen wir sie zurück, das Yallah ernst nehmend, einen Schritt zügiger trabend.

Es vergehen Stunden, an der Zahl acht und Kilometer, in der Summe 50, ohne dass ich das merkte. Es ärgert mich nicht, dass die Strecke eigentlich mit 43 Kilometern veranschlagt war. Willkommen in Marokko. Nichts ist vorhersehbar, nichts kontrollierbar. Das ist okay. Die Etappe ist toll. Dank Taha.

Der Gleichklang unserer Schritte wird von Anekdoten gespickt, der Takt ist stimmig und in Verbindung mit unseren Gesprächen ein gutes Ganzes. Ich habe mich hinter Taha geklemmt, mich seinem Rhythmus angepasst, trete in seine Fußabdrücke im nassen Lehm und genieße das Zuzweit. Manchmal verstehe ich nicht, was er erzählt und doch kann ich ihm folgen.

Die Etappe nähert sich dem Ende. Wir stehen vor dem letzten Downhill, der uns ins Ziel bringen wird. Beide sind wir erschöpft. Er vom Reden. Ich vom Zuhören. Er und ich vom Laufen. Wir verabreden, dass jeder den Downhill für sich im eigenen Tempo läuft. Taha baumeln Kopfhörer aus dem Laufrucksack.

Als er sie sich in die Ohren stöpseln will, frage ich ihn, was er für Musik hören wird. „Keine", sagt er, er höre einen Sprachkurs. Englisch. „Und du?", fragt er, als ich meine Kopfhörer aus meiner Jackentasche fische. „Metallica", erwidere ich und schaue in ein fragendes Gesicht. „Metallica, die Band", füge ich hinzu, aber sein Gesichtsausdruck bleibt fragend. Oha, Taha kennt Metallica nicht.

Ich versuche, meine Verblüfftheit zu verstecken und biete ihm an, sich einen Stöpsel ins Ohr zu stecken, damit ich ihm ein Lied zeigen kann. Er steht da, stöpselt, lauscht. Dann hebt er die Augenbrauen und entzieht sich der Musik. „Ah", sagt er und lacht verlegen, „okay, da höre ich lieber meinen Sprachkurs."

Ich muss lächeln. Darüber, dass in meiner Vorstellung alle Welt Metallica kennt und darüber, dass in seiner Vorstellung alle Welt weiß, wie man wilde Hirtenhunde vertreibt. Beide lächeln wir jetzt und geben uns dem hin, was uns vereint: dem Traillaufen. Jeder für sich, in der Wildnis, einsam und gemeinsam zugleich laufen wir den steinigen Abstieg in Richtung Etappenziel, nach über 50 Kilometern, den letzten von Yallah-, Yallah-Ermutigungen lautstark angefeuert. Mehr als 50 statt der angekündigten 43. Egal, alles egal. Am Ende umarmen wir uns völlig durchgeschwitzt, verstaubt, matschig und ausgelaufen. Das TAM-Team gesellt sich um uns, es klatschen High Fives, dann wird getanzt, Hände reichen uns rote Wassermelonenstücke, gesichtsgroß, in die wir gierig reinbeißen, schmatzend schlucken und uns mit dem Handrücken den Wassermelonensaft vom Kinn wischen.

Die Erregung stieg, die Erregung fiel, Glückseligkeit wächst mit jedem Etappentag. Uhren verkünden, ob wir wollen oder nicht, Datum und Uhrzeit. Die TAM-Zeit ist begrenzt, sie läuft langsam ab. Eine Melancholie der Ankunft schleicht sich in jedes Tagesziel.

MÜNCHEN II

„Das ist lebensgefährlich!“ Bevor ich mich für das Event anmeldete, bekam ich viel Gegenwind. Fragen aus dem Freundes- und Familienkreis lauteten: „Du willst nach Nordafrika reisen, als Frau, als blonde Frau, alleine? Spinnst du, das ist zu gefährlich für dich.“ Wegen der Hirtenhunde, Schlangen, Skorpione? Nein, es gab einige Attentate, die sich gegen Frauen richteten. Stimmt das? Ja.

Ich studiere die Homepage des Auswärtigen Amtes. Eine Warnung wird ausgesprochen: Frauen sollten sich lieber nicht abseits befestigter Wege in Marokko aufhalten, das sei nicht sicher. Ups. Beim TAM hält man sich ausschließlich auf unbefestigten Wegen, Trails auf und das 280 Kilometer lang. Hmm.

Ich kontaktierte den Veranstalter Mohamad Ahansal. Ahansal? Der ist kein Unbekannter in Marokko. Er und sein Bruder Lahcen gewannen mehrmals den Marathon des Sables, ein prestigeträchtiges Etappenrennen mit Start in der Sahara, er fünfmal, auch mal barfuß, durch die Wüste.

Mohamad ist aber nicht nur Läufer, er ist auch Reiseveranstalter, Schulgründer und außerdem ein äußerst witziger Typ. Jemand, der etwas in Marokko bewegt, drei Sprachen spricht und meistens schelmisch grinst. Auch der marokkanische König ist von seinen Talenten überzeugt, so wurde sein Event mehrmals als beste Laufveranstaltung Marokkos ausgezeichnet.

Mohamad sagt mir, dass der TAM vom königlichen Militär begleitet und die Läufer und Läuferinnen beschützt werden, insbesondere werden die Biwakzelte nachts patrouilliert. Da passiert nichts. Na gut, kann man also machen, denke ich beruhigt.

Etwas komisch mutet das schon an, oder? Wohlhabende, meist sich gestresst gefühlte Europäer (der TAM und die Reise dahin kosten nicht weniger als ein Fünf-Sterne-Urlaub beim Preis von rund 4000 Euro), wollen ihren bequemen, aber kontrollierten (Arbeits-)Alltag unterbrechen, also nur ganz kurz versteht sich, begrenzt auf ihre Urlaubszeit, um ein Abenteuergefühl (oder wie Elias es nennt: eine Erregung hin zum Spannungsaufbau) zu erkaufen. Um danach wieder in den bequemen und kontrollierten Komfort zurückzukehren, mit dem Ziel, die Bequemlichkeiten danach umso mehr zu schätzen, vom Heldentum beim TAM erzählen zu können und sich vor Augen zu führen, wie gut es uns in Mitteleuropa geht und ein Naturerlebnis mitnehmen, das sie wieder spüren lässt, was sie zu Hause nicht fühlen. Verursacht durch das Lockerlassen der Kontrolle, die uns zivilisierten Computerhocker irgendwann alle belastet – das sind die Gefühle von Naturnähe, Unmittelbarkeit, Offlinesein oder Deconnection, maximalem Minimalismus, minimalen Komfort und dem Gefühl der Entfremdung (oder wie Elias es vielleicht nennen würde: dem Selbstzwanggefüge) gegenwirken zu können.

Entfremdung? Zu diesem ursprünglich marxistischen Begriff sagt der Soziologe Hartmut Rosa Schlaues, der sich mit dem sozialen Leben in der Zeit des Kapitalismus, also mit unserer Zeit, beschäftigt, auf seine eigene Frage, warum wir kein gutes Leben: wegen des durch die fortlaufende Beschleunigung einhergehenden Gefühls der Entfremdung. Entfremdung kann die Beziehung eines Menschen zu sich selbst, zu seinen Mitmenschen oder zur Natur sein und ist ein Problem.

Der neben dem physischen Raum in der spätmodernen Gesellschaft existierende digitale Raum schafft die Möglichkeit, soziale Beziehungen von physischer Nähe, auch zur Natur, zu entkoppeln. Die räumliche Verortung verliert somit an Bedeutung, was eine Identifikation mit dem Raum unnötig erscheinen lässt. Anstatt Klassik zu hören oder Thomas Mann zu lesen (oder einen Ultratrail zu laufen?), surfen wir durch die sozialen Medien oder werfen Netflix an.

Wir tun viele Dinge, die kurz getaktete hohe Stimulationsdichte bei niedrigem Resonanzwert liefern. Das ist ein Problem. Die Lösung könnte Trailrunning sein. Trailrunning entschleunigt. Trailrunning schafft eine Beziehung zur Natur, zu sich selbst und im besten Fall zu den mitlaufenden Mitmenschen. Trailrunning schafft das In-Sich-Sein und In-Einklang mit sich und der Außenwelt sein.

Ich sollte Hartmut Rosa das schreiben, nehme ich mir vor, und ihm von meinen TAM-Erlebnissen berichten und ihm einen Vorschlag machen. Wie wäre das? Die Beschleunigungsgesellschaft zur Trailrunninggesellschaft transformieren. Und zack, ich vermute, Rosa könnte wieder beruhigt einschlafen. Und Taha auch und ich erst recht, so aktiv, wie wir der Entfremdung hier draußen entgegenwirken, hemmungslos.

MAROKKO II

Draußen auf dem Trail bin ich. Draußen spiele, tobe, errege ich mich. Ich laufe, eigentlich egal, wohin. Das Bewegen tut einfach gut. Sechs Tage lang unter freiem Himmel sein, den Naturgewalten ausgesetzt, den Hunden, den Dornen, der Strecke. Keinen einzigen in Form gebrachten Weg, keine Teerstraße kriegen wir zu Gesicht, auf der wir dem ganzen fremden Unbekannten mal eben per Auto entfliehen könnten.

Autos gibt es hier sowieso kaum welche. Auch kein Haus, in das wir einkehren könnten; es gäbe maximal Lehmhütten ohne Türen und Fenster. Es gibt keine Läden mit überlebenswichtigen Utensilien; mal von dem einen Kiosk abgesehen, der in einem übersehbaren Bergdorf hinter einem kleinen Holzfenster Cola und Kaugummis anbietet, was mein Bedürfnis nach Überlebenswichtigen schon zu etwa 50 Prozent stillte.

Kein Empfangsbalken lässt sich auf dem Handy blicken, nie. Hier sind wir draußen, so richtig draußen, und damit raus, raus aus dem Beruf, raus aus der Stadt, raus aus dem Zuhause, raus aus dem Alltag, raus aus dem europäischen Komfort. Zumindest sechs Tage lang, zumindest in einem abgeschotteten Rahmen, zumindest wird Unkontrollierbares suggeriert und Abenteuer impliziert.

Die Natur scheint zu rufen und wir antworten mit Trailgetrippel. Das ist eine schöne Symbiose. Die Natur zu erlaufen, ist das, was Trailrunning kennzeichnet. Die Nähe zur Natur laufend spüren, riechen, fühlen und hören, was sie uns sagt, alles Körperliche zulassend. Und was sagt sie?

Sie sagt uns, wie sich muränenkaltes, also richtig kaltes Flusswasser an den Füßen anfühlt, Regentropfen auf dem regenschirmungeschützten Kopf oder schneidende, sonnenschirmlose Sonnenstrahlen, wie kullender Grus klingt, wie nasser Sand riecht, wie ein lichtunverschmutzer Sternenhimmel aussieht, wie ein kleiner Dornenpieks sehr wehtun kann, wie Blut schmeckt. Natur pur?

Hier fühlt man sich der Natur ausgesetzt. Man erlebt sich klein und krümelig, wie ein Säugling, der auf die Sanftmut seiner Eltern zum Überleben angewiesen ist. So sind wir darauf angewiesen, dass die Natur uns nicht wehtut, dass sie uns als Gäste akzeptiert und wieder ziehen lässt.

Hier können wir wenig kontrollieren, sondern müssen uns in ein größeres Ganzes einfügen, denn wir sind die Zerbrechlichen, wir sind verschwindend klein in dem Hochgebirge, zwischen Wetter, Fremde und Ferne gefangen, freiwillig. Und Mutter Natur ist eben nicht so sanft wie eine wahre Mama.

Anders als menschliche Mütter passt sie sich nicht unseren Bedürfnissen an. Wenn wir uns nicht fügen und uns ihr anpassen, dann macht sie uns platt. Diese Hilflosigkeit zu spüren und sich ihrer gewiss zu sein, ist ein Moment der Entlastung.

Auch dem Rhythmus des Veranstalters sind wir ausgesetzt. In Marokko ticken die Uhren anders: Mal klappt ein für 8 Uhr geplanter Etappenstart erst eine Stunde später. Mal ist eine 40-Kilometer-Strecke auf einmal 55 Kilometer lang. Ständig bleibt ein Transportjeep in der Wüste liegen oder erreicht unsere Etappenorte wegen des steilen Geländes nicht.

Das Unkontrollierbare kann man nicht kontrollieren, also können wir endlich einmal ablassen vom Kontrollwahn unseres komfortzonenumgebenen, bemutterten, westilchen Lebensstils und uns einfach dem Sein hingeben.

ELIAS II

Komfortzonenumgebener, bemutterter, westlicher Lebensstil? Wie sonst könnte man unser Leben beschreiben. Elias macht es so: „Ernsthaft kritische Situationen, in denen die Menschen mit höchster Erregung reagieren, sind in unserer Gesellschaft weniger häufig geworden." Elementare Krisensituationen der Menschheit wie Hungersnöte, Flutkatastrophen (nehmen leider wieder zu), Seuchen, Gewalt durch sozial höherstehende Menschen oder Fremde, also unkontrollierte Situationen, auf die man unkontrolliert emotional reagieren könnte? Kennen wir in Deutschland kaum beziehungsweise können darauf kontrolliert reagieren.

Ein weiterer Grund, die Form zu wahren, nie außer Kontrolle zu geraten, denn, uns geht es ja gut. Erregung, also emotionales Verhalten, ist in unserer Öffentlichkeit meist unangebracht. Ist aber Erregung nicht ein menschliches Grundbedürfnis, das durch die Zivilisation unterdrückt wird?

Die Netflix-Kurzserie *Beef* von Lee Sung Jin zeigt anschaulich, was passiert, wenn man martialische Gefühle wie Wut stetig unterdrückt: Sie finden bei den Protagonisten ein Ventil und zwar im Straßenverkehr. Es wird laut gehupt, der Mittelfinger gezeigt, geflucht, geschrien, bis das Geschehen sich potenziert, weil man Wut eben nicht einfach so wegmeditieren kann.

Ich bin mir sicher, dass die Szenen nicht eskalieren würden, wenn die Protagonisten Ultratrailrunner wären. Wir erfüllen unser unterdrücktes Erregungs- und Abenteuerbedürfnis anders. Ultra laufend. Ist das unzivilisiert?

MÜNCHEN III

Der TAM bietet einen krassen Kontrast zum kontrollfähigen Alltag in Deutschland.

München. Der Handywecker klingelt um Punkt 5:55 Uhr in Snoozefunktion, um fünf Minuten später, um exakt 6 Uhr, zum Aufstehen aufzufordern. Die U-Bahn-Abfahrt ist on point wie in der App vorhergesagt um 7:26 Uhr. Das ist wichtig, denn der Jour fixe in der Kanzlei wird pünktlich um 8 Uhr starten, jede Verspätung ist inakzeptabel.

Wenn es zu zweieinhalb Minuten Verspätung kommt, wippe ich nervös von einem Fuß auf den anderen, ärgere mich über die Servicewüste Deutschland und aktualisieren erregt die Bahn-App, denn: Handyempfang ist immer, wirklich immer vorhanden, von entlegenen Regionen in Südbayern abgesehen, was derart abschreckt, dass viele solche Regionen grundsätzlich meiden.

Unkontrolliertes, Gefährliches, das Abseits-vom-Weg meidet man. Zahlreiche Gefahrenschilder warnen vor dem Abseits. Off-Trail? Waren die Wenigsten je unterwegs. Man verlässt keine vorgegebenen Wege.

Die Alpen sind mit gelben Wegweisern samt Zeitangaben, auf 15 Minuten definiert, zugepflastert, man verlässt nicht das Informationen und damit Sicherheit bietende Online-Radar.

In vielen Branchen ist man per Sie, man kontrolliert die Arbeitszeit und den Workload, man verhält sich formell distanziert, zu seiner Umwelt und damit auch zu sich selbst.

Unkontrolliert ist bei uns in Bayern maximal zweierlei. Erstens, ob es im Café Hafermilch gibt oder man den Kaffee als Veganer andernfalls eben schwarz trinken muss und zweitens, ob Kartenzahlung möglich ist. Und selbst das können unsere Apps vorhersagen.

Der TAM bietet unkontrollierte Kontrolle. Suchen wir das im Urlaub, in Marokko? Künstlich geschaffene Krisensituationen für den Körper, mental wie auch für das Leben? Denn als solche empfinden wir Unkontrolliertes.

Bas Kasts Hypothese zu künstlich geschaffenen Krisensituationen ploppt auf. Die Grundannahme, dass der Körper auf Prozesse mit Gegenprozessen reagiert, bedeutet das: Nimmst du Kokain, hast du ein Hochgefühl (Prozess), was den Körper dazu veranlasst, die unnatürliche Euphorie runterzufahren (Gegenprozess). Verliert der Stoff also seine Wirkung, bleibt nur das Gegentief.

Beim Ultralaufen, Kaltbaden, bei Saunagängen (also bei künstlich geschaffenen Krisensituationen) passiert das Gegenteil: Du stresst gezielt deinen Körper, was nicht angenehm ist, aber sobald du aufhörst, bleibt der Gegenprozess, das Hoch.

Elias zoomt über das Körperliche hinaus und schaut sich die gesellschaftlichen Folgen von diesem Freizeitverhalten an: Nach der Erregung (Prozess) folgt zivilisiertes, in Form gepresstes, stockgerades Verhalten, das man nach dem naturnahen Impuls wieder gut aushalten kann (Gegenprozess).

Fördert die spielerische Pause von der Zivilisation (durchs Ultrarunning als künstlich geschaffene Krisensituation) am Ende also zivilisiertes Verhalten?

MAROKKO III

Das Gefühl nach der TAM-Etappe ist erhaben, befreiend, lebendig. Dass ich überlebt habe (in manchen Momenten fühlte ich mich dem Tode näher), dass Taha jetzt Metallica kennt (nicht mag, aber zumindest kennt), dass ich in Deutschland keinen Hirtenhunden begegne, dass ich im Etappenziel klebrige Finger von dem leckersten Wassermelonenstück habe, das ich je aß, dass ich ungeduscht auf meiner Matratze liegen kann und es niemanden tangiert, dass der Wind Staub vor meinem Zelt aufwirbelt und meine einzige Beschäftigung ist, die pudrige Luft zu beobachten, dass ich tagelang hemmungslos Trails laufen darf.

Die jeweiligen Etappenziele enden im TAM-Camp. Das sind beigefarbene, luftige Biwakzelte mitten im marokkanischen Nirgendwo, sogar ein Küchenzelt ist mit dabei und kleine Klo-Zelte. Abziehen? Macht man mit einer Schippe Sand über dem Geschäft. Ein Duschzelt, in das man einen Eimer Wasser samt Tassenkelle gereicht bekommt, dient der Körperhygiene. Mit Glück ist der Eimer mit Warmwasser gefüllt, das weiß man aber vorher nie.

Im Gemeinschaftszelt essen wir abends gern auch mit den Fingern, schauen uns die Bilder des Tages an und lachen dabei oft lautschallend, brüllend. Manchmal wird dort nach dem Essen gesungen, getanzt, gemeinsam getrommelt.

Die Zeltlandschaft wird auf- und abgebaut, wandert mit uns langsam über das Atlasgebirge und bietet uns Schutz vor Hitze, wilden Hunden und Kälte, wie von Zauberhand. Wenn das Wetter zu übel wird, hat der Veranstalter Mohamad Ahansal einen Plan B parat: Dann dürfen wir in den Lehmhütten der hier Wohnenden schlafen. Man kennt sich beziehungsweise man kennt Mohamad und dann ist so eine Gastfreundschaft normal.

Wie nett. Das hätte ich nicht gedacht. Ich weiß nicht einmal, ob ich mein Zuhause einer Horde schmutziger Traillaufender zur Verfügung stellen würde. Doch, ich weiß es: Nein, denn zu Hause ist man per Sie.

Die Frage, die sich stellt, ist, ob wir, um dem uns unangenehmen Entfremdungs- und Selbstkontrollphänomen etwas entgegenzuhalten, nach Marokko reisen müssen, um uns abzukoppeln von der digitalen Welt, um uns der Natur wieder näher zu fühlen und als Gegenbewegung zum kapitalistischen Problem des damit einhergehenden Beschleunigungsgefühl eine Art empfundenen rebellischen Abenteuers in Nordafrika suchen müssen?

Mal davon abgesehen, dass der Konsum von Tourismusgütern wiederum den Kapitalismus befeuert und wir uns letztendlich in einem Teufelskreis befinden. Wo wir, wohlgemerkt, vom königlichen Militär geschützt, von einem Ärzteteam umsorgt, von Marokkanern bewirtet und verwöhnt, die uns die Zelte aufbauen, unsere Betten machen, unsere Exkremente wegräumen, täglich einige Kilometer durchs Abenteuerland Marokko traben. In den mit der neuesten Technologie ausgestatteten Laufschuhen, natürlich.

Versorgt mit Wasser, das Marokkaner auf Eseln und barfuß ins Hochgebirge, transportieren, für uns, die tollkühnen Abenteurer. Während ein voll bewaffneter Militärmensch immer ein Auge auf uns wirft, damit nichts passiert, immer im Hintergrund, denn es soll uns nicht die Illusion geraubt werden, dass wir, die Abenteurer, uns alleine über die durch die Wildnis führende Strecke kämpfen.

Ja, kämpfen, denn ab und zu begegnen wir einem Hirtenhund, mit dem wir dann tatsächlich alleine klarkommen müssen, denn bei tierischen Begegnungen greift das Militär nicht ein. Das ist dann aber auch das Höchste der Abenteuergefühle.

Nach so einem abenteuerlichen Tag ruhen wir uns in unseren bequemen Abenteuerschlafsäcken aus, die für uns schon ausgeklopft und zurechtgelegt wurden, in einem geräumigen Zelt, das für uns aufgebaut wurde, mit einem vollen Magen, dessen Inhalt vor Verspeisung für uns gekocht wurde, nachdem wir einen mit viel Zucker versetzten Tee genießen durften.

Abenteuerlich? Ich weiß nicht. Nicht einmal zu Hause wird mir das Bett gemacht und ich werde auch nicht bekocht. Aber all das passiert wenigstens naturnah und offline. Tschüss, kapitalistisch verursachte Entfremdung? Haben wir unser Ziel erreicht?

Genug der Zynik. Mit dem originären Gedanken eines Abenteuers, etwas Unkontrollierbaren, hat das nicht viel zu tun, finde ich. Abenteuer, damit einher gingen gewagte Handlungen, risikobehaftet, deren Ausgang unklar wäre, unter Umständen sogar gefahrvoll, vor allem unkontrollierbar.

Bei den sogenannten *Abenteuerläufen* tritt dagegen eher eine westlich-weichgespülte Vorstellung eines Abenteuers auf. Auf den Bildern, die später bei Instagram gepostet werden, sieht man von all dem Luxus, den sich die wenigsten Marokkaner leisten könnten, nichts. Die Bilder stellen eine Art Extremsport dar sowie Mut oder Robinsonade, riechen nach Expeditionsgeist.

Ist es also verwerflich, nach Marokko zu reisen und sich einen bequemen Laufurlaub zu gönnen und es als Wagnis zu verkaufen? Der Drang, offline zu sein und sich in der Natur aufzuhalten, könnte ja auch vor der europäischen Haustüre befriedigt werden, dafür muss man eigentlich nicht nach Marokko reisen. Sollte man den TAM also sein lassen? Der sogenannten *Entfremdung* können wir auch anders entfliehen.

Mohamad sagt, Marokko brauche den Tourismus. Der Dienstleistungs- und Tourismussektor mache über 60 Prozent des BIP aus. Außerdem könnte man eine Reise nach Marokko auch als einen Beitrag zur Völkerverständigung und zum Kulturaustausch lesen.

Diese Ziele sind sogar grundgesetzlich geschützt, in Artikel 9, Abs. 2 GG. Interkulturelles Lernen auf Reisen erhöhe als netten Nebeneffekt das persönliche Kapital. Neben diesen egoistischen Gründen für das Reisen gibt es eben auch höhere Zwecke, die ich meine Entscheidung rechtfertigen lasse, dem TAM einen Besuch abzustatten. Außerdem freue Mohamad sich über jeden Teilnehmenden, dem er seine Trails zeigen darf. Ich bin dabei und vielleicht ist das okay so.

Der Abenteuermoment Hirtenhund wird mir noch ein paar Mal auf dem Trail begegnen, aber nun hebe ich einen Stein auf und er lässt ab. Und ich weiß, dass meine letzte Stunde noch nicht geschlagen hat, auch wenn Metallica *For whom the bell tolls* singt – für mich jedenfalls noch nicht. … auch wenn ich bei jeder Begegnung hilfesuchend nach Taha Ausschau halte.

Jeden Abend lege ich mich in meinen bereits ausgeklopften Schlafsack und weiß, ich bin wohlbehütet hier im marokkanischen Hochgebirge. Dennoch fühle mich wie die weibliche Version Reinhold Messners bei einer Nanga-Parbat-Erstbesteigung ohne Sauerstoff, hier in der scheinbaren Wildnis, während ich die Schritte des königlichen Militärs beim Patrouillieren höre, obwohl sie versuchen, leise aufzutreten, soll doch unser Eindruck nicht getrübt werden, wir kämpften uns schutzlos durch. Das Abenteuer ist vielleicht nicht echt, die Erregung, also die Emotionen, die das Erlebnis in mir verursacht, so wie auch so manche Krisensituation, schon. Elias hatte recht.

ELIAS III: IDEE DER KATHARSIS

Katharsis – ein medizinischer Begriff, der verwendet wurde, um die Ausscheidung gefährlicher Stoffe aus dem Körper, um die Reinigung des Körpers durch ein Abführmittel zu bezeichnen.

In einem übertragenen Sinne, so Aristoteles, machen Musik und Tragödie etwas Ähnliches mit den Menschen. Auch sie haben eine heilende Wirkung, die sie nicht durch eine Bewegung der Därme erzielen, sondern durch eine Bewegung der Seele.

„Wenn Menschen überreizt oder angespannt sind, trägt erregende Musik dazu bei, sie zu beruhigen. Wenn sie gelähmt vor Verzweiflung und Mutlosigkeit sind, können sie Entlastung finden, indem ihre Gefühle durch traurige Melodien aufgewühlt werden. Das Wesentliche der heilenden Wirkung dieser Ereignisse ist, dass die Erregung, die sie erzeugen, im Gegensatz zu der Erregung in ernsthaft kritischen Situationen angenehm ist“, so Elias.

Und weiter: „Der sogenannte *mimetische Aspekt*, der die gemeinsame Eigenschaft aller Freizeitereignisse ist (von Tragödien und Sinfonien bis zu Poker und Roulette oder eben Trailrunning), ist, dass die dabei geweckten Emotionen oder Affekte denen verwandt sind, die in Situationen des wirklichen Lebens erfahren werden. Sie werden nur in eine andere Tonart transponiert und mit einer Art Freude vermischt. Die physiologischen Aspekte des Erregungssyndroms sind in beiden Fällen gleich. Mimetische Erregung birgt für die Gesellschaft und den einzelnen keine Gefahr und kann kathartische Wirkung haben.“

Mimetischer Ereignisse führen zur Katharsis, also zum Sich-Befreien von psychischer Anspannung. Sie wirken psychisch reinigend. Wie das?

Laut Elias begründet sich der Effekt so: Eine Eigenschaft dieser Ereignisse sei die Erzeugung von Spannungen und zwar in Form angenehm angespannter Erregung als Kernstück des Freizeitvergnügens. In unserer

Gesellschaft, die emotionale Disziplin erfordere, sei der Spielraum für starke, offen zum Ausdruck gebrachte Gefühle begrenzt.

Die Funktion der Aktivitäten mimetischer Art ist die Wiederherstellung desjenigen Maßes an Spannung, ohne dass die psychische Gesundheit gefährdet werde. Freizeitbeschäftigungen wirkten vor allem deshalb kathartisch, weil sie für eine zeitweilige und vorübergehende Aufwallung angenehmer Erregung sorgten und so einen normalen geistigen Tonus wiederherstellten.

Die angenehme Erregung, die Menschen im Zusammenhang mit mimetischen Ereignissen erfahren, bilde eine soziale Enklave, in der man sich der Erregung mit Genuss hingeben kann, ohne dass dies für die Gesellschaft oder für einen selbst persönlich gefährliche Folgen hätte.

Um es in Kasts Worten zu beschreiben, wie ich sie verstehe: Der Gegenprozess auf die Erregung ermöglicht vielleicht gerade das zivilisierte Miteinander, denn glückliche Menschen sind auch sozialere Mitmenschen. Demnach müssten Ultralaufende sehr zivilisierte Menschen sein.

Also, auf die Erregung, auf die nächsten Ultratrails, auf die Katharsis, selbst wenn es eine solche mimetisch simulierter Art ist.

Zurück in München jogge ich nach einem langen Arbeitstag in der Kanzlei über Kaugummi, Schmutz, durch Abgase, vorbei an Hundekottütchen. Menschen sitzen in viel zu engen Business Dresses an viel zu kleinen, runden Tischen vor viel zu kleinen Lunchportionen an vorbeigleitenden Restaurants.

Ich stoppe, als meine App vibriert, sie meldet, dass ich vor einem Café mit Sojamilch-Option stehe. Als ich mir angenehm die Zunge an dem Kaffee unter zentimeterdicken Milchschaum verbrenne, betrachte ich meine Tasse und erinnere mich an die Duschkelle im TAM-Lager: anderer Ort, andere Funktion, dieselbe Form. Kathartisiert gestalte ich den Schaum auf meiner Oberlippe durch mein Lächeln zu einem breit gezogenen U.

KAPITEL VIER

ZWEI – TRANSALPINE RUN

Dock. PLONK! Mein Lekistock zerbricht beim Aufsetzen auf Stein nach 160 Kilometern. Es liegen noch über 110 Kilometer und drei Tage vor mir. Laufend, klar. 110 Kilometer, überladen mit unendlich vielen Höhenmetern, über unendlich hohe Berge, die unendlich weiten Alpen. Denkbar ungünstig, dass meine Stütze, mein Laufstock, mich ab jetzt nicht mehr tragen kann.

Darauf lässt mich meine mental leergelaufene Batterie mit Tränen reagieren. Auch das ist denkbar ungünstig, brauche ich doch jede Körperflüssigkeit bei mir, nachdem ich zu viel Schweiß, Blut und Tränen schon auf der Strecke gelassen habe. Hinter mir nehme ich im Augenwinkel in der Trailrunnerkolonne, die im Gänsemarsch einen Berganstieg hochmarschiert, meine Laufkollegin Judith Havers wahr, die meinen Blick erwidert.

Aus Solidarität stimmt sie ins Weinen mit ein. Blank liegende Nerven aushaltend und nach Luft ringend, quälen wir uns weiter den nie enden wollenden, steinigen Pfad in Richtung Berggipfel hinauf – meinen Körper linksseitig auf meinen noch intakten Laufstock stützend, mental durch Judiths Anteilnahme gestützt.

Meinen Teampartner David Flacke erahne ich in der Ferne, ganz oben auf der fernen Anhöhe. Wie eine kleine, flinke Gams war er den technischen Anstieg, vorbei an allen anderen Schuftenden, Schwitzenden, Fluchenden und uns Weinenden, in aller Leichtigkeit gehopst, die ich ihm nicht gönnen kann. Mein größter Antrieb wäre es, denke ich, wenn ich sein Gesicht auch einmal leidend und von Anstrengung verzerrt sehen könnte. Aber den Gefallen tut er mir nie.

Stattdessen ruft er gut gelaunt und von Energie nur so strotzend: „Julianeeeee, gib Gas!“, und winkt in freudiger Erwartung einer netten Erwiderung von mir auf seine gut gemeinte Motivation. Darauf kann er lange warten. Den Blick verkrampft auf den Trail vor mir geheftet, im Gleichtakt der vor und hinter mir Aufsteigenden, kämpfe ich mit der Erschöpfung und neuerdings macht sich noch Scham für meine böswilligen Gedanken breit.

Und doch beschert es mir Freude, weiter darüber nachzudenken, dass er und alle mindestens genauso leiden wie ich. Ist geteiltes Leid nicht nur noch halbes Leid? In meiner Vorstellung, ja.

Der Transalpine Run ist ein um die 270 Kilometer langer, sieben, manchmal acht Tage dauernder Wettkampf, bei dem zwei Läufer, meist im Team, die Alpen überqueren und dabei bis zu 18.000 Höhenmeter bewältigen. Die Strecke variiert von Jahr zu Jahr, mal wird eine Ost-, mal eine Westroute gelaufen, mal werden wetterbedingt Anpassungen vorgenommen. Rund 300 Teams stehen jährlich im September an der Startlinie am Fuße der Alpen, den Kopf gen Süden gerichtet.

Mal steht eine Gletscherquerung mit auf dem Programm, immer hochalpine Passagen, die mit *gefährlich* gekennzeichnet sind, so oder so belastet das Wetter in den Bergen die Teilnehmenden: Von Schneesturm über Hitze, Starkregen und Hagel war schon alles dabei. Hochgebirge eben. Unberechenbar.

Berechenbar ist nur eines: die Anstrengung. Die ist extrem. Genau wie die Quote derer, die antreten, es jedoch nie ins Ziel schaffen. Aber, warum setzen sie sich dem aus? Und, warum tue ich mir das an, zum dritten Mal?

DAS SUSHIBÜFETT

Es ist ein ASICS-FrontRunner-Teamevent in Neuss im April. Acht Jahre war ich Teil der Gruppe und habe im bunten Potpourri an Sportlerinnenpersönlichkeiten Gleichgesinnte finden können, aber auch viele konträre Haltungen kennenlernen dürfen.

Sonnenstrahlen fluten durch die zimmerhohen Fensterfronten einen großen Raum im ASICS-Headquarter und schwappen über die ganzen Lauffreudigen in ihm. Die helle Stimmung beschreibt nicht nur das Innere des Raums, sondern auch unsere nach außen getragene Stimmung, denn: Es ist Essenszeit.

Unseren Nasen über in Vorfreude nach oben gezogenen Mundwinkeln folgend, treibt uns der würzige Geruch von Saucen, Brot, Sushi und undefinierbar Leckerem zum sicherlich 15 Meter langen Büfett.

Es ist höchste Zeit für eine Mahlzeit, denn nach einem gemeinsamen Lauf und den darauffolgenden, diversen Vorträgen, zum Sportmarketing und zur Ernährung während langer Laufeinheiten hängen uns die Mägen, insbesondere nach letzterem Vortrag, mindestens schon unter den Kniekehlen, eher schon knapp über der Achillessehne.

Schneller als beim Laufen bin ich am Buffet und so bunkere ich, bevor die anderen Laufmäuler mir etwas wegessen können, die guten Sushistücke. Die Guten, das sind die ohne Fleisch oder Fisch, dafür mit Hummus, Thunvisch, Möhrchen und Lax.

Meine Mittagssnackausbeute stolz auf dem kleinen Tellerchen betrachtend, stelle ich mich in sicherer Entfernung zum Büfett, um neidischen Blicken zu entgehen, denn die Organisatoren von ASICS scheinen nicht berechnet zu haben, dass Laufende circa fünfmal so viel essen wie nicht Laufende und so kommt es zu unschönen Szenen: Einige gehen mit halb leeren Mägen leer aus. Ich würde teilen, aber dazu ist es zu spät.

Zu schnell habe ich mir all das Sushi in den Mund gestopft, denke ich mit etwas schlechtem Gewissen und sehe mich mit runden Wangen, kauend neben dem mir noch unbekannten David Flacke stehen. Auch er stand beeindruckend schnell am Büfett und noch beeindruckender ist die Geschwindigkeit, mit der er stopfen, schlucken und sich dabei noch unterhalten kann. Er hatte sicherlich doppelt so viel auf seinem Teller, seine Methode hieß Stapeln, ist aber dennoch schon fertig mit Kauen. Respekt!

„Eine echte Qualität im Ultratraillaufsport", sinniere ich, Futtern auf Zeit kann nicht jeder, zumindest nicht würgefrei. Von dem könnte sogar ich noch etwas lernen. David allerdings scheint aus anderen Gründen hungergefeit zu sein: Er hat augenscheinlich für einen Läufer zu dicke Muskeln, die versorgt werden wollen. Er sieht lustig aus, sich so gar nicht in das Bild der Gruppe aus Ausdauerathleten einfügend. Als gedrungener Bodybuilder sticht er heraus.

Nicht nur das ist lustig, es ist seine Kölsche Art: Jeder in seiner Nähe merkt sofort, dass er oft vor Menschen zu stehen scheint, denn er gibt sich selbstbewusst wie ein Entertainer. Jeder Move eine Performance. Und das muss er auch als Personal Trainer, der er ist, wie ich erfahre. In seiner Gegenwart fühlt sich jeder wohl, ständig reißt er Witze und bindet auch Ungesprächige in Unterhaltungen ein, so auch mich.

Zwar eigentlich nicht ungesprächig, aber sprachunfähig, wegen des ganzen Sushis zwischen meinen Wangen, wendet er sich, den Mund erneut voller Sushi, an mich: „Ach, du bist doch Juliane, ich kenne dich von Instagram – nach deinen Bildern da zu urteilen, bist du viel in den Bergen unterwegs, ne? Ich würde ja gerne mal diesen Teamlauf, Transalpine Run' mitmachen. Dafür bräuchte ich natürlich einen Teampartner." Und mit einer bedachten Sprechpause: „Oder eine Teampartnerin."

Betont lässig, um gegenüber dem beliebten und neuen ASICS-Teammitglied cool rüberzukommen und gleichzeitig extrem unbedacht, antworte ich, den Mund voll halb zerkauter Algenblätter, Reis und Lachs: „Ja, genau. Für so etwas wie den TAR bin ich immer zu haben." Immerhin hatte ich diesen Lauf schon einmal geschafft und es stimmte ja schon, dass ich gerne in den Bergen unterwegs war.

Die Betonung liegt allerdings auf *war*, nach meinem letzten Finish schwor ich mir nämlich, dass die Strapaze, 270 Kilometer in sieben Tagen über ein Gebirge zu laufen, nicht unbedingt einer Wiederholung bedürfe. Mein Sushi-Small-Talk am Büfett würde mir zum Verhängnis werden.

NACH DEM SUSHI IST VOR DEM TAR

Was ich nicht ahnen kann, ist, dass dieser David, den ich natürlich nicht für voll nahm, weil er eben wie ein Bodybuilder und Showmaster aussah, der viel redet, doch Ernst macht und kurze Zeit nach dem Small-Talk seine Chance sieht, mich als erfahrenere TAR-Teampartnerin zu gewinnen und wie ein Wilder mit dem Trailtraining beginnt.

Tage nach dem ASICS-Event und dem Gespräch kontaktiert er mich über Instagram und schreibt, dass er einen 50-Kilometer-Lauf gemacht habe und bereit sei. „Äh, was?!" Erst einmal muss ich ihn zuordnen und frage, wofür er denn bereit sei: Für das Aufgeben des Laufsports, weil 50 Kilometer zu laufen so anstrengend für einen Bodybuilder seien? „Na", antwortet er, „für die Anmeldung zum Transalpine Run, zusammen mit dir."

Ich, völlig in Bedrängnis durch seine Motivation und meine große Klappe, antworte, dass das natürlich eine nette Idee wäre, rein theoretisch, aber praktisch könne ich mir einen Startplatz als Studentin dieses Jahr beim besten Willen nicht leisten, denn der kostet immerhin 1500 Euro, dazu kommen Transferkosten, Unterkünfte, Essen, Ausrüstung und so weiter und so fort. Damit scheine ich das Thema erst einmal geschickt vom Tisch gewischt zu haben. Denke ich. Hoffe ich.

Falsch gedacht. Vergeblich gehofft. Ein paar Tage später beeindruckt mich David ein weiteres Mal, als er mir schreibt, dass er Startplätze über einen Sponsor besorgt habe. „Wie bitte? Jemand trägt für uns alle Kosten, wenn wir ein paar Instagrambilder oder -videos posten?!" Der Eindruck, sein Engagement betreffend, ist so groß, dass ich mich schämen würde, ihm abzusagen oder eine Ausrede aufzutischen. Aus der Nummer komme ich nicht mehr raus. Ich sage ihm zu.

Wer so zielstrebig an diese Sache herangeht, dem traue ich auch zu, dass er einen der härtesten Extremläufe über das härteste Gebirge, das ich bis dato kenne, laufen kann. Und wenn er sich nur halb so ehrgeizig wie beim Büffetwettessen zeigt, dann könnte das sogar ein spannendes Rennen werden.

Auch wenn ich ihm, dem Bodybuilder, sicherlich einige Trailskills beibringen muss, denke ich überheblich. Urplötzlich stehen wir als Team in der Starterliste des Transalpine Runs. Oje.

Ich erfahre, dass David diesen Lauf in einer ganz besonderen Mission antritt: In seinem Laufrucksack trägt er den Verlobungsring für seine Traumfreundin Carina über die Höhen und Tiefen der Alpen, die im Ziel in Italien auf ihn warten wird. Ein Spoiler darf an dieser Stelle sein: Sie wird „Ja" sagen.

TAR-TRAINING

Der Sommer ist ähnlich wie schon der Frühling zu heiß, zu arbeitsintensiv, um ein vernünftiges, zeitintensives Training abzuleisten, deswegen richtet sich mein Anspruch an einen möglichst aktiv gestalteten Alltag. Das bedeutet, dass ich bei Verabredungen mit Freundinnen mit Trailrunningrucksack zu ihnen laufe, dort dusche und Essen bekomme.

Zum 20 Kilometer entfernten Arbeitsplatz laufe ich, dusche vor Ort und fahre mit dem zuvor deponierten Rad die Strecke zurück. Am Wochenende starte ich bei Wettkämpfen, wie beim 55 Kilometer langen Großglockner Ultratrail unter Österreichs höchstem Berg – das ist dann eine Long-Run-Einheit, bei der ich weder die Strecke planen noch mir Gedanken um die Verpflegung machen muss. Praktisch.

Außerdem lerne ich vor jenem Ultratrail meinen späteren Ehemann Christian kennen. Mehr als praktisch.

Eigentlich bin ich im Hinblick auf den TAR sehr entspannt, weil ich ja mit dem alpin unerfahrenen David antreten werde. Zu viel sollte ich nicht trainieren, denn ich würde wahrscheinlich sowieso lange auf ihn warten müssen, sinniere ich. Immerhin kommt er vom Krafttraining und nicht vom Laufsport. Er ist zu schwergewichtig zum schnellen Laufen mit all seinen Muskeln und das wird mir ein entspanntes Race sichern. Ich freue mich auf ein Traben, Anleiten und Teilen meiner Erfahrungen mit dem neu gewonnenen Kumpel, wieder falsch gedacht.

David trainiert für sich in Köln in seinem Studio *Krafthaus* wie im benachbarten Siebengebirge. Zwar bietet das Mittelgebirge keine vergleichbaren Anstiege, wie man sie in den Alpen findet, allerdings kann man auch im Flachland viele Höhenmeter sammeln, wie David beweist. Am Wochenende läuft er viele Male den Petersberg auf und ab, auf und ab, auf und ab.

Wir telefonieren und tauschen uns über unseren Trainingsalltag über WhatsApp aus. Ich bin optimistisch: Das Wichtigste ist im Grunde, dass ich mit David gut klarkomme und das funktioniert, weil wir einen Humor teilen, wenn auch nicht eine Laufleistung, meine ich zu ahnen, wieder überheblich.

Was ich nicht weiß: Wieder einmal lag ich mit meiner Einschätzung hunderte Meilen daneben. David vollzieht eine unglaubliche körperliche Transformation in diesem Sommer – wie eine Raupe zum Schmetterling entpuppt er sich vom Bodybuilder zum Trailrunner. Er trainiert sich, noch einmal wohlgemerkt in Köln, also 800 Kilometer entfernt von den Alpen, zum wendig athletischen Bergläufer, mithilfe disziplinierten Mittelgebirgslaufens, Trainingseinheiten in seinem Studio auf dem Stepper, dem Skiergometer und, und, und, Geräte, deren Namen ich nicht einmal nennen könnte noch je genutzt hätte und verliert viel Gewicht, halbiert sich quasi.

Noch ein Spoiler: Beim TAR werde ich kein einziges Mal auf ihn warten müssen, ganz im Gegenteil, nie in meinem Leben werde ich mich so gehetzt gefühlt haben wie durch dieses Powerpaket Flacke. Aber beginnen wir von vorne.

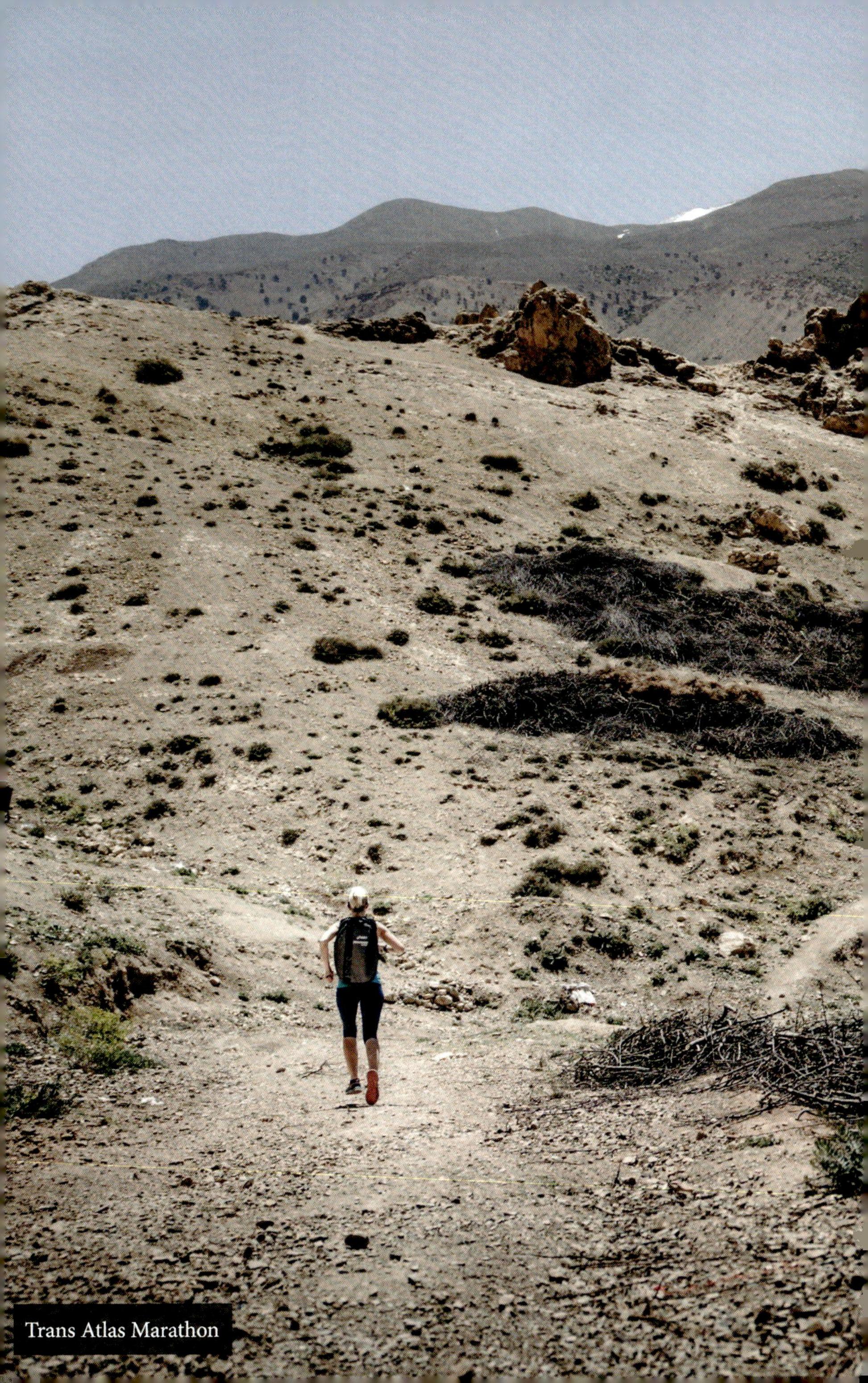

Trans Atlas Marathon

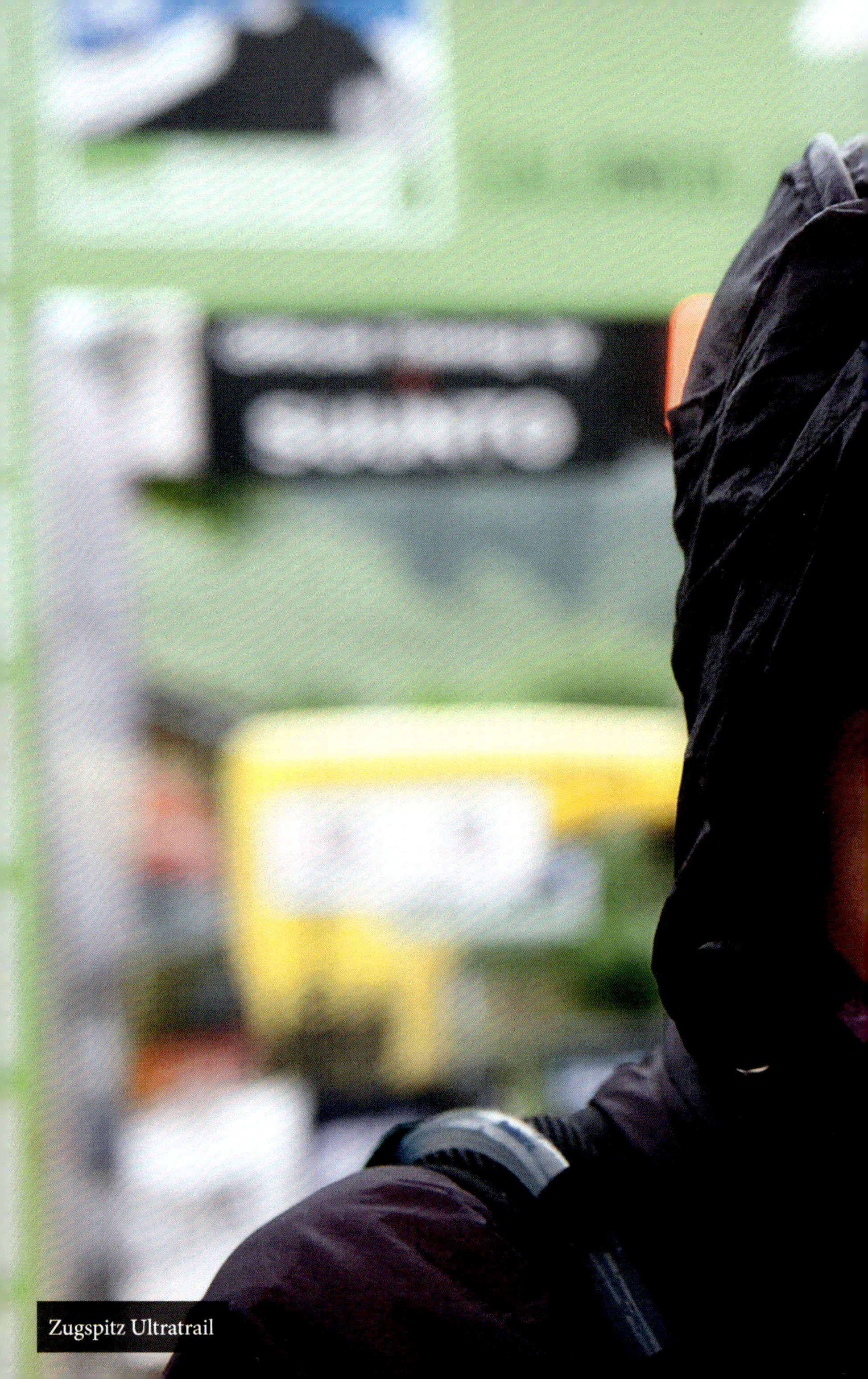

Zugspitz Ultratrail

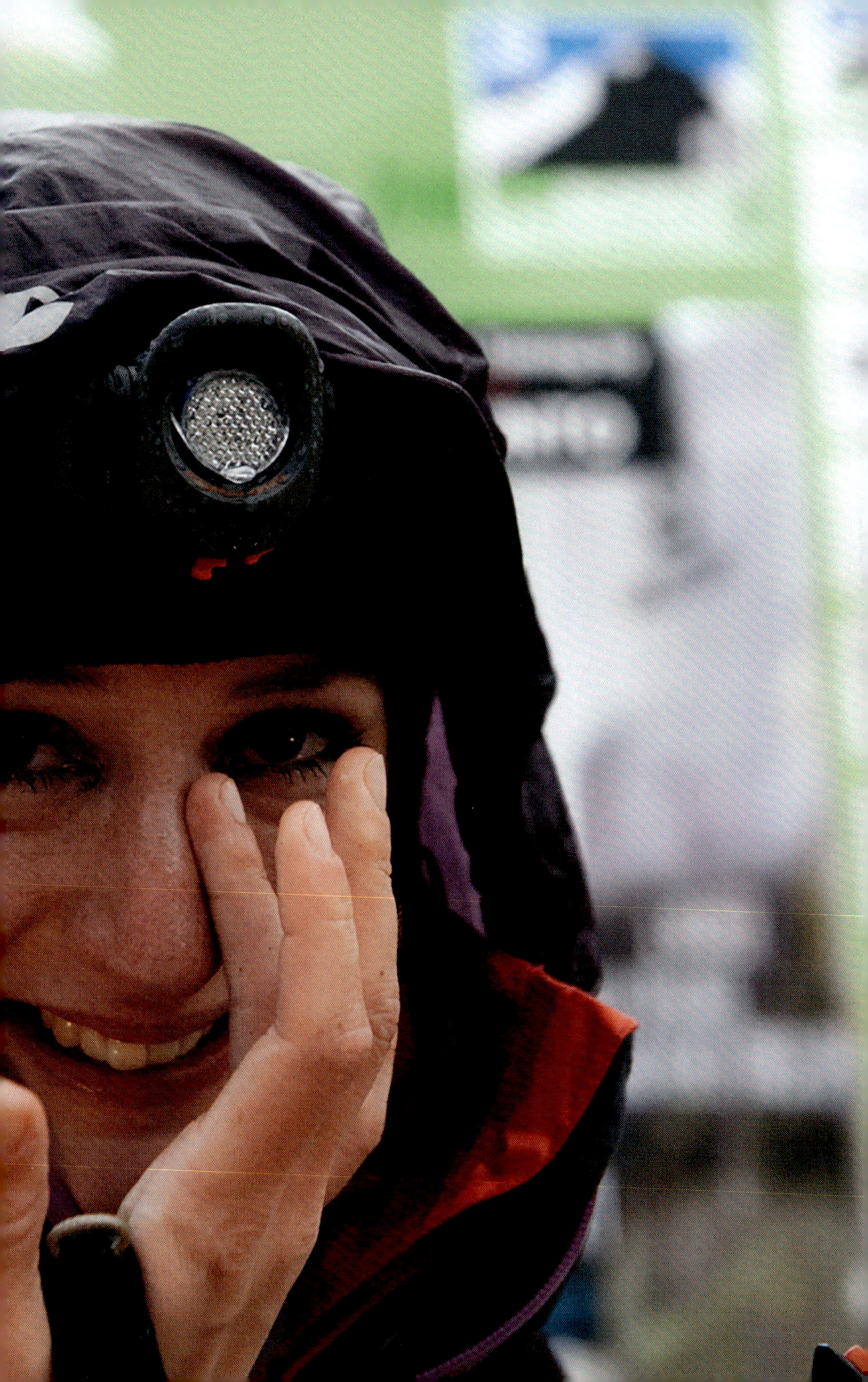

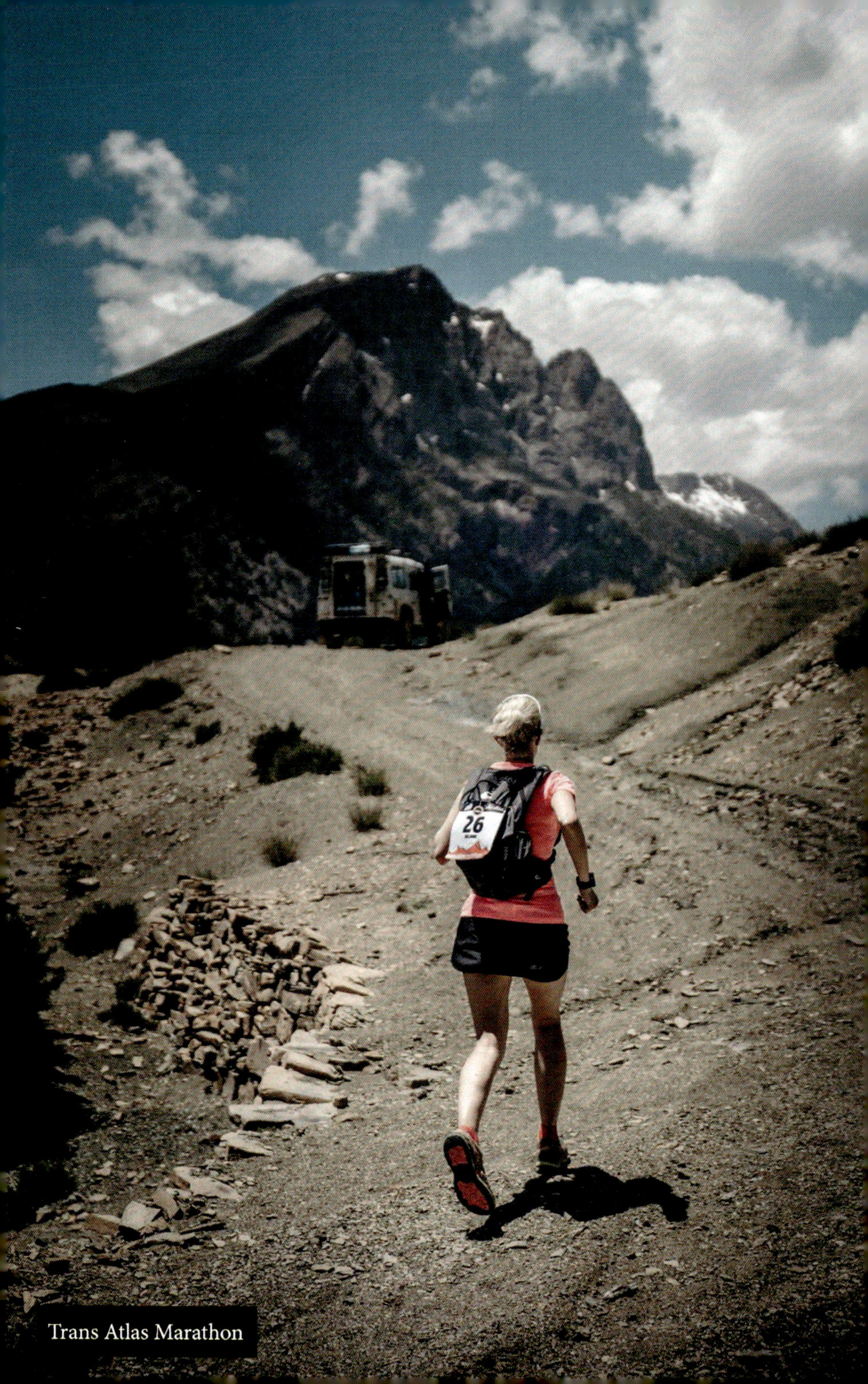

Trans Atlas Marathon

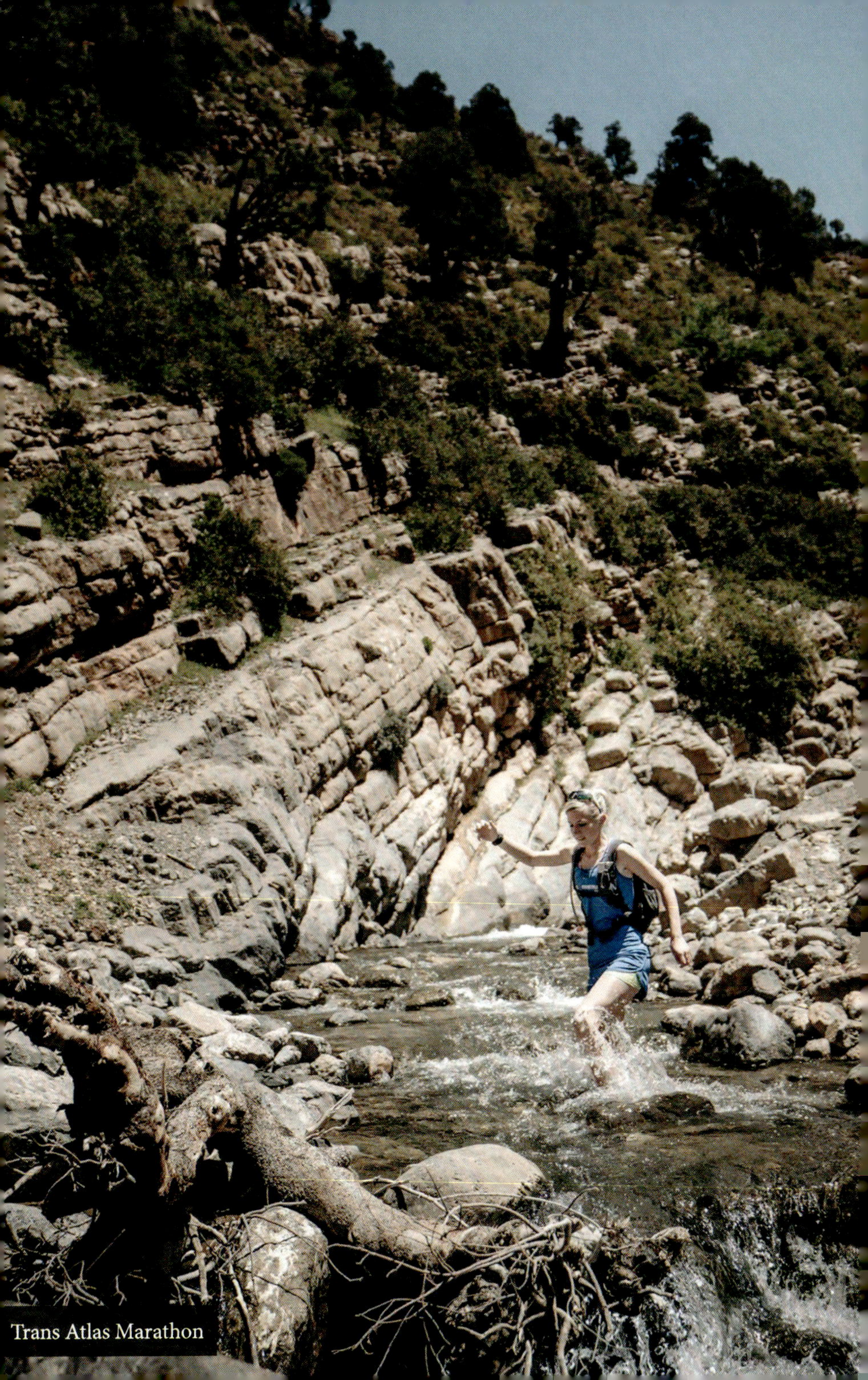

Trans Atlas Marathon

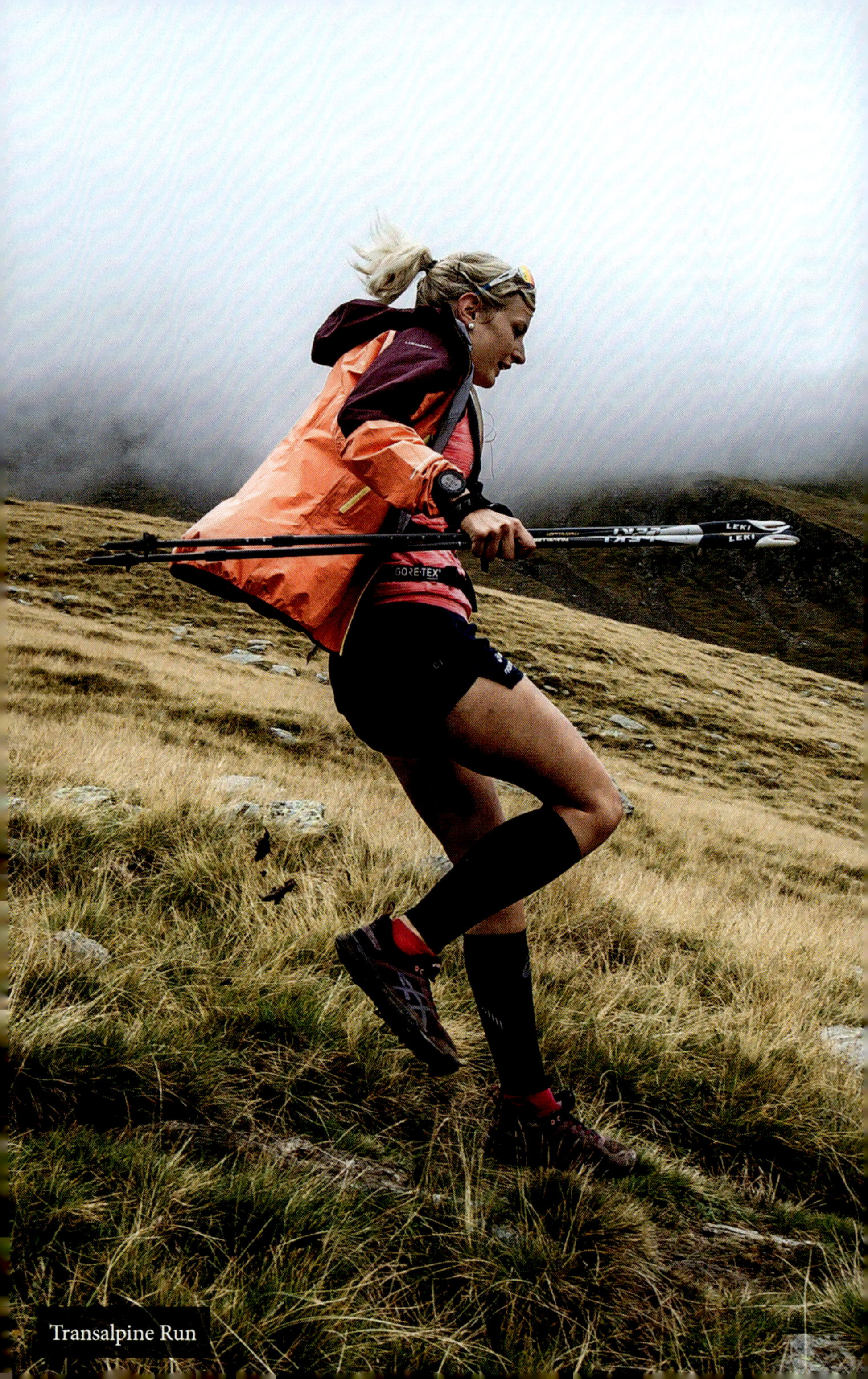

Transalpine Run

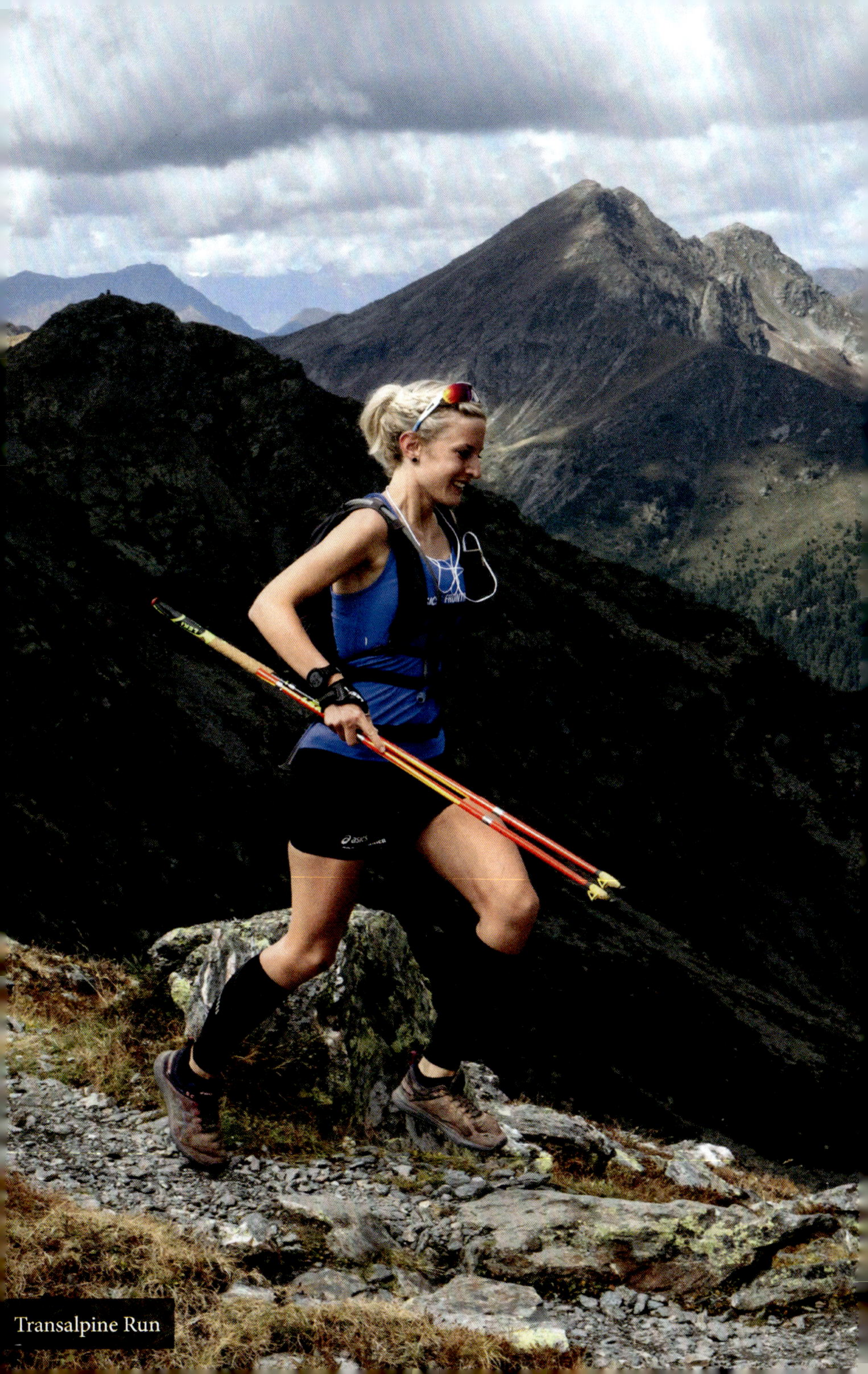
Transalpine Run

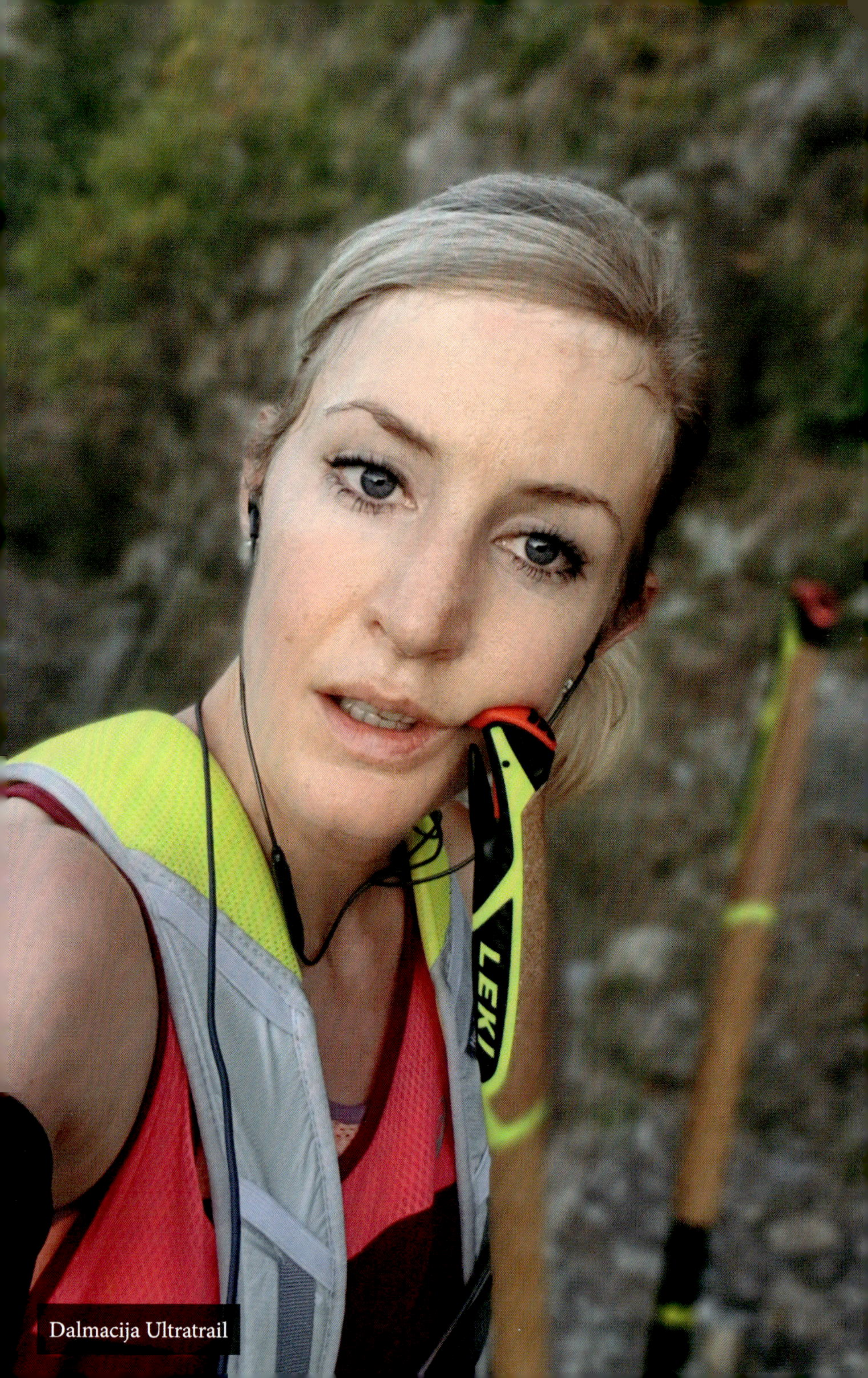

Dalmacija Ultratrail

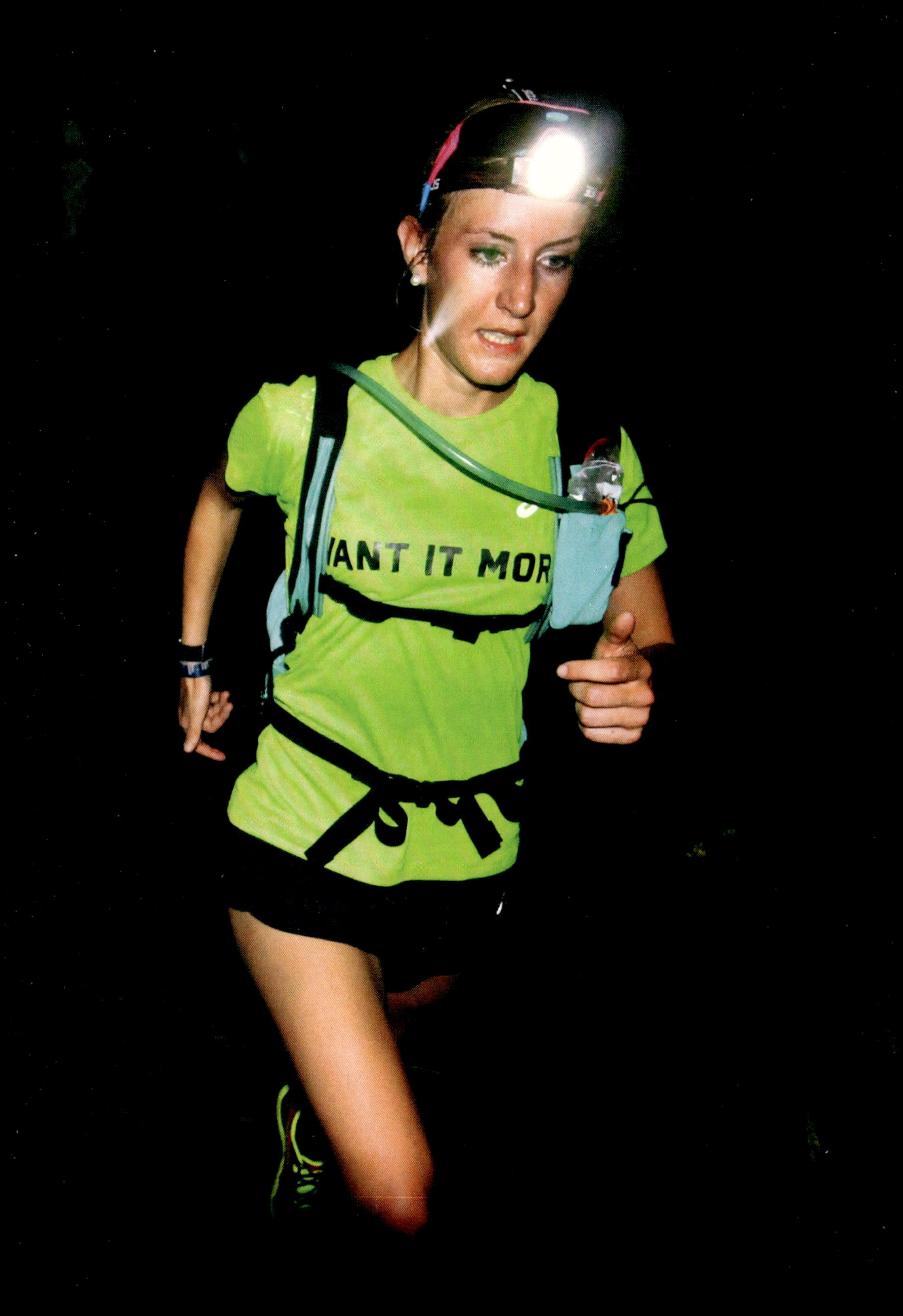

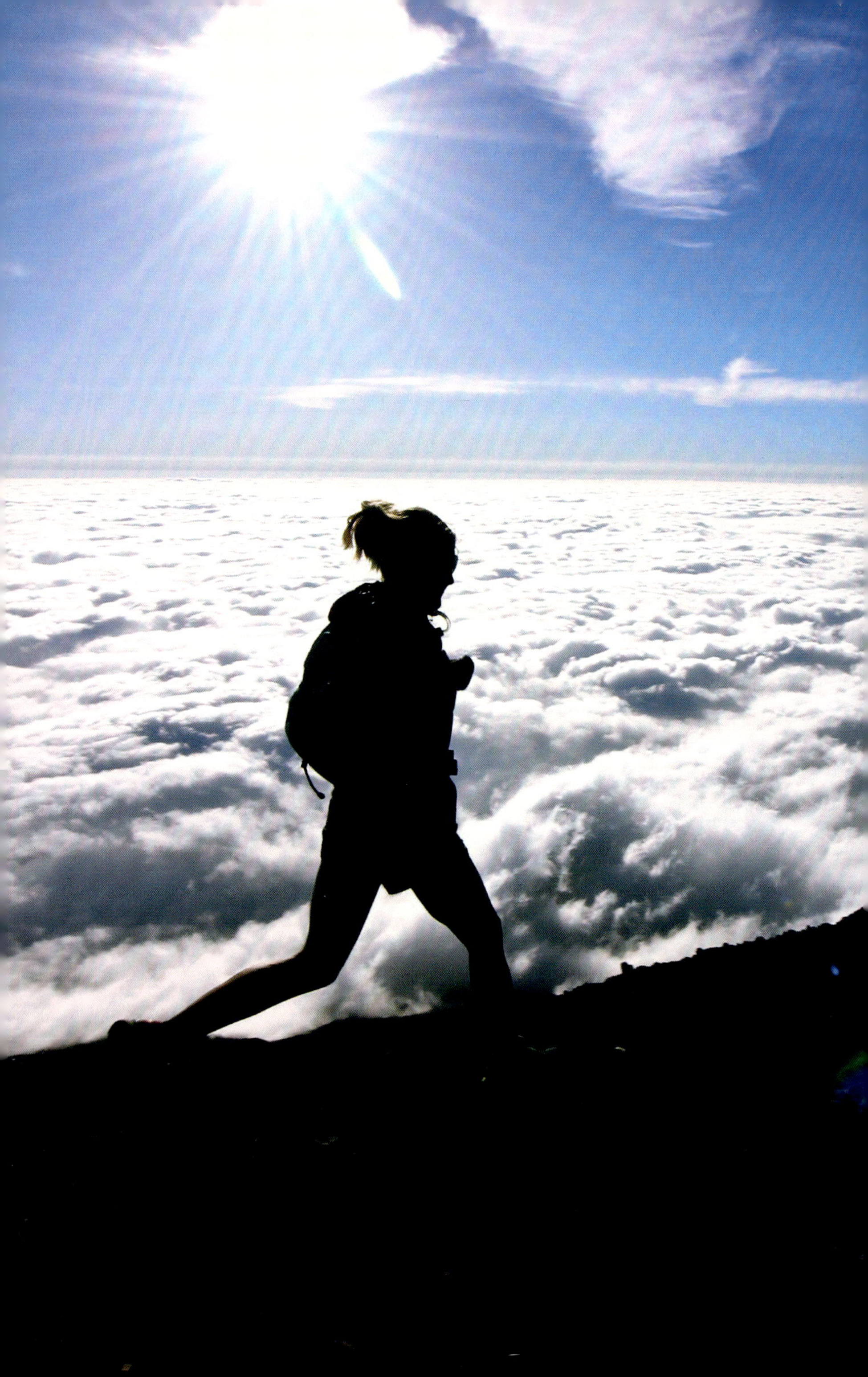

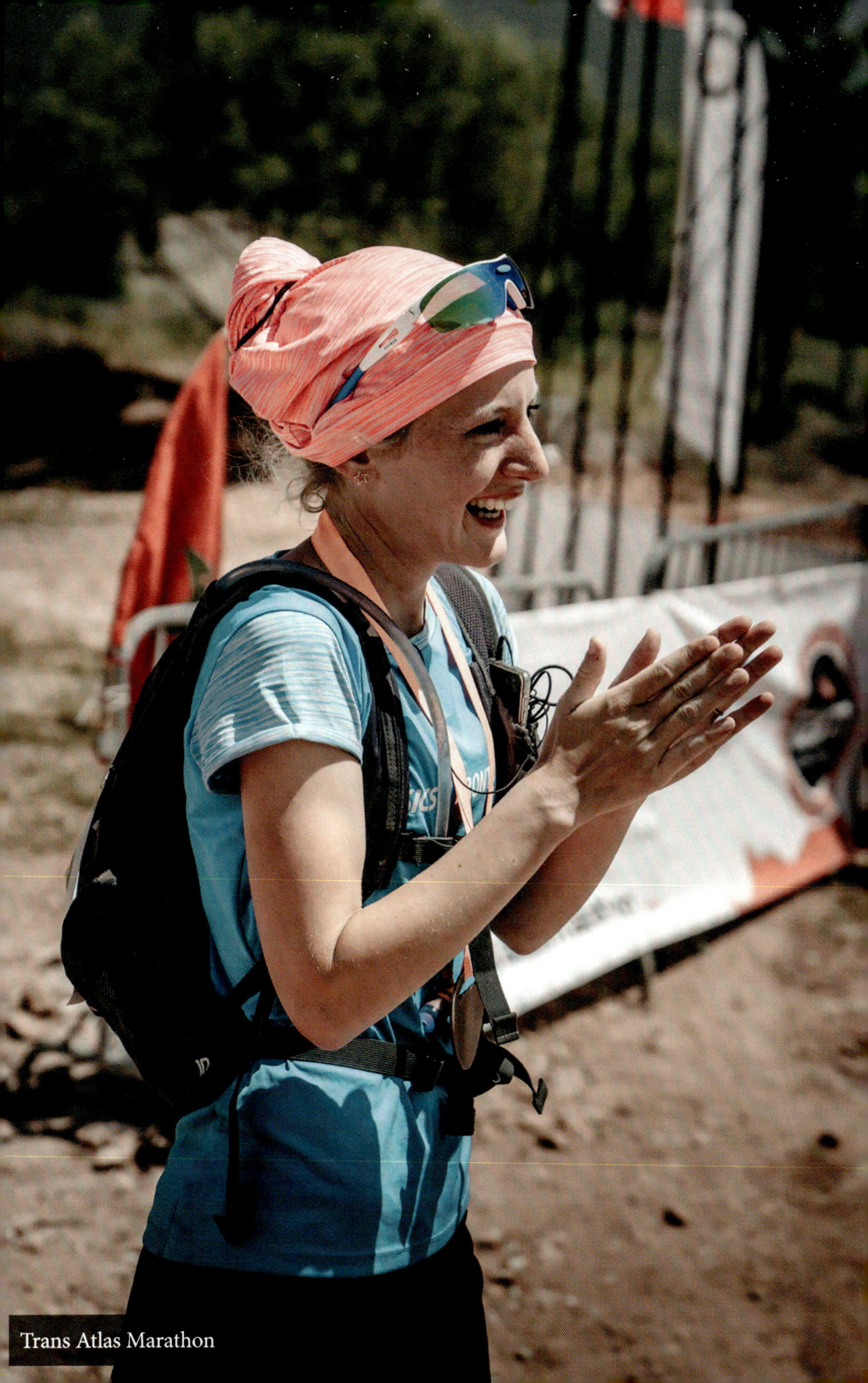

Trans Atlas Marathon

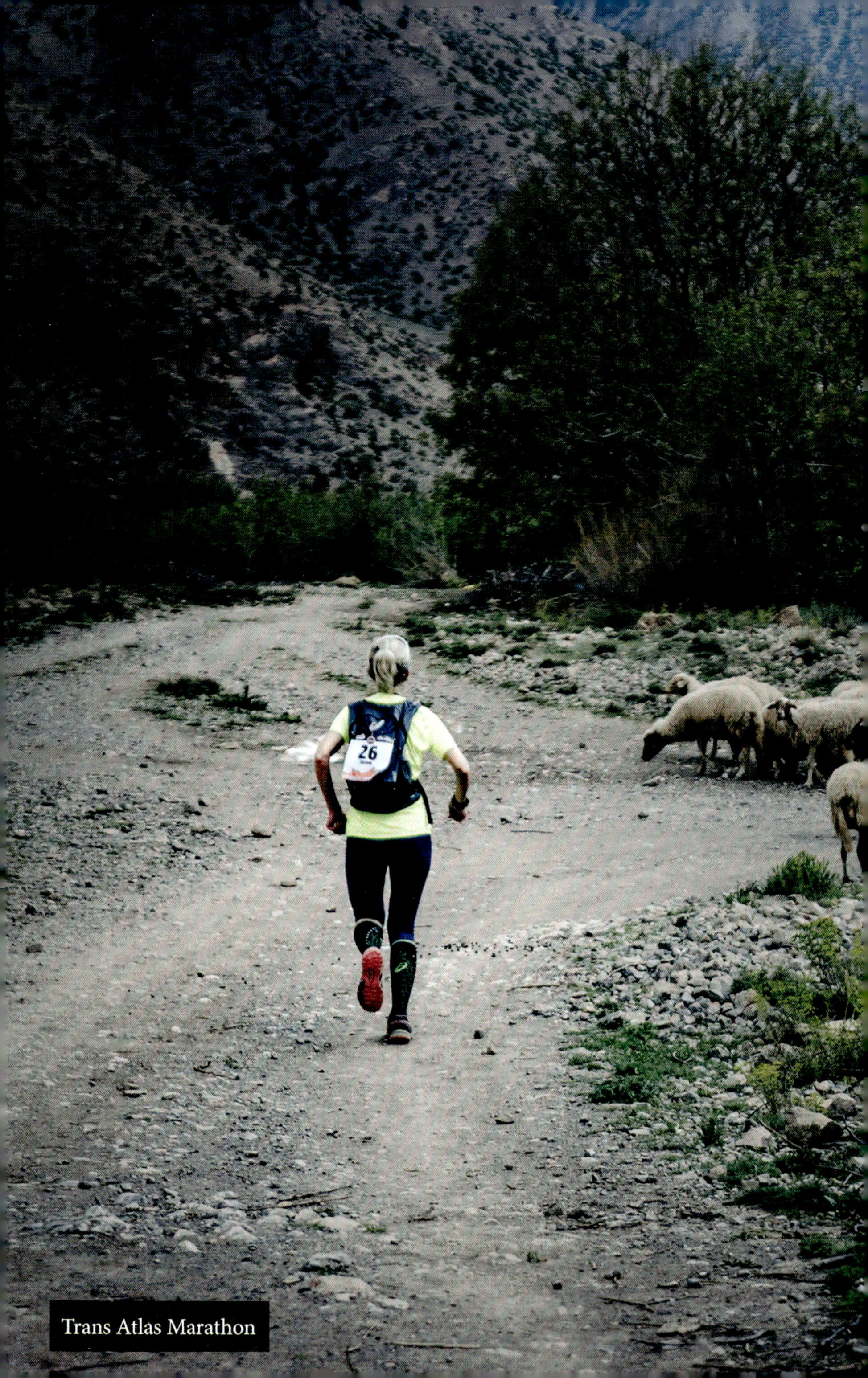

Trans Atlas Marathon

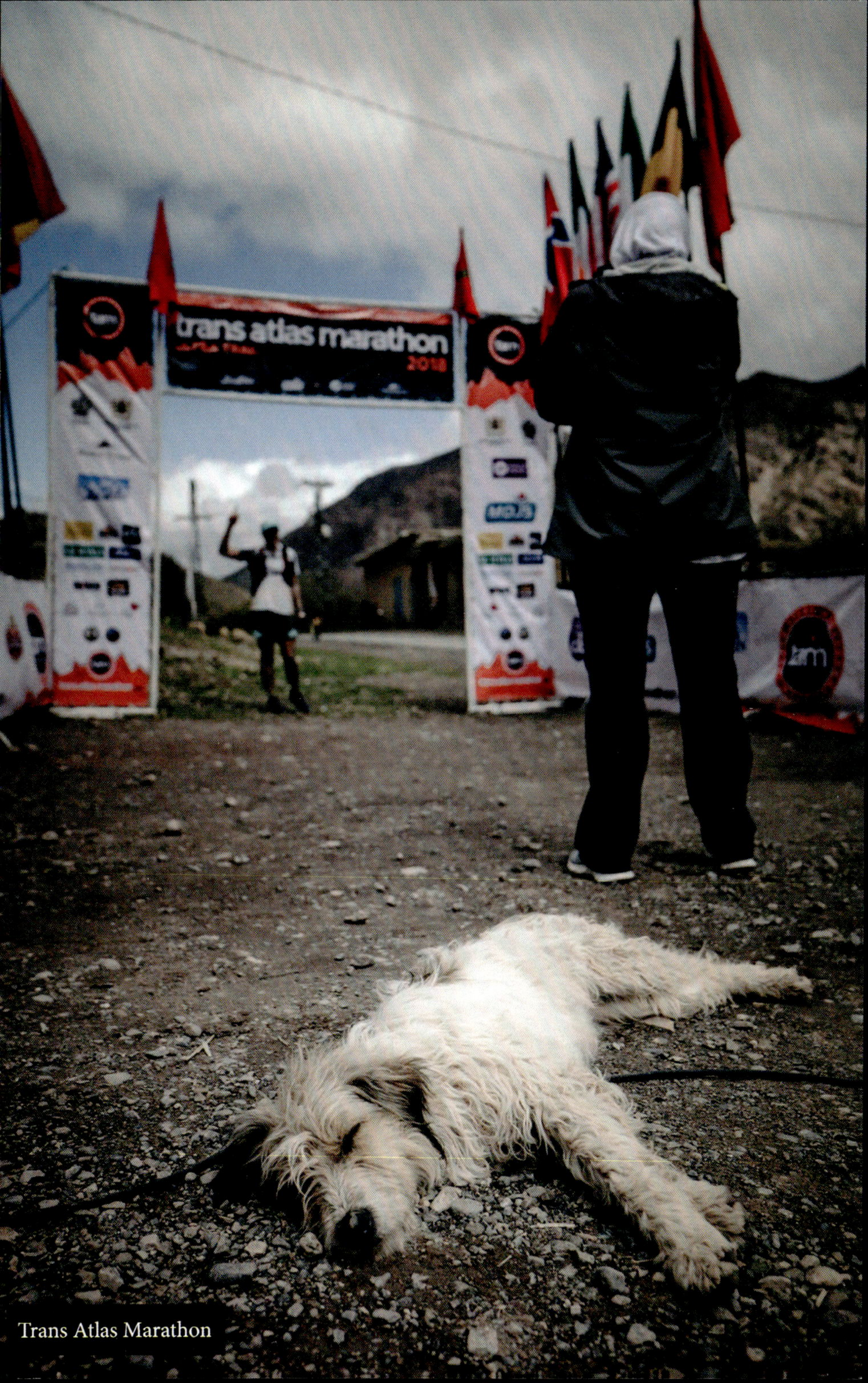

Trans Atlas Marathon

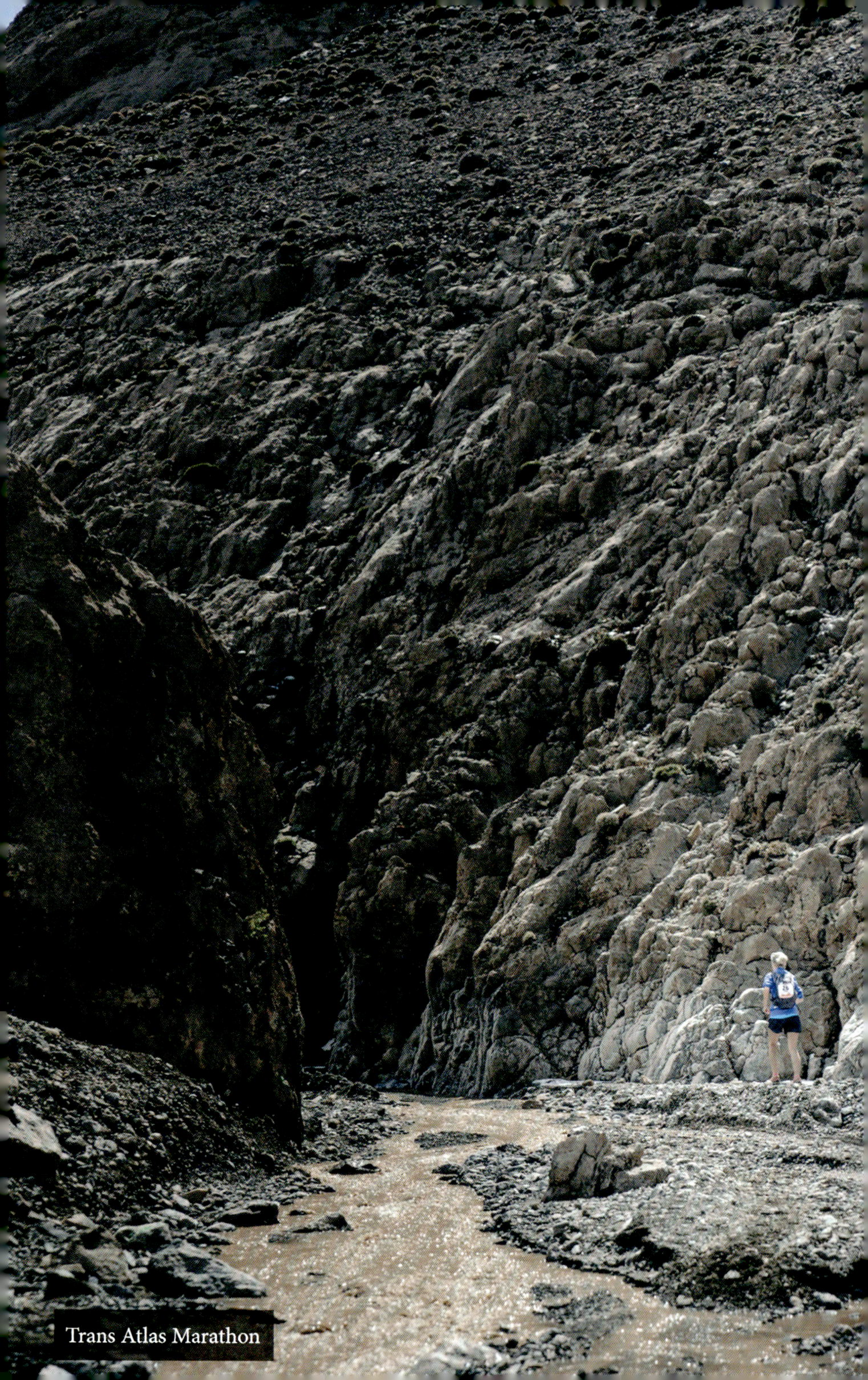

Trans Atlas Marathon

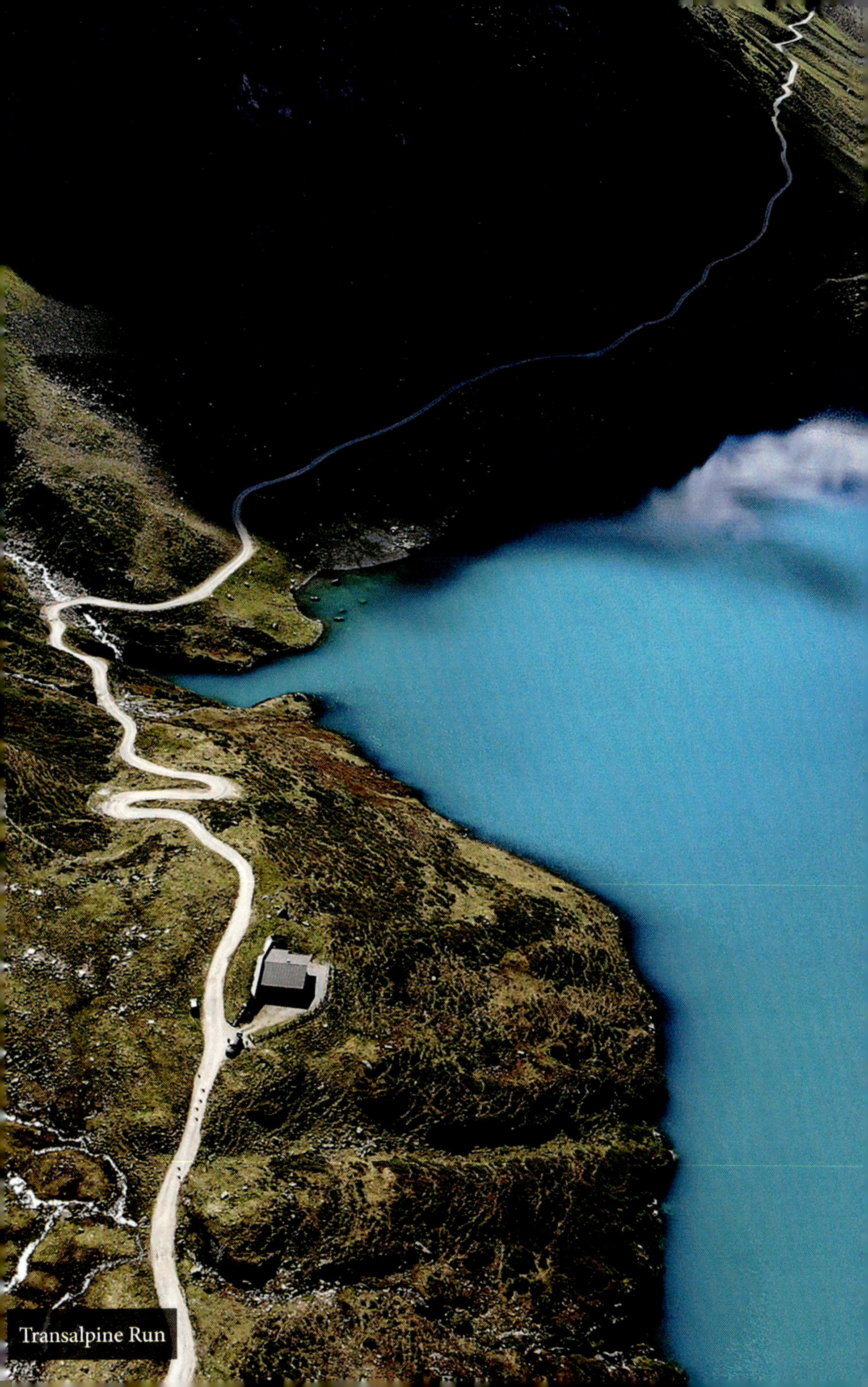

Transalpine Run

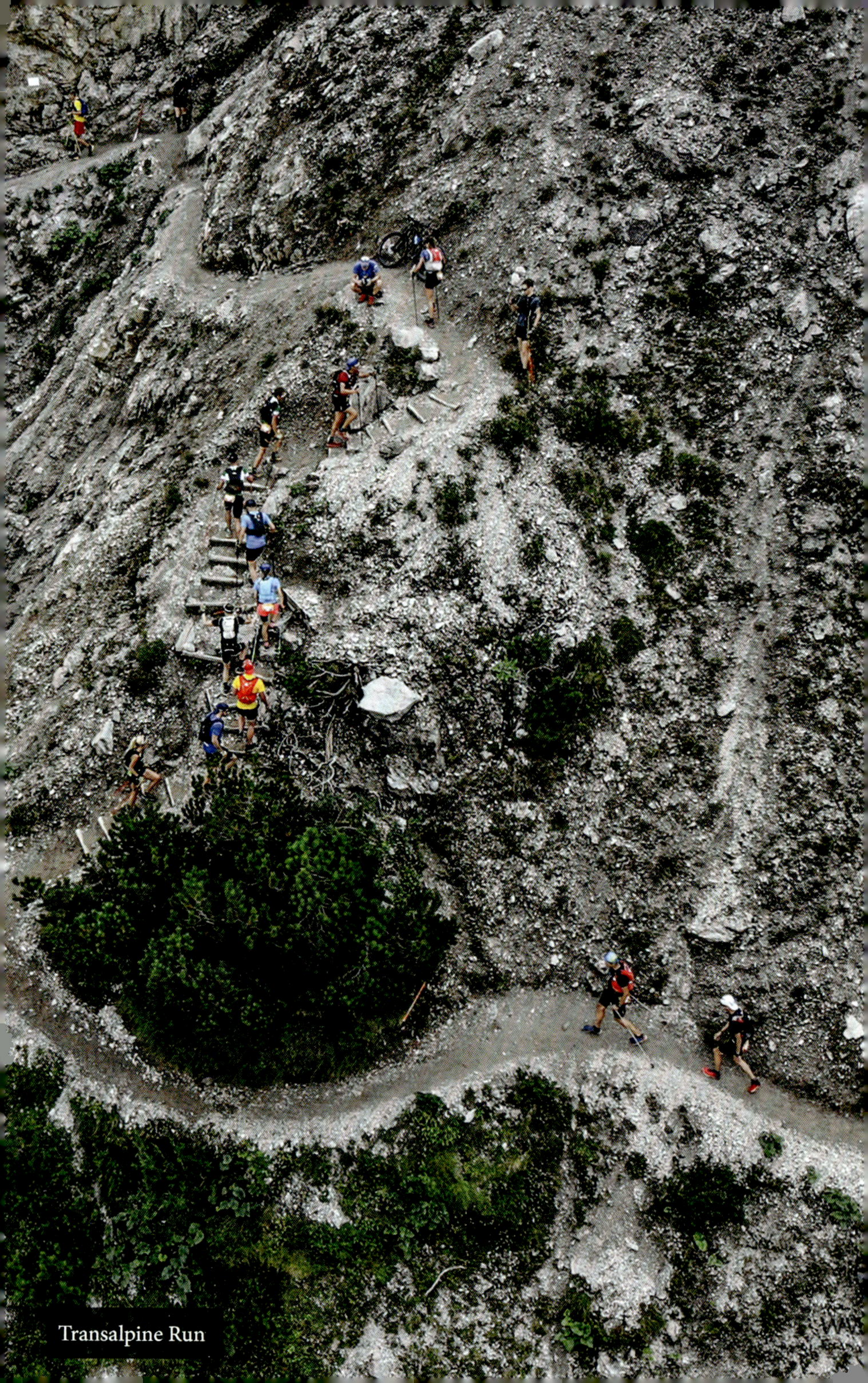

Transalpine Run

MARKT GARMISCH-PARTENKIRCHEN

Wir sehen uns Anfang September an einem wolkigen Herbsttag in Garmisch-Partenkirchen stehen, der südlichsten Stadt, nein, dem südlichsten Markt (wie ich verbessert werde und hier lerne) Deutschlands. Gelegen in einem berggesäumten Talkessel, der einen Blick auf das Wettersteingebirge und den höchsten Berg Deutschlands, die Zugspitze, gewährt, theoretisch zumindest.

Schön wär es gewesen. Weiße Wolken in Riesenschäfchenform und hellgraue Nebelschwaden verhindern die Sicht auf die imposanten Bergriesen hinter und unter ihnen. Erinnerungen an den Zugspitz-Ultratrail, der nebenan in Grainau startete, werden wach.

Ich weiß: Die horizontbildenden, spitzen Zacken des Gebirgszugs sehen aus wie die Aufzeichnungslinie eines Elektrokardiografen zur Beschreibung der Herzaktivität auf einem Vitaldatenmonitor während einer Narkose, die auf einer Intensivstation im Krankenhaus durchgeführt wird oder, wie der Verlauf des Höhenmeterprofils auf unserer Streckenkarte, die wir wie in einem unter Betäubungsmittel gesetzten Zustand die nächsten Tage beim TAR ablaufen werden.

Das Höhenmeterprofil wird zur Herzaktivität werden, es bedingt sie. Das Betäubungsmittel Berg beginnt schon jetzt zu wirken, es betört den Verstand, mit einem deutlichen Geruch nach Erde, nach nassem Gras, nach Kuh, nach Herbst, speziell nach Bergherbst. Dieses Bergdorf Partenkirchen werde ich drei Jahre später meine Heimat nennen, zusammen mit meinem Mann Christian, was ich zu dem Zeitpunkt unmöglich ahnen kann.

Noch wirken die alten Bauernhäuser mit ihren verschnörkelten Holzbalkonen, die bunten, oft religiösen Hausfassadenmalereien und der nicht seltene Anblick von Menschen in Alltagslederhosen wie eine kitschige Kulisse für einen Heimatfilm. Jeder Läufer und jede Läuferin in funktionellen Trailrunningklamotten sticht als disruptiver Fremdkörper vor dem Bühnenbild heraus. In Tracht samt eines Filzhuts mit Feder oder

Gamsbart (das ist der bayerische Hutschmuck), würden sie sich besser in das bayerische Habitat einfügen.

Wie die nächsten Tage beim TAR aussehen werden? Viel zu früh aufstehen, um viel zu laufen. Erlebnisse sammeln, lernen, Erfahrungen teilen. Jede freie Minute zum Regenerieren nutzen. Wunden versorgen, Schmerzen ignorieren, Erschöpfung aushalten. Mit dem Laufpartner zu einem Team zusammenwachsen, sich unterstützen, Streitpunkte kommunizieren, Kompromisse finden.

Bei der allabendlichen Pastaparty in beschaulichen und oft netzfreien Bergdörfern zusammen mit den anderen Alpenquerenden die Kohlenhydratspeicher auffüllen und sich über den Tag austauschen. Früh ins Bett gehen. On repeat, sieben Tage lang bis zur abschließenden Finisherparty. So ist es mir von meinem letzten Start beim Transalpine Run in Erinnerung geblieben.

WAS SEIN MUSS

Jeder Teilnehmende muss bergtaugliche Trailrunningschuhe tragen, also sie müssen gut profiliert sein. Regen- und warme Bekleidung, Handschuhe, Mütze, Minimum anderthalb Liter Wasser, Personalausweis, Lebensmittel, deren Verpackungen mit der Startnummer beschriftet sind, Erste-Hilfe-Set, Navigationsuhr und Mobiltelefon mit der darin gespeicherten Medical-Crew-Nummer für Notfälle. Alles in den Laufrucksack, zumachen, dann kann es losgehen. Drei, zwei, eins, TAR!

DIE ETAPPEN

TAG EINS - GARMISCH-PARTENKIRCHEN NACH NASSEREITH - 45 KILOMETER

Wie Hannibal vor 2236 Jahren, werden wir heute damit anfangen, die Alpen zu überqueren. Dies und dass wir ein etwa 50 Millionen Jahre altes Gebirge überqueren, sind ziemlich epische Vorstellungen. Statt Elefanten wie Hannibal habe ich David dabei. Und statt ansonsten irgendetwas über die Alpen zu wissen, vertraue ich den Veranstaltenden, dass sie uns eine Trailstrecke ausgesucht haben, die laufbar ist, von der aus wir hoffentlich nicht in Felsspalten stürzen.

Als gebürtige Flachländerin ist die Alpenwelt für mich eine schöne, aber bedrohliche Gefahrenzone. Zum Glück ist keiner von uns allein. Aus Sicherheitsgründen, so die Veranstaltenden von *PLAN B*, muss in diesem Jahr noch im Zweierteam gestartet werden. Die erste Etappe von den sieben zu laufenden wird in Garmisch-Partenkirchen starten und 45 Kilometer und 2600 Höhenmeter später im Tiroler Nassereith in Österreich enden.

„Entweder werde ich einen Weg über die Alpen finden oder einen bauen", soll Hannibal gesagt haben, zum Glück hat das mit dem Weg *PLAN B* für uns übernommen. Wir müssen ihn nur noch ablaufen. Hannibals Haltung möchte ich kopieren – auf dass es bald heißt: TARler vor den Toren, in Brixen – in der friedlichen Absicht, eine Finisherparty zu feiern.

Es finden sich viele TAR-Krieger zum Frühstück in unserer Unterkunft zusammen. Unweigerliche Erkennungsmerkmale sind ihre schweren Geräte, mit denen sie in die Trailschlacht ziehen: stark besohltes Schuhwerk, waffenscheintaugliche Laufstockspitzen, funktionaler Trailrucksack, ihre schildähnlich vor die Brust geheftete Startnummer und, unverkennbar, stockwerkartig befüllte Frühstücksteller, denn jede Kalorie wird auf dem Trail zur Energiegewinnung bitter benötigt werden.

Wieder einmal heißt es also schnell sein am Büffett, aber darin sind David und ich ja geübt, das können wir sehr gut. Veni, vidi, vici. Wir kamen, wir sahen, wir siegten, zumindest am Büfett.

Mit sich unter unseren schwarzen Regenjacken abzeichnenden, gut gefüllten Trailmägen, und damit die erste Herausforderung des Tages erfolgreich bewältigt wissend, stehen wir kurz vor neun Uhr in der Schlange von Menschen, die uns zum Startcheck leitet. Nach dem obligatorischen Equipmentcheck, der uns nun täglich erwarten wird (alles passt, picobello), dürfen wir uns in das von Zuschauenden abgeschirmte Gedrängel des Startblocks pferchen.

Die Spannung der Umstehenden ist körperlich spürbar, als seien sie Hannibals Truppe persönlich und hätten eine große Verantwortung zu tragen, bei der es um Menschenleben gehe. Viele zappeln, andere stehen versteinert da, manche hüpfen sich warm, viele haben ernste, kriegerisch anmutende Blicke aufgesetzt, schließen andächtig ihre Augen, bekreuzigen sich, bewaffnet mit dem voll ausgestatteten Laufrucksack, meist mit bis zu den Knien gezogenen Kompressionsstrümpfen und Funktionslaufklamotten und den Laufstöcken. 270 Kilometer liegen vor uns allen und zwar bergauf, bergab, bergdurch.

David und ich nehmen noch einen zur Belustigung dienenden Instagram-Boomerang auf, geben ein Interview, denn ASICS wird eine Videoreportage für YouTube über den Lauf drehen, albern rum, machen Bilder für die Sponsoren. Seine Lockerheit steckt an. Durch große, schwarze Boxen werden uns die Transalpine Run-Hymnen *Keep on running* und AC/DCs *Highway to hell* ab jetzt täglich in Aufbruchstimmung versetzen und in meinen Gedanken abgeändert werden:

Living (not) easy, but living free
TAR ticket on a one-way ride
Askin' nothin', leave me be
Taking trails in my stride
Don't need comfort, don't need rhyme
Ain't nothin' that I'd rather do

Goin' down, (pasta) party time
My (runner) friends are gonna be here too
I'm on the highway to Brixen.

Die letzte Zeile wird um neun Uhr vom ohrenbetäubenden Startschuss unterbrochen. Simultan im Takt klicken alle auf ihren Laufuhren auf Start. Die Schlacht beginnt. We're on our highways in die Hölle? Nein, eher auf dem Weg in den alpinen Trailhimmel.

Ich bin dankbar und freue mich wie alle um mich herum auch: Das äußert sich statt in Händeklatschen in Schuhsohlenklatschen, zunächst auf harten Asphalt, den Klang von AC/DC erst übertönend, dann verhallend hinter sich lassend. Die Schuhe dringen bald in die Bergwelt ein und statt eines Hämmerns hören wir dann Schmatzen: Schmatzend dringt Schuh in Matsch ein und wird aus Matsch gezogen. Schmatz, schmatz, schmatz, schmatz, schmatz.

Die erdig-steinigen Trails sind regenbedingt aufgeweicht. Bevor das Auge das erkennt, drängt sich aufdringlich ihr Geruch in unsere Nasen. Regen riecht und nasse Erde erst recht. Der bauschaumdichte Nebel lässt sich tief zwischen Garmisch-Partenkirchens Bergspitzen hängen, über unseren Köpfen, nach dem ersten Anstieg bei der Höllentalklamm zwischen unseren Köpfen. Wir sind mittendrin, in den feuchten Wolken und im Wagnis TAR.

Meine zum Zopf gebundenen Haare kräuseln sich, räkeln sich durch die Millionen von Wassermolekülen dazu veranlasst. Das anfangs gedrüppelte Läuferfeld hat sich auseinandergezogen. David und ich laufen nebeneinander und sehen unsere Mitlaufenden auf den exponierten Trails selbst 50 Meter vor uns nur noch als schemenhafte Gestalten. Die Wassermoleküle, die nicht gerade meine Haare bearbeiten, millionenfach zu nebeligen Wolken formiert, schlucken die Trailkrieger. Schwupp, sind sie nach und nach absorbiert. Wir erahnen ihre Existenz nur noch.

Nach ein, zwei Stunden des Laufens erahnen wir noch etwas: das Zelt der ersten Verpflegungsstation. Es ist Zeit für das zweite Frühstück, bestehend aus Bananen, Käsehappen, Nüssen, Keksen, mundgerechten Marmorkuchenstückchen, Kaffee, Riegelfragmenten, Schnittchen, Gurke, Salz, Cola, Wasser und was der Trailrunnergourmet sonst noch so wünscht, säuberlich sortiert in großen, weißen, gelben und grünen Plastikboxen.

Die Stöcke kurz abgestellt, greifen gierige Hände in die Futterwanne, darunter mengen sich auch unsere. Zulangen, stopfen, stopfen, schlucken nicht vergessen, unterhalten, lachen, zulangen, Gurkenstück in Salz tunken, Kekse im Rucksack bunkern, noch einmal zulangen, kauen, kurz innehalten: „Wow“, meine ich zum zustimmenden David, „das ist der beste Bergkäse, den ich je gegessen habe“, kurz genießen, Stöcke aufnehmen, gerüstet für den nächsten Matschanstieg, aufbrechen und das Futterparadies hinter uns lassen.

Die Kalorien verwandeln sich nach und nach in neue Energie. Zwei durch Nebel getrennte Waldwände kanalisieren den Weg zu einem grobsteinigen Geröllfeld, das an einem Gipfel endet, der zu einem wurzeldurchzogenen Downhill einlädt.

Trotz der neuen, alpinen Flora-, Fauna-, Fungi-Eindrücke, kurzen Unterhaltungen und damit Hand in Hand gehender Ablenkung protestiert mein Körper wirkungsstark gegen die ihm ungewohnt hohe Anstrengung. Ohne Vorwarnung oder vorgeschaltetes, adäquates Training zwinge ich die Beine steile und sehr langwierige, nicht in Mittelgebirgen auffindbare, Berganstiege hoch und sie reagieren, nachvollziehbarerweise, damit, dass sie sich zurück auf die weich gepolsterte Couch sehnen.

Das kommunizieren beide Oberschenkel, indem sie ein stechender, krampfender Schmerz durchfährt. Als wollten sie mir sagen: „Samma, was soll denn das, so viele Höhenmeter am Stück?! Halt, stopp, es reicht! Auf so etwas hast du uns nicht vorbereitet.“ David erkennt mein Qualgesicht. Er geht in seiner Rolle als Personal Trainer und guter Teampartner auf und präsentiert mir ad hoc den Froschsitz zu Dehnungszwecken und ermuntert mich, es ihm gleichzutun.

Kurz vom Trail unter einen Latschenkieferbusch getreten, in der Froschhocke verweilt und viele verwunderte Blicke kassierend, entspannen sich die Oberschenkel und zeigen sich kooperativ. Beim Aufstehen muss David mich zwar unterstützen, damit ich hochkomme, aber einmal wieder in den Laufschritt gefunden, fließt es fast rund.

Die Stöcke leisten gute Arbeit und hieven mich die Anstiege hinauf, stützen im Downhill. David scherzt und strotzt vor schier unendlichen Energiereserven und ich lasse mich dankbar von ihm mitziehen. Das nenne ich Teamlauf. Wir traben über breite Bergwanderwege, alpine, schmale Felsentrails und kurz vor Nassereith über eine Kuhwiese.

Dazu muss eines klargestellt werden: Kühe bedeuten in meinem Kopf Gefahr. Sie sind so groß und stark wie Grizzlys, mit 1200 Kilogramm schwerer als mancher Kleinwagen und dazu noch bewaffnend behornt. Sie riechen ihre Feinde schon aus zehn Kilometern Entfernung. Da müsste ich lange laufen, um deren Geruchslinie zu entkommen.

Das sind alles sehr angsteinflößende Attribute. Man muss schon mu(h)tig sein, sie einfach zu passieren. Mein Verhalten bei Sichtkontakt mit den Tieren ist also nicht verwunderlich. Abrupt schlagen die Füße Wurzeln, der Rest des Körpers versteinert. Ich mutiere zur Schockstarrenstatue. Die anderen Teilnehmenden drängeln sich arglos durch die Kuhherde hindurch. Hier einen Kuhkopf tätschelnd, da einen Kuhhintern wegschiebend.

Meine Augäpfel fallen durchs Weiten fast heraus: Ich meine, ich sehe nicht recht. Dieses Verhalten ist für mich undenkbar, unnachachmbar und dem eigenen Leben gegenüber grob fahrlässig. Nachdem mich eine kleinlasterschwere Kuh im Vorjahr von einem Trail jagte, traue ich diesen zwar niedlich aussehenden, aber allein wegen ihrer Masse gefährlichen Tieren nicht mehr über den Weg.

David kennt meine Ängste und beschwichtigt mich, indem er daran erinnert, dass ich doch eine Art Kuh-Abwehrwaffe besitze: meine Laufstöcke. Das beruhigt mich jedoch wenig bis gar nicht, denn, käme es zum Kampf zwischen mir und einem Riesenrind, würden die Mensch-Abwehrwaffen der Kühe, also ihre gewaltigen Hörner und Hufe, siegen, dessen bin ich mir sicher.

Also lösen wir das Problem, indem wir einen weitläufigen Schlenker um die Herde herumrennen, dadurch zwar noch mehr Höhenmeter in Kauf nehmen und einen satten Zeitverlust, dafür aber kuhkontaktlos bleiben. David ist verständnisvoll, streichelt noch schnell den gigantischen Kopf eines schwarzes Minirinds und nimmt mein Drama mit Humor. Die Schockstarrenanspannung lockert sich Schritt für Schritt, je weiter entfernt ich die Rinder weiß. Weiter, weiter, in Richtung Etappenziel Nummer eins.

Nur wenige Kilometer vor dem Ziel werden wir wieder überrascht. Sehe ich recht? Ist das ein Wolf? Fast. Es ist Leyla, die wolfsähnliche Huskyhündin, die meinen besten Freund Lukas (Luke) Pabst, auch Trailpabst genannt, an der anderen Seite ihrer Leine führt. Eine schöne Überraschung und eine willkommene Pause.

Luke hat seine Urlaubsplanung so gestrickt, dass er uns zusammen mit seiner Frau Barbara (Babsi) unterstützen kann. Toll. Stehen bleiben, Umarmungen, ein kurzes Gespräch und das Hundeknuddeln lassen David und mich beschwingt über die nassen Wiesen und matschigen Trails Richtung Nassereith traben, teils rutschen. Hinter der Ziellinie fallen wir unseren ASICS-Teamkollegen dreckig und glücklich in die Arme. Der erste Lauftag ist im Sack. Wir ebenfalls. Und voller Erlebnisse sind wir auch.

Noch ist die Etappe aber nicht wirklich vorbei. Nachbereitung gehört genauso dazu wie das Laufen selbst. Wir greifen pflichtbewusst zu Bier, alkoholfrei-isotonisch, füllen unsere leergelaufenen Speicher mit Fruchtporridge auf und gönnen uns ein cremiges Stück Mandarinenkuchen, Jackpot. Letzteres gehört nicht zum Regenerationspflichtprogramm, aber zum Mentalen, denn das ist einfach lecker.

Beim letzten Bissen widme ich meinem Vater einen Gedanken und freue mich lächelnd über die herzerwärmende Erinnerung. Der nächste Schritt heißt duschen, denn eines will niemand verpassen: die allabendliche Pastaparty zusammen mit den anderen TARlern. Wer geduscht teilnehmen kann, ist offenbar zügig vorangekommen. Wir gehören zu den Glücklichen.

So pilgern wir, zusammen mit der TAR-Masse, frisch geduscht zum Mahl. Manche humpeln ehrgeizig zum Abendbüfett. Das sind die *Das läuft sich schon raus*-Kandidaten, die morgen zuverlässig am Start stehen werden, vielleicht auch noch am dritten Tag. Am vierten Tag sortieren sich solche Kandidaten vielleicht schon selbst aus. Bei einem Etappenrennen ist eine Qualität, sich selbst zügeln zu können und wer sich am ersten Tag komplett abschießt, verwechselt den TAR mit einem Fünf-Kilometer-Lauf. Dann zahlt man dem TAR schnell seinen Tribut.

Während des Essens bekommen wir die Bilder des Tages, also Schnappschüsse, darunter Drohnenaufnahmen, von den auf dem Trail harrenden Fotografen, geboten. Das ist beeindruckend und ein neuer Blickwinkel, heften wir unsere Blicke über den gesamten Trailtag doch meist auf das Stück Boden vor uns, um nicht zu stolpern.

Dieser Weitblick über die Höllentalklamm, die Wasserfälle, Ehrwald und die Tiroler Bergwelt, all die laufenden Teams, eine Nahaufnahme einer Kuh, die man sich meiner Meinung nach hätte sparen können, die verbissenen Wettkampfgesichter auf der Strecke und die erlösten Lacher im Etappenziel, aber auch die mitreißende Enttäuschung eines Favoritenteams, ergreifen uns.

Und mit Blick zu den Nachbartischen, auch die anderen. Das TAR-Feeling macht sich breit. Wir sind offenbar Teil einer großen Sache hier, wenn sie derart große Emotionen bei derart vielen verschiedenen Persönlichkeiten auslöst. Satt gegessen und satt geguckt verziehen sich alle zufrieden zeitig ins Bett eines Hotels oder auf die Isomatte einer Turnhalle.

Schlafenszeit heißt Regenerationszeit, die hier über vieles entscheidet. Davids Sponsoren ermöglichen uns Ruhe garantierende Hotelzimmer. Glück gehabt. Gute Nacht.

TAG ZWEI – NASSEREITH NACH IMST – 27 KILOMETER

„Nur 27 Kilometer heute? Ja, super, das wird ein Regenerationsläufchen", wie David die Streckenbeschreibung fröhlich flötend tauft. Seinen Optimismus versuche ich zu kopieren. Als wir aber vor dem Start für unseren täglichen Instagram-Boomerang gemeinsam eine Kniebeuge machen wollen, schwindet jede Lust auf Bewegung meiner Oberschenkel, vor allem im Hinblick auf die 1400 Höhenmeter, die ich ihnen heute servieren möchte.

Sich sträubend, lassen sie die Kniebeuge wie das Bücken eines sehr alten Menschens aussehen. David macht die Bewegung nichts aus, deswegen wiederholt er das Beugen aus Spaß öfter und nennt mich Omi. Motiviert zeigt er mir noch, wie man eine kniefreundliche Kniebeuge ausführt. „Nein, danke, reicht."

Mein gestern geschundener Körper wünscht sich noch immer auf die Couch zurück. Er würde sich heute sogar mit einem harten Holzstuhl begnügen. Hauptsache sitzend und auf keinen Fall bergauf oder bergab laufend. Die Vorfreude auf die Natur verhindert eine Kehrtwende zurück auf die weiche Hotellobbycouch.

Die Sonne schafft es ab und zu sich durch die immer noch dichten, weißen Wolken zu drängeln, so wie die Mitlaufenden an der Startlinie von Tag zwei, auch die *Das läuft sich schon raus*-Humpler. „Na gut, wenn die das können, dann habe ich keine Ausrede mehr, zu nörgeln", mache ich mir klar.

Wir stehen im Startbereich mitten in der hochalpinen Bergwelt, umzingelt von haifischzahnspitzen Gipfeln. Als stünden wir auf der Zunge im

Maul des Hais, der senkrecht aus dem Wasser schießt, um uns zu schlucken. Die Größendimension ist anders, denn wir sind flohklein in Relation zur Größe eines Haifischs.

Ganz unten auf dem Talboden stehen wir, mit dem Wissen, dass wir irgendeinen der Giganten überwinden müssen, in Richtung Süden. Wir haben ja eine Mission. Los gehts.

Die erste und heute einzige Verpflegungsstation ist noch besser befüllt als gestern. Unter einem blauen Zeltdach nehmen wir ein ausgiebiges zweites Frühstück zu uns, bestehend aus Wassermelone, Nüssen, Gurke, Keks, Brot, einem Schälchen Nudelsuppe und, den Organisatoren sei Dank, dem leckeren Bergkäse. Danach läuft es lockerer als gemutmaßt.

Viel zu essen, viel zu trinken und frühes Schlafengehen zahlen sich aus. Der erste Satz der Ultratrailsinfonie ist angespielt, das Stück hat Fahrt aufgenommen und klingt melodisch. Die Muskeln sind Höhenmeter-geimpft und mental tragen die von David abgepauste gute Laune, die Aussicht auf ständige Snacks und nette Bekanntschaften über die flowigen, sanften Berg-, Wiesen- und Waldtrails.

Vor dem letzten Abstieg ins unbekannte Tal, wo uns die Finishlinie Nummer zwei erwarten wird, treffen wir auf Pinkes. Pinke Pong Pongs. Gepuschelt von verrückten Supportern. Verrückt, weil sie uns lauthals Schnaps anbieten und alle Teilnehmenden lautstark und mit Musikunterstützung puschelwedelnd anfeuern.

Den Schnaps lehne ich dankend ab, die Motivation nehmen wir dankbar mit. Grundsätzlich bin ich einem Finisherschnaps nie abgeneigt gewesen, aber in diesem Fall würde auch nur ein Tropfen Alkohol dazu führen, dass ich noch mehr als bisher hinter David herhetze. Es kristallisiert sich nach gestern erneut heraus, dass der von mir Unterschätzte richtig was draufhat auf dem Trail, von seiner Fitness ganz zu schweigen.

Mit der unerwarteten Situation versucht mein Ego klarzukommen und seine ständig übergute Laune, für die ich dankbar sein sollte, verärgert mich zunehmend, vor allem, während ich am Limit versuche, mit ihm mitzuhalten. Auf seine Witze bin ich nicht einmal mehr in der Lage, irgendetwas zu erwidern, weil es sich ohne Puste schlecht sprechen lässt.

Während ich mich in an in Trance grenzende Erschöpfung durchringe, hüpft er häufig auf Hügel, um Bilder aufzunehmen, macht munter Selfies, läuft ostentativ vor und krakeelt rücklinks, in der Annahme, mich zu motivieren: „Julianeeeee, kommst du oder soll ich ein Lager aufschlagen hier?“ An der Stelle hätte ich ihm am liebsten eine Ansage gemacht, aber wieder einmal bin ich am Rande meiner Puste und so hetze ich genervt vorwärts, den Sauerstoff lieber fürs Hetzen verwendend.

Die Ansage wird warten müssen, aber sie wird kommen. In mir braut sich etwas zusammen, etwas Ungutes aus zu viel Ego, zu viel Erschöpfung und Missgunst, auf das ich nicht stolz bin. Aber auch das ist TAR, versuche ich, mich vor mir selbst zu rechtfertigen.

Diese Stimmung wird aufgelöst, als wir gefeiert von Anwohnenden und Teammitgliedern, in Imst unter dem Transalpine-Run-Torbogen einlaufen und das typische TAR-Prozedere vollziehen: essen, trinken, duschen, Mittagsschläfchen, Instagram-Storys aufnehmen und posten, noch mehr essen und noch mehr trinken bei der Pastaparty, Berge bewundern, früh ins Bett gehen.

Bei der Pastaparty hören wir wen am Nachbartisch prophezeien: „Morgen entscheidet sich, wer für den Transalpine Run-tauglich ist.“ Die Spannung steigt. Mit Morgen meint er die Königsetappe.

TAG DREI – IMST NACH MANDARFEN – 54 KILOMETER

Raaarrr, raarrr, raaaarrr. Alarm! Brennt es? Ach ne, das ist der Wecker. Aufstehen? Ach ja, da war ja was: TAR. Königsetappe. Bitte nicht, ich will dich nicht verlassen Bett. Der Handywecker beschneidet den wohltuenden, weil regenerationsbringenden Schlaf schon um vier Uhr nachts mit einer unangenehmen Schrille. Ruhe! Ich mag nicht aufstehen, wirklich nicht.

Noch nie war das Race so hart wie in dem Moment, in dem ich meinen tonnenschweren Körper aus der warmen Bettwäsche schälen muss. Bis zu dem Moment, in dem meine schmerzenden Beine den Boden berühren und widerwillig Folge leisten, mich zu tragen. Das ist ein noch härterer Moment. Sie können der Anweisung, die Treppen vom Hotelzimmer im ersten Stock runterzusteigen, nur humpelnd nachkommen. Autsch, autsch, autsch. Jeder Schritt ein Schmerzimpuls.

War die Erdanziehung schon immer so stark? Ein Lösen vom Boden fällt schwer wie nie. Die Oberschenkel- und Wadenmuskeln sind verhärtet und fühlen sich an, als seien deren einzelne Fasern sorgfältig durch einen muskelvernichtenden Hexler gezogen worden. Das Treppengeländer muss als Stütze herhalten.

Auf der Ebene zieren sich die Beine noch immer, selbst hier kommen sie der Anweisung, geradeaus zu gehen, nur im Pinguingang nach. Den Kommentar eines schmunzelnden Teilnehmers: „Bei dir läuft's aber auch nicht mehr rund, was?!" quittiere ich mit einem gefakten Lächeln, das ausdrücken soll: „Klappe halten, bitte. Danke." Heute 54 Kilometer zu laufen, auf und ab, über 3000 Höhenmeter? Wie soll das funktionieren? Ernsthaft. Wie? Ein nervöses Unbehagen steigt wie Blasen aus der Bauchgegend bis zu den Ohren auf.

Das will ich mir vor meinem Teampartner nicht anmerken lassen, immerhin haben wir eine Mission. Ich ahne noch nicht, dass der Muskelschmerz heute mein geringstes Problem sein wird.

David ist wie immer fit, er stretcht sich dynamisch hin und her und hin und her wie ein Profi, Hintern nach rechts, Hintern nach links, ausgestrecktes Bein, ausgestreckter Arm, Waden dehnen, zwischendurch ein Witzchen und dann hüpft er munter um mich herum. Er ist gut gelaunt und bringt in gewohnter Manier einen Gag nach dem anderen und viele zum Lachen. Ich stimme mit ein. Lachen hilft immer.

Der Startschuss schießt heute schon um halb sieben aus der Kanone und fährt den vielen Menschen unter die müde Haut. Die anderen laufen los, ich pinguine mich vorwärts, laufe steif und schmerzhaft mit kaum biegbaren Beinen. Das Konzentrieren auf die Körperteile, die nicht schmerzen, ist ein großer Akt der Disziplin.

Aber was ist das? Die Kilometeranzahl auf meiner Uhr steigt, die Schmerzen in meinem Körper sinken. Das Zusammenklamüsern von Kilometern lässt die verkrampften Oberschenkelmuskeln sich lockern. Als seien sie eine geballte Faust gewesen, die durch Schütteln zur winkenden Hand wird. Ich bin jetzt Team *Das läuft sich schon raus.*

Die straffen Kompressionssocken leisten ihre Arbeit an den geschwollenen Waden, leiten das Blut in voller Wucht durch die Adern und scheinen frischen Wind in die Sache zu pusten. Von Kilometer zu Kilometer läuft es von humpelnd, über stockend zu ansatzweise rund und fast schon geschmeidig, irgendwie.

Allerdings sind bei einem 54-Kilometer-Lauf die Muskeln irgendwann sekundär. Der Körper tut seinen Dienst, in einer maschinenähnlichen Manier, Schritt für Schritt. Oft an Steine anstoßend oder über einen Wurzelhaken stolpernd. Warum das geht? Weil der Kopf es so will, so scheint mir das.

Ich bin im TAR-Modus angekommen. Mit steigender Kilometer- und Etappentaganzahl steigt die Lust aufs Laufen und wächst in Richtung Begeisterung ob der eigenen Körperkraft, der beeindruckenden Umgebungen, der Vielzahl der Erlebnisse und, und, und.

Die Lauflustkurve verläuft in Wellen wie eine Sinfonie ebenfalls die Tonleiter auf- wie absteigt. Manchmal erlebt sie einen Anstieg, manchmal einen dramaturgischen Absturz, so wie heute: Nach dem überwundenen körperlichen Problem tut sich ein mentales für mich auf.

Exakt die heutige Strecke bin ich bei meiner Teilnahme zwei Jahre zuvor schon einmal gelaufen. Ich kenne die Wege und weiß daher, was nach 35 Kilometern auf mich zukommt, nämlich ein in die Senkrechte abfallend steiler Downhill sowie ein langes, zähes, schier nie endenwollendes Stück Flachstrecke.

Damals empfand ich das als schlimm, hart, zerstörend. Die Erinnerung schafft eine Blockade im Kopf. Ich will da nicht noch einmal durch.

Meine Reaktion war, die Tränen laufen zu lassen. Weinen tut gut, dabei aber weiter laufen. Jetzt drängt sich unweigerlich die eine Frage auf. Nach dem Warum? Vor allem: Warum immer wieder? Wofür das Schinden, körperlich wie mental?

Meinen Blick zwinge ich, sich vom graubraunen Trail zu heben, mich umzuschauen und nun beobachte ich von oben herab eine vielgipfelige Kulisse. Das Gras an den Hängen ist von der Sonne ausgedörrt und gelb geworden. Das suggeriert ein herbstliches Ambiente. Es lässt alles mystisch und noch wilder wirken.

Wir TARler haben einen so weiten und erhabenen Blick über die Gipfelspitzen, und ich zwinge mich, mir bewusst zu machen: Das haben wir allein mit Körperkraft hier hoch geschafft. Mit dem Gedanken passiert leider nichts Motivierendes in meinem Kopf, manchmal kann man so einen Knopf drücken, einen Schalter umlegen, von überfordert auf stolz legen, selbstbewusst statt ängstlich und dankbar statt pessimistisch werden.

Zwar denke ich: „Danke, lieber Körper, dass du mir das ermöglichst“, aber die Belastung nimmt dadurch ja nicht ab. Die Tränen versiegen nicht. Das fällt David auf. Er verringert den Abstand und lässt sich zurück zu mir fallen. Drückt mich einmal kurz und läuft wortlos neben und hinter mir her. Nicht allein laufen zu müssen, macht auf einmal den gewünschten Unterschied.

Auf ein Ohr stöpsele ich mir Musik ein und lasse mich von meinen Lieblingsmetalsongs den Downhill runtertreiben. Gefolgt von meinem Teampartner, dessen unterstützenden Schritt ich auf dem anderen Ohr wahrnehme. Wir haben eine Mission, zusammen können wir das schaffen, besser als allein.

Die Lauflustkurve steigt steil an, erreicht einen erinnerungswürdigen Höhepunkt. Hier spüre ich das Warum. Die Erfahrung, dass man sich selbst oder durch Unterstützung von Lauffreunden über Tiefs heben kann, ist eine wertvolle, eine stärkende und eine das Laufselbstbewusstsein schürende. Wir können das schaffen. Wir sind hier nicht allein, auch nicht zu zweit, sondern ein großes Trailteam.

Gemeinsam passieren wir die als *gefährlich* gekennzeichnete Kraxelpassage, hangeln uns an den Stahlseilen geheftet bäuchlings an einer Felswand vorbei, reichen anderen Laufenden, die an dieser Stelle Angst zeigen, die Hand, bringen einen rutschig-wurzeligen Abhang hinter uns, der über einen exponierten Trail zu überqueren ist und von dem ein Läufer, der extra für das Event aus Finnland angereist ist, hinabstürzt, sich aber schnell wieder auf den Weg hieven kann und auf Nachfrage versichert, dass er in Ordnung ist, bis unsere Matschschuhe nach so verschiedenen Untergründen und Erlebnissen wieder Asphalt ertasten. Asphalt bedeutet: wieder eine Etappe überlebt. Was für ein Tag.

Zehneinhalb Stunden dauert es, bis zu den Freudentränen im Ziel und der anerkennenden Umarmung von David, was ich am Morgen für unmöglich hielt, die Königinnenetappe. 4000 Kalorien hat das gekostet, sagt mir meine Laufuhr.

Höchste Zeit, die Speicher aufzufüllen, sagt mir mein Magen. Zusammen mit anderen Trailhungrigen, inklusive dem fliegenden Finnen, plündern wir die Zielverpflegungsstände, während wir uns über den Tag austauschen. Auch die anderen Teams haben gelitten, genossen, geweint, gelacht, die Lauflustkurve verläuft eben in Wellen, die Erlebniskurve steigt stark an, genau wie ein angenehmes Sättigungsgefühl.

Gesättigt durch Nahrung, aber auch durch abwechslungsreiche Trails, Laufkilometer und gute Gesellschaft. In der Wirtschaft würde man den hier herrschenden Zustand wohl als Prosperität betiteln: Eine Konjunkturphase und damit einhergehender Wohlstand lassen Optimismus wachsen.

Wohlstand ist hier genau das: drittes Etappenfinish, reichhaltiges Büfett wie reichhaltige Gespräche mit interessanten Bekanntschaften. Unsere Trailrunningleidenschaft prosperiert hier in Mandarfen und der Ertrag heißt wohlig warme, Lächeln produzierende Glückseligkeit.

Mit eben dieser Glückseligkeit, die mich auch nach dem Lauf noch im Alltag begleiten wird, schlafe ich abends zufrieden lächelnd, die Berge als Symbol des Schaffens vor meinen Augen visualisierend und mit dem Wissen, dass Laufen ein Teamsport ist und ich Teil einer tollen Trailcommunity bin, ein. Das sind Gedankenpfeiler, die ich noch brauchen werde. Das war ja erst Tag drei von sieben. Und der TAR wäre nicht der TAR, wenn nicht täglich Krasses passierte.

TAG VIER - MANDARFEN NACH SÖLDEN - 32 KILOMETER

Die Streckenbeschreibung spoilert: Heute warten wunderschöne alpine Abschnitte inklusive Gletscherquerung auf uns. Meine Muskeln scheinen kapituliert und akzeptiert zu haben, dass es täglich Höhenmeter zum Frühstück gibt. Muskulär scheint alles ausreichend okay zu sein. Aber der Transalpine Run wäre eben nicht der Transalpine Run, wenn es nicht eine nächste Herausforderung gäbe, ob nun körperlicher, mentaler, emotionaler oder bergtechnischer Art.

Das energetische Erschöpfungslevel hat das gefühlte Maximum überschritten. Und die Höhenluft tut das ihre. Der höchste Punkt der Strecke liegt heute auf über 3000 Metern über Normalnull. Wir kämpfen uns in steinigen Serpentinen den Berg hoch.

Trotz sorgfältiger Kalorien- und Flüssigkeitszufuhr schwächele ich, werde nachlässig beim sorgfältigen Beineheben, bis plötzlich: DOCK, Plonk, mein Knie gegen einen Felsblock schlägt und mit sprudelndem Blutlassen reagiert. Die rote Quelle versiegt, meine mentale Batteriequelle nach dem Schmerzimpuls aber auch. Schmerzgeschunden, auf meine Laufstöcke gestützt, marschiere ich weiter.

Den von meiner Qual nichts wissenden David höre ich in der Ferne, weit über uns, gut gelaunt und von Energie nur so strotzend: „Julianeeeee, gib Gas!“, krähen und in freudiger Erwartung einer netten Erwiderung von mir auf seine gut gemeinte Motivation winken. Darauf kann er lange warten.

Den Blick verkrampft auf den Trail vor mir geheftet, im Gleichtakt der vor und hinter mir Aufsteigenden, kämpfe ich mit der Erschöpfung und wachsender Wut. Warum leidet David eigentlich so überhaupt nicht? Das ist doch nicht fair, denke ich erneut unfairerweise, mich in Missgunst suhlend.

Um die schlechten Gedanken zu kanalisieren, lenke ich die Aufmerksamkeit auf die wunderschöne Strecke um. Und die ist so richtig schön. Ich schlafe beim Laufen zwar fast ein, zwinge aber meinen Blick wieder, sich von dem steinigen Untergrund zu lösen und das alpine Gelände mit seinen hellgrauen, riesigen Felsgiganten, inklusive türkiser Bergseen, aufzusaugen. Und noch etwas gibt mir Kraft: Ich erkenne immer wieder, dass ich nicht allein mit meiner Erschöpfung bin, David mal ausgenommen.

Es lassen sich Szenen beobachten, die mir Kraft geben, meine letzte Kraft noch zu teilen. Auf einem Gipfel liegt eine Frau weinend und zitternd ihrem Partner in den Armen, der ihr über Hinterkopf und Rücken streichelt und ihr Mut zuspricht. Streicheln und ein paar nette Worte reichen aus und sie schleppt sich voran, in Richtung Gletscher. Stark.

Diese Frau macht mir Mut. Ich mache weiter, die Frau dankbar anlächelnd. Die Kraft zurückzulächeln, bringt sie auf, noch stärker. Meine Mentalbatterie ist wieder fast voll.

Diese Methode wende ich jetzt öfter als kraftspendende ein: Die Erkenntnis, das ein Lächeln fast immer gespiegelt wird, ist eine wichtige, denn Lächeln, also selbst lächeln wie angelächelt zu werden, wirkt genauso stark wie ein Zucker spendendes Gel.

Die Gletscherquerung bereitet mir Sorgen, denn Schnee, Kälte, geschmolzener Schnee und rutschiger Untergrund flößen mir Respekt ein. Respekt auf Kuhniveau. Schade, dass ich den Gletscher, anders als die Rinder, nicht umlaufen kann. Nach den ersten tapsigen Schritten auf dem eisigen Ungewiss, flutscht es.

David und ich rutschen teils auf dem Po, teils auf unseren Trailschuhen den steilen Schneetrail hinunter und haben nach der anfänglichen Angst sogar Spaß im kalten Weiß. Nach der Gletscherquerung quatsche ich mit der Teamkollegin Andrea und anderen Laufenden. Das bewirkt, dass die Zeit rennt. Zack, sind wir im Ziel.

Die zitternde Frau schafft es auch. Und zwar mit einem breiten, erleichterten Lächeln im Gesicht stolpert sie über die Ziellinie von Tag vier, von uns begeisternd klatschend in Empfang genommen. Hier wächst man über sich hinaus, scheint es.

David und ich geben uns High Fives und machen uns auf zur Pastaparty, den Tag Revue passieren lassen und Leute anlächeln, die alle, ob humpelnd, bandagiert oder nicht, spiegelnd zurücklächeln und die allgemein positive Atmosphäre noch verstärken.

TAG FÜNF - SÖLDEN NACH ST. LEONHARD - 40 KILOMETER

Am fünften Tag zeigt sich bei mir der Tribut des TAR.

Zunächst hat mein Körper Bock. Er hat das Konzept Etappenlauf kapiert und ich gewähre ihm, der Lust am Laufen nachzugeben: Ich gebe Gas. Kein Zügeln mehr, sondern laufen lassen. Das wird David und mein schnellster Tag werden und der tränenreichste. Wie das?

Zeit zum Quatschen an den Verpflegungsstationen muss trotz oder gerade wegen all des Hetzens sein. So beginne ich Unterhaltungen und bekomme interessante Geschichten zu hören.

Von Andi zum Beispiel, der mit seinem Papa Hans unterwegs ist. Hans hat den Startplatz zum Geburtstag geschenkt bekommen, und zwar zum 62. Geburtstag. Er ist schneller unterwegs als ich und wird übermorgen trotz Sehnenriss glücklich im Ziel ankommen. Oder von Elmar, der den Lauf kraft seines Spenderherzens laufen kann, genau wie er den Ironman Hawaii, also die Weltmeisterschaft im Triathlon, finishen konnte.

Jemand überholt mich mit dem Spruch: „Wer schneller läuft, ist eher da", und ich bleibe munter motiviert an dem Pacemaker dran und laufe so schnell wie noch keinen der Tage zuvor.

... bis es auf einmal knackt. Dock, PLONK. Och ne, schon wieder? Diese Geräusche verheißen NIE Gutes. Mein Laufstock zerbricht. Als sei mit dem Stock auch meine Stärke gebrochen, merke ich, wie mich das schnelle Laufen ausgelaugt hat.

Mein Körper reagiert auf das profane Ereignis mit Weinen. Und das Weinen nimmt mir die Luft zum Atmen. Meine Beine sehnen sich nach dem Wohlfühltempo der letzten Tage zurück. Judith, ASICS-Teamkollegin, die zufällig in meiner Nähe steigt, stimmt aus Solidarität ins Weinen mit ein. So viel Empathie stützt mehr als ein Stock. Wir weinen gemeinsam geradeaus. Nun nehme ich mir doch Zeit und muss mir eingestehen: Wer beim Transalpine Run zu viel Gas gibt, zollt ihm früher oder später seinen Tribut. Denn, auch das habe ich hier gehört und nun auch gelernt: „Hinten kackt die Ente", was heißen soll, dass das Rennen ganze sieben Tage lang dauert.

Klug läuft, wer nicht alle seine Körner schon an Tag vier oder fünf verschießt. Ich habe es verstanden. Vernünftigerweise schalte ich einige Gänge herunter und habe verstanden: „Wer schneller läuft, kassiert beim TAR eher ein DNF." Nicht ich, nicht heute. Zügeln und finishen – mein heute erlerntes Credo. Und noch etwas werde ich heute lernen: Missgunst rauslassen. Wieder höre ich David von einem Gipfel krähen: „Julianeeeee, gib Gas", und dieses Mal ist das der Tropfen, der das Fass überlaufen lässt.

Vor einer VP erwartet David mich und ahnt ja nicht, was sich in mir zusammengebraut hat. Ich herrsche ihn an, lautstark, warum er nicht mal warten kann, dass ich erschöpft bin und ihn als Teampartner brauche und zwar bei mir und nicht kilometerweit vor mir. Es bricht richtig aus mir heraus und das tut gut.

David, überrascht, beschämt, dass er mein Leiden nicht erkannt hat, entschuldigt sich kleinlaut und voller Empathie, versichert mir, dass das nicht mehr vorkomme und bittet mich, so etwas rechtzeitig zu kommunizieren, dann reicht er mir Schokolade. Voller Scham ob der ungerechtfertigten Wut muss ich mir eingestehen und ihm gestehen: Auch das ist typisch TAR-Tribut.

Die Erschöpfung in Kombination mit Unterzucker, Schmerzen und was noch so alles an einem Tag zusammenkommt, können Gefühle wie Wut, Überforderung und Missgunst wachsen lassen. Gut, dass ich einen so empathischen Teampartner habe. Nachdem wir das geklärt haben, läuft es rund beim Team Bruneß/Flacke. Muss es auch, denn es warten neue Herausforderungen.

TAG SECHS - ST. LEONHARD NACH SARNTHEIN - 36 KILOMETER

Bergauf, bergab, es erscheint einfach: Die Etappe besteht aus einem langen, steinigen Uphill, teils seilversichert, endend an einem Gipfelkreuz, der uns in eine Höhe mit Blick über ein fragmentiertes Wolkenmeer führt und uns so einen Blick über das italienische Sarntal gewährt.

Die zweite Hälfte bildet einen langen, technischen Downhill über riesige Granitblöcke wie über bröckeligen Glimmerschiefer, der unsere Sohlen und das Mesch an den Schuhen zum Glitzern bringt. Auf, ab und ins Ziel, das ist einfach und der inzwischen domptierte Körper performt wie geölt, immerhin übt er das seit sechs Tagen täglich für Stunden.

Heute höre ich Musik und gucke mir genießend das Glitzern, die Teams und den sich lang ins Tal schlängelnden Trail an. Der Weg scheint endlos, das Ende ist trotz weiten Blicks nicht zu erkennen, aber das ängstigt längst nicht mehr. Körper und Kopf sind einhundertprozentig im Ultratrailmodus. Sie sind angekommen in den Bergen, in der Bewegung, in dem Flow, in der Trailfamilie, im Team, in der Routine TAR.

Heute ist der erste und einzige Tag, an dem ich David auch mal ziehe. Will er nach meiner gestrigen Ansage guten Willen zeigen? Vielleicht. Zum Glück ist er entspannt, es macht ihm nichts aus, wenn er auf mich warten muss, genauso wenig wie es ihm nichts ausmacht, mal hinter mir zu traben. Er nutzt die Zeit so oder so zum Essen, Berge gucken, Instagram-Storys aufnehmen oder Witze erzählen. Schön. Nach meiner anfänglichen Missgunst haben wir uns zu einem harmonischen Trailteam entwickelt.

Inzwischen weiß ich es zu schätzen, dass ich einen Teampartner habe, der viel stärker läuft als ich – so kann ich mich auf mein Laufen konzentrieren, denn er braucht meine Unterstützung selten bis nie, er hat hauptsächlich Bock auf Rumwitzeln, eine gute Zeit in den Bergen zu haben und vor allem darauf, Carinas Verlobungsring in seinem Rucksack tagtäglich ein paar Kilometer näher an die Wartende heranzutragen.

Der sechste Tag verfliegt in null Komma nichts. Alles verläuft routiniert, rund, als hätten wir alle nie etwas anderes getan, als morgens aufzustehen, alpine Kilometer zu klamüsern und abends Pastapartys zu feiern. Wie wird sich das anfühlen, wenn das rum ist? Undenkbar und doch schon morgen, vielleicht.

Wann ist die Stimmung eigentlich vornübergekippt von „Ob wir jemals ankommen?“ zu „Lass das niemals enden“? „Das macht wirklich Spaß hier, ich würde gerne in eine TAR-Endlosschleife eintreten“, denke ich, als meine Augen, kurz bevor sie sich schlafbedingt senken, den glimmerschiefer-funkelnden ASICS zurückfunkeln.

Nicht nur sie sind erleuchtet, sondern auch ich in der Erkenntnis, dass Trailrunning der schönste Sport der Welt zu sein scheint. Nicht nur optisch schön, weil glitzernd, sondern facettenreich. Die verschiedenen Facetten Natur, Gemeinschaft, Herausforderung, Genuß in Gedanken fassend, schlafe ich ein.

TAG SIEBEN – SARNTHEIN NACH BRIXEN – 36 KILOMETER

Wird die Mission heute erfüllt werden? Es ist der letzte Tag, leider. Schon am Morgen merke ich die Melancholie der Ankunft neben Andächtigkeit, denn immerhin wartet heute Lebensveränderndes auf David und seine Freundin Carina.

Die Melancholie verdrängend, richtet sich der Blick auf die vor mir liegende Szenerie en coleur: Es ist ein sonniger, warmer, fast wolkenfreier Sommertag in den Bergen mit Gleichgesinnten. Oben leuchtet es blau auf uns herab, unten leuchtet frisches Grün, hellgrau glitzernder Fels und viele bunte Punkte, bestehend aus der farbträchtig durchmischten Klamottenvielfalt der Laufenden.

Die Strecke gewährt einen freien Blick auf die der TAR-Strecke gegenüberliegenden Dolomiten. Ciao, Italien. Genießen, Fotos machen, Zeit nehmen. An einer hölzernen Berghütte gönnen wir uns eine Bierpause mit anderen Laufenden, am letzten Check- und Verpflegungspoint einen Schnaps.

Wir traben, schnacken, lächeln. Alles Kriegerische ist Sanftmut gewichen. Längst sind wir nicht mehr Hannibal vor den Toren Brixens. Wir sind die TARler und der TAR endet heute. Das ist traurig, denn es bedeutet: Morgen sind wir keine TARler mehr. Morgen wartet Leere.

Bei den Gedanken zügele ich mein Traben, reduziere mein Tempo, um die Zeit auf den Trails etwas auszudehnen, einige Minuten herauszuschlagen und dennoch kann ich sie nicht anhalten, die TAR-Zeit wird enden.

Und zwar nach 51:41 Stunden, nach 267 Kilometern und 16.800 Höhenmetern erreichen wir die Finishline im italienischen Brixen. Unser

ASICS-Teamkollege Stefan fällt uns weinend in die Arme. Er hat wegen einer Knieverletzung aussteigen müssen. Die letzten Tage hat er uns an der Strecke unterstützt, auch hat er mir seine Laufstöcke geliehen. Jetzt brechen die Gefühle aus ihm heraus. Er wäre gerne auf der anderen Seite der Streckenabsperrbande. Nicht nur er lässt den Empfindungen freien Lauf. Der Zielbereich ist von weinenden, hysterisch lachenden, fluchenden, andächtigen, kichernden, die Tränen unterdrückenden und prustenden Menschen gespickt. Wo wir hinschauen: geballte Gemütswallung.

Und die wird noch potenziert: Es folgt Davids großer Augenblick. Die Mission. Er bekommt das Mikrofon des Moderators in die Hand gelegt und macht seiner Freundin Carina den geplanten Heiratsantrag. „Ja!" Es fließen mindestens genauso viele Tränen wie anschließend Champagner. Das ist ein schöner Abschluss. Hier sind viele glückliche Menschen auf einem Fleck.

Wir verweilen in der Zielzone und beobachten die Finisher bei ihrem großen Moment, dem Überqueren der Linie, die sie sich seit sieben Tagen herbeisehnen. Es ist ein einziges, spektakuläres Kino der Emotionen: Ein Mann bricht unter dem Zielbogen zusammen, einer läuft ein und weint aus voller Brust, eine ältere Frau lacht so herzlich und erleichtert, dass das alle ansteckt, sie strahlt die Menge an und wir spiegeln das zurück.

Manche setzen sich an die Bande, starren ins Leere, der Allverbundenheit der Ereignisse entrückt. Ein Paar wird von seinen kleinen Kindern empfangen, als Familie hopsen sie ins Ziel. Viele lachen, einige hinken auf ihren getapten, verarzteten Beinen ein, Judith ist sogar noch in der Lage, einen Freudensprung zu hüpfen. Respekt!

Hunderte Umarmungen finden statt. Ständig klatschen High Fives. Viele plumpsen einfach zu Boden. Einer rennt direkt zum Medical Zelt, um sich eine Infusion abzuholen, kurz bevor sein Kreislauf kollabiert. Schauen wir hier auf ein Kuriositätenkabinett oder auf eine eingeschworene Glaubensgemeinschaft? Jedenfalls auf ungezügelte, von innen nach außen transportierte Regungen.

Ein solcher Anblick wird einem in der Öffentlichkeit oft verwehrt; wer lässt Tränen freien Lauf, wenn alle Blicke auf einen geheftet sind, wer lacht so brüllend, dass er sich verschluckt, wer geht auf die Knie und senkt sein Haupt, wer schlägt die Hände vors Gesicht und dankt in Richtung Himmel, wenn jeder guckt?

Die Show ist toll mit anzusehen. Für viele ist das nicht nur das Abhaken eines Laufziels, sondern die Verwirklichung eines Lebenstraums, das liest man den Emotion gewordenen Gesichtern ab. Von 300 zugelassenen Teams erreichen 208 das Ziel. Von allen Anwesenden, ob Laufende, ob Zuschauende, nehme ich an, dass sie etwas vom großen Kuchen TAR mit nach Hause nehmen, und wenn es nur eine starke Gemütsregung ist.

VORBEI. AB NACH HAUSE

Auf der Heimfahrt sind meine Mitfahrerinnen und ich sentimental. Still in Gedanken verloren. Es läuft *Go solo* von Tom Rosenthal. Die Teamzeit ist vorbei. Ab morgen sind wir wieder solo unterwegs. Das Zurück von der Abenteuer- in die Alltagsblase fühlt sich befremdlich an. Morgen Abend gehen wir nicht gemeinsam auf eine Pastaparty? Trinken kein Zielbier? Hm. Das fühlt sich komisch an, aber na gut.

Dafür werden wir von den Erlebnissen, Geschichten und Bildern zehren. Noch Jahre später. Aber zuerst müssen wir wieder aus dem typischen TAR-Tief raus. Am besten mit melancholischer Musik. *Go solo.*

DAS WARUM

Warum tun sich Menschen diese Odyssee, diese Tortur, diese TAR-Woche an? Antworten von Mitlaufenden.

Ich bin hier zum Helden geworden. Nach einem TAR-Finish hat man keine Ausreden mehr im normalen Leben. Ich habe ja gezeigt, dass ich alles schaffen kann.

Weil ich es kann.

Das Erlebnis bleibt, der Schmerz vergeht.

Jeden Tag um die acht Stunden laufen? Ist doch genial.

No pain, no glory.

Ich habe hier meine Frau kennengelernt.

All-Inclusive-Urlaub über die Alpen, besser geht es nicht.

Für mich sind solche Extremläufe Abenteuer, ein Abtauchen in eine andere Welt, in eine Blase, für eine Woche und das Austesten des Körpers.

Der Reiz liegt in der Reise, auf die man sich begibt: Die bietet Erfahrungen, Erlebnisse und Erkenntnisse.

Sich über Berge und durch Motivationstäler zu kämpfen, kickt.

Genau, schön war es, es sind aber auch genug Erlebnisse und Erfahrungen für ein ganzes Laufleben. Es ist schön und reicht. Ich versichere mir, genau wie ich es mir 2016 schon sagte, dass ich es bei dieser letzten Teilnahme 2018 belasse.

… und wer hätte gedacht, dass ich 2019 erneut mit David die Ziellinie des Transalpine Run überqueren würde. Dieses Mal aber dann das letzte Mal, da bin ich mir ganz sicher. 2021 würde ich hinter der Streckenbande stehen, um meinen Mann Christian und seine Teampartnerin Judith zu supporten. Man kann es dann doch nicht lassen.

TEAMSPORT LAUFEN

Go solo? Außerhalb des TARs mache man das sowieso: Laufen sei grundsätzlich ein Einzelsport, ein Sport für Egoisten, eine Soloshow. Das ist jedenfalls der Glaubenssatz von Außenstehenden, die mir entgegengehalten wird und wir Laufende werden damit in eine Schublade geschoben. Stimmt das denn?

Ja, vordergründig schon: Bilder, auf denen Läuferinnen oder Läufer abgebildet sind, auf Instagram, für Werbekampagnen, suggerieren Laufen oft als Solosport. Wettkampfläufer finishen allein. Ultralaufende vermitteln gern das Bild des Einzelgängers. Wenn man Lust auf Teamsport habe, könne man ja Volleyball spielen gehen. Aber die Bilder erzählen nicht die ganze Geschichte.

Ich finde, Laufen ist ein Teamsport, definitiv und fast immer, und wenn man genauer hinter die Kulissen schaut, erkennt man das, auch unabhängig vom Team Run TAR. Was auf den wenigstens Laufbildern sichtbar gemacht wird, ist der Support der Familie, der Freunde, des Partners, der Eltern, die den Sport den Einzelnen möglich machen. Die Crew, das Team, die Supporter, die den Laufenden den Rücken freihalten, am Streckenrand stehen, im Ziel warten und damit Teil der Story werden. Aber selten abgebildet werden.

Dabei sind sie oft der Grund für Erfolge. Nehmen wir Davids Beispiel. Hätte seine Verlobte Carina ihn nicht unterstützt, sein Training zeitlich unterzubringen (die beiden führen ein Unternehmen), hätte er nicht am TAR teilnehmen können. Wäre Carina nicht, hätte David auch gar nicht erst am TAR teilnehmen wollen, denn im Grunde war seine einzige Motivation, den Verlobungsring für sie über die Alpen zu tragen, um ihr im Ziel einen Antrag zu machen, ihr, seiner Lebensteampartnerin.

Ohne sie wäre der Sport an sich witzlos. Und die Umsetzung der Vorbereitung und Durchführung ein Ding der Unmöglichkeit. Laufen ist kein Alleinsport.

Größer gedacht ist auch das Zusammenstarten bei Laufevents mit den hunderten anderen eine gemeinschaftliche Sache, ob die Einzelnen wollen oder nicht. Als Teil der Gemeinschaft wird aufeinander geachtet. So macht man das in einem Teamsport, der das Laufen nun einmal ist: Laufen ist selten ein EINS, meist mindestens ein ZWEI.

KAPITEL FÜNF

VIER – ULTRATRAIL MÜLLERTHAL UND DALMACIJA ULTRATRAIL

Renn oder verlier. Wenn ich renne, erlebe ich etwas. Selbst wenn ich renne und verliere, kann ich ganz schön viel erleben. In beiden Fällen bekomme ich die Möglichkeit, in verschiedene Universen einzutauchen. Nicht alle Universen liegen innerhalb der Komfortzone, viele Erfahrungen können sich im ersten Augenblick unangenehm anfühlen. Deswegen lautet die Frage: Will ich das?

Michael Arnstein, ehemaliger Ultratrailläufer, stellt in einem Vortrag vier Dimensionen, die vier Universen im Ultratrailsport, vor und ich rezipiere sie anhand des 112 Kilometer langen Müllerthal Ultratrails und des 118 Kilometer langen Dalmacija Ultratrails. Es sind vierphasige Odysseen, samt Scheitern und Siegen, vor allem aber ein Versuch, die Frage zu beantworten, warum Menschen auf die Idee kommen, so viele Kilometer zu laufen, am Stück, bergauf und bergab. Warum begeben sich Menschen immer wieder in diese fremden, teils unbequemen Welten? Arnstein bringt die Antwort auf vier Punkte.

Wie sich eine Sinfonie meist in vier Sätze gliedert, gebe es während jedes Rennens langer Art vier Phasen. Das Durchlaufen drei dieser Phasen sei unumgänglich, der vierten erstrebenswert (was aber nicht immer klappe), man solle sich besser auf sie einstellen und Strategien zurechtlegen, um sie zu meistern. Die Phasen seien jedenfalls dann zu durchlaufen, wenn man wirklich erfahren wolle, was Ultratraillaufen sei.

Die erste Phase: das Physische.
Die zweite Phase: das Mentale.

Die dritte Phase: das Emotionale.
Die vierte Phase: das Spirituelle.

Arnstein beschreibt das Ultratraillaufen als Existenzzustand, er betrachtet das Laufen philosophisch.

PHASE EINS

Die offensichtliche Phase. Der Körper arbeitet physisch. Die Muskeln sind im Vorhinein des Wettkampfs trainiert worden. Ergo, ich bin physisch fit, wenn ich an der Startlinie stehe. Also renne ich mit vollem Körpereinsatz in mein Rennen und eine Weile funktioniert das so. Der Oberkörper, der Rumpf, die Beine – alles arbeitet zusammen und läuft. Es ist die natürlichste Form für den Menschen, sich fortzubewegen.

Irgendwann während jedes Ultratrails kommt der Punkt, an dem der Körper nicht mehr weiterlaufen will. Das kann bei manchen Menschen bei Kilometer 20 eintreten, bei anderen bei Kilometer 100. An diesem Punkt jedenfalls überschreiten die Ultralaufenden Stadium eins.

Die meisten Menschen stoppen hier, sie wollen nicht in die nächste Phase übertreten, sondern hören auf ihren Körper. Wie fühlt sich das an? Vielleicht ist es das Erleiden von Schmerzen, schweren Beinen, Muskelkrämpfen oder all das. Der Körper signalisiert mit hundertprozentiger Sicherheit bald: „Hör auf, das ist ein Befehl."

Aus berechtigter Sorge um die Sicherheit ob der körperlichen Gesundheit wird der Körper streiken wollen. Das ist sein Job, dieses Verhalten sichert im normalen Leben das Überleben, also sollten wir es ihm nicht übel nehmen, er funktioniert einfach gut.

Klar ist, dass Ultratraillaufen kein Gesundheitssport ist, daher muss der Übergang in Phase zwei stattfinden, wenn hier noch nicht aus dem Rennen ausgestiegen werden soll. Was das Übertreten in Phase zwei erfordert? Entschlossenheit.

PHASE ZWEI

Das Mentale. Ab hier übernimmt der Kopf. Der Körper sagt: „Nein“, der Kopf übernimmt an der Stelle, indem er schreit: „Ja!“ Und er setzt alles daran, den kapitulierenden Körper weiterzutreiben. Ab jetzt wird mit dem Kopf gelaufen. Das braucht viel Erfahrung.

Der Kopf wird, berechtigterweise, fragen: „Warum tue ich das? Das ist nicht gesund. Es tut weh. Warum höre ich nicht auf? Das ist unlogisch, was ich tue, sinnfrei.“ Den Zustand zu überwinden, ist herausfordernd, aber wenn ich die Vorteile des Ultramarathonsports erleben möchte, muss ich da durch.

Wie geht das? Hier sind der Fantasie keine Grenzen gesetzt. Ein Szenario simulieren, in dem es Sinn macht, weiterzulaufen oder die Konzentration auf das Ziel richten oder durch Geschichten manipulieren, die antreiben (Stichwort *simulierte Unbedingtheit*).

Die Gedanken sind frei und grenzenlos. Grenzenlos? Nein, irgendwann wird auch der Kopf sein Limit erreichen. Das beste Mentaltraining stößt an seine Grenzen. Das ist bei jedem langen Rennen dasselbe. Dann kann man auch nicht mehr mit dem Kopf weiterlaufen, dann braucht es das Herz.

PHASE DREI

Das Emotionale. Der Körper ist erschöpft, die Gedanken sind ausgeschöpft, man denkt inzwischen nur noch: „Ich will aufhören, das stinkt, ich hasse Laufen.“ Es braucht etwas Neues, das mich am Laufen hält. Wie durchbrechen wir diese Barriere? Emotionen schaffen das. Wie das?

Arnstein ruft sich in diesen Momenten auf: „Wenn ich weitermache, wird es besser werden. Ich kann das Ziel erreichen, denn ich bin stark.“ Das emotionale Stadium ist erreicht. Das nennt man „mit dem Herzen laufen“ – Der Körper schreit: „Nein“, der Kopf schreit: „Nein“, aber die Emotionen treiben uns weiter.

Manchmal weint Arnstein in dieser Phase, was er als enorme Entlastung erfährt. Das sei sehr intensiv. Eine sehr intensive, verbindende Erfahrung mit dem Selbst und mit der Umgebung (Stichwort *Resonanz*). Er akzeptiert und würdigt die Tatsache, dass er hart leidet. Er wertschätzt es regelrecht.

Er empfindet es als Privileg, hier zu sein, denn nur wenige Menschen erreichen dieses Stadium und dürfen diese Erfahrung machen. Er wird dankbar. Das ist auch der Grund, weswegen er sich immer wieder in diese Lage bringt: Hier fühlt er eine enge Verbindung zu sich selbst. Es fühlt sich ursprünglich an, es fühlt sich richtig und gut an.

Wie durchschreiten wir also Phase drei? Emotionen zu- und herauslassen. Weinen, schreien, lachen; alles ist erlaubt und während eines Ultramarathons alles andere als ungewöhnlich. Weinende Menschen, hysterisch Lachende oder Wütende gehören zum ganz normalen Bild der Szenerie dazu (Stichwort Elias'sche sozial akzeptierte Erregung).

Wir laufen mit dem Herzen. Emotionen fressen allerdings auch Energie. Die wird irgendwann verbraucht sein. Dann müssen wir Phase drei verlassen, ansonsten wäre das Rennen hier zu Ende.

PHASE VIER

Das Spirituelle. Die finale Phase des Ultralaufens. Diese Phase fasst alle Phasen zusammen, sie bildet eine Klammer um sie. Das Physische ist auf dem Höhepunkt, der Körper gibt alles, was er kann, der Kopf treibt uns zu absoluten Grenzen und darüber hinaus an, wir rennen mit deinem Herzen, mit Emotionen. Das alles zusammen bildet die spirituelle Existenz, beschreibt Arnstein. Das nennt er nun Ultrarunning. Es passiert allerdings nicht oft. Nicht bei jedem langen Lauf gelingt es, sich den Eintritt in Phase vier zu verschaffen.

Spirituelles ist schwer greif- und definierbar. Aber wenn es passiert, soll es wie eine außerkörperliche Erfahrung sein. Arnstein: „Wenn man für zwölf Stunden oder länger läuft, immer weiter macht, wenn es keinen logischen Grund gibt, das zu tun, der Körper sagt Nein. – Gerade das sei die Schönheit in der Sache selbst. Im alltäglichen Leben sind wir kreativ, wir bauen, schreiben, arbeiten, immer auf ein Ziel hin. Aber im Ultrasport ist manchmal gar kein Ziel da, man weiß oft gar nicht, warum man das tut und das zu akzeptieren, dass das okay ist, darin liegt Schönheit. Eine Reise ins Ungewisse, Unkontrollierbare (Stichwort Elias zu Kontrolle).

Die Sache hat keinen Zweck. Außer zu laufen. Es ist so simpel. So natürlich und ursprünglich. Das muss man erleben, um es zu verstehen", schließt er seinen Vortrag ab.

Er sagt auch, dass sich, seitdem er diese vier Stadien immer wieder sucht und erlebt, sein Leben enorm verbessert habe. Seine Bedürfnisse im normalen Leben seien einfacher geworden, er sei zu einer glücklicheren Person geworden. Ultratrailrunning sei eines der besten Dinge, die er im Leben erleben dürfe. D'accord.

Das Gesagte klingt derart spirituell, dass ich an religiöse Erfahrungen denken muss. Ist Laufen in Phase vier wie Beten? Stephan Schneider von der Deutschen Sporthochschule in Köln sagt: „Es geht in beiden Fällen um eine Auszeit von der Welt", oder vom Weltlichen, sagt Schneider, Theologie und Sportwissenschaftler, der Laufende und Betende mit wissenschaftlichen Methoden untersucht und unter anderem Hirnströme gemessen hat.

„Beide können vergleichbare Erfahrungen machen", lautet sein Ergebnis, „es werden die gleichen Hirnareale aktiviert, Stressparameter nehmen ab, die Menschen fühlen sich besser." Betende geben an, ihren Körper besser wahrzunehmen, Laufende berichten über Bewusstseinserweiterung – Beten hat also auch eine körperliche Wirkung und Laufen eine geistige.

Wie fühlen sich die vier Phasen in der Praxis an? Für mich so.

SCHÖNHEIT DES SCHEITERNS: UTML

Es ist Freitag, na klar, wie soll es auch anders sein (werde ich später denken), Freitag, der 13. im September. Kurz vor Mitternacht stehe ich auf Echternachs Marktplatz in Luxemburg beim Start des 112 Kilometer langen UTML, dem Ultratrail Müllerthal.

In einem Interview für den luxemburgischen Fernsehsender *RTL* kurz vor dem Start antworte ich auf die Frage des Journalisten hinter der Kamera nach meiner Erwartung an das bevorstehende Rennen: „Sieg oder DNF", was, ich weiß, ganz schön überheblich ist. Aber ich bin überselbstbewusst.

Für meine Verhältnisse bin ich fit, so fit wie nie zuvor und das Teilnehmerinnenfeld ist überschaubar. Dieses Jahr habe ich zwar, wie immer, keinen Trainingsplan umgesetzt, aber dafür so viele Kilometer gesammelt wie noch nie: Der 280 Kilometer lange Trans Atlas Marathon liegt hinter mir, etliche Touren in den Alpen, außerdem der 270 Kilometer lange Transalpine Run. Der ist erst fünf Tage her.

Diese Vorbelastung könnte ein Problem sein und zum DNF führen. Wird sie unerwarteterweise nicht, aber etwas anderes wird zum Problem werden und zum Scheitern führen und meine Worte mit Scham strafen.

PHASE EINS BEIM UTML

Warme Luft streichelt beim Einatmen die Nasenflügel. Unüberriechbar sind Sommer und Ultratrail. Ob man Ultratrail riechen kann? Ich meine schon. Ich habe gelernt, dass die Nase bei Wärme etwas besser durchblutet wird.

Hanns Hatt, Zellphysiologe und Geruchsforscher, wird von der *Süddeutschen Zeitung* so verstanden, dass bei wärmeren Temperaturen mehr Duftmoleküle in der Umwelt freigesetzt werden. Ja. Wäre ich für einen Moment blind und taub, dann wüsste ich über meine Nase trotzdem, dass ich im Startbereich eines spätsommerlichen Ultratrails stünde. Getragene Trailschuhe riechen, die Reste von Sonnencreme auf den Sportlerkörper riecht, die Isogetränke im Startbereich riechen, die Ernsthaftigkeit riecht.

Wie das? Es ist der Anspannungsschweiß, den man wahrnimmt, vermengt mit dem frischen Geruch von Weichspüler. Ein spezieller Duft ist das. Der Kontext, in dem Schweißgeruch nicht abstoßend anmutet, ist hier. Die Leute sind aufgeregt, nehmen das bevorstehende Rennen ernst, deswegen schwitzen sie und das riecht man eben.

Ich mag das sehr. Hier geht es um etwas. Einen Ultratrail zu starten, ist keine Nebensächlichkeit. Es ist mutig, ernsthaft, aufregend und diese Adjektive können wir hier witternd erfahren. In der Summe bildet all das den klassischen Sommerultratrailgeruch. Statt in der Sonne, die gar nicht scheint, schmoren wir gemeinsam in der Anspannung.

Hatt sagt außerdem, dass die Gerüche, die wir abspeichern, von unserem individuellen Erleben und unserer Lebensumgebung geprägt und tief in der unbewussten Erinnerung verwurzelt sind. Gerüche dringen sofort und ohne große Umwege in einen für Emotionen wichtigen Teil des Gehirns, das limbische System und aktivieren den Hippocampus.

Riechen wir sie wieder, kehren die Erinnerungen zurück. Und die Emotionen mit ihnen, hi, Madeleine-Effekt. Daher wünschte ich, dass ich den Geruch konservieren könnte, in einem wiederverschließbaren Glas. Bei Bedarf würde ich immer wieder einmal eine Nase davon nehmen.

Er löst in mir ein freudiges Kribbeln aus, das die Beine erst zum Zucken, dann zum Wippen oder Trippeln bringt und wie Bläschen durch den Körper sprudelt, den Kopf erreicht, wo sie Euphorie auslösen. All die Erinnerungen an die vielen Erfahrungen auf den Trails steigen mit dem Geruch bläschenartig auf. Intensive Erfahrungen schaffen intensive Emotionen. Der Geruch kitzelt sie wach. Ein unverkennbares Ultrakitzeln. Ich will direkt loslaufen. Gierig inhaliere ich die warme, geruchsgetränkte Luft und nehme, was Nase und Hippocampus zu fassen kriegen.

Braun gebrannte, eingeschmierte und rasierte Waden werden vom Mond reflektierten Licht sichtbar gemacht, teils tätowiert. Der Sommer war lang. Der Sommer ist bald vorbei. Aber heute berührt er noch einmal die Sinne. Alle tragen kurz-kurz, viele Männer lang-lang, also lange Haare und langen Bart, wie es in der Trailszene gerade erforderlich scheint. Auf der Stirn jedes Startenden ist eine Stirnlampe positioniert, auch erforderlich.

Der Marktplatz ist beleuchtet und die Straßen sind vom hellen Mondschein bestrahlt. Wir werden in den dunklen Wald laufen, hinein in das wilde Müllerthal, auch luxemburgische Schweiz genannt. Wir werden Sandsteinhöhlen durchqueren und den Naturpark bei Nacht erkunden.

Auf dem Marktplatz in Echternach herrscht reges Treiben. Interviews werden geführt. Französisch, Deutsch, Englisch? Zu mir dringt ein internationaler Sprachbrei durch diffuse Hintergrundmusik. Supporter klären letzte Fragen mit ihren Schützlingen. Startbereite unterhalten sich. Manche streben nervös von A nach B. Andere checken noch einmal ihr Equipment. Nervöse Finger wurschteln an Rücksäcken, Schnürsenkeln und Stirnlampen.

Stimmengewirr, Getrippel, Reißverschlussschließen, der Aufprall von Laufstöcken auf Kopfsteinpflaster und Klettverschlusskleben, alles dringt an mein Ohr, beruhigt und motiviert mich zugleich. Ganz normale Pre-Ultratrailgeräusche. Das ist wohlbekannte Musik in meinen Ohren.

Könnte ich nicht riechen und sehen, wüsste ich per Ohr, dass ich gleich einen Ultratrail laufen werde. Auch die Ultraakustik würde ich gerne konservieren, aufnehmen und abspielen, wenn ein Lauf ansteht. Play, Augen schließen, lauschen. Diese Geräusche schüren etwas in mir. Und dann befeuern sie mich.

Die Wärme verwöhnt die nackten Beine. Weich fühlen sich die Muskeln dank des Saunaeffekts an. Meine Jacke, hauchdünne Beschaffenheit, ist überflüssig beziehungsweise bewirkt einen Überfluss: Ich merke, wie sich der Schweiß unter ihr staut und über meinen Trizeps abfließt. Die Nacht hat es nicht geschafft, die erhitzte Spätsommerluft herunterzukühlen.

Die Oberschenkelmuskeln spannen sich, wie in freudiger Erwartung, immer mal wieder an, als wären sie heiß aufs Rennen. Sie wissen genau, was sie erwartet. Das ganze Jahr über sind sie konditioniert worden, beim Startschuss loszuschießen, zu funktionieren und zwar so lange, bis die Ziellinie erreicht ist.

Oft haben sie dabei gekrampft, ein stiller, schmerzhafter Protest gegen die stundenlange monotone Bewegung, letztendlich haben sie sich aber jedes Mal aufs Neue ergeben und sich mit der Zeit angepasst, sind an jeder Herausforderung gewachsen. Ich kann mich inzwischen auf sie verlassen. Ich weiß: Wenn ich genügend trinke und esse, dann danken sie mir das und tun ihren Job fleißig und verlässlich. Bitte auch heute wieder und beiße bestärkend in einen Müsliriegel.

Kurz vor Mitternacht habe ich neben Müsliriegel den Geschmack von Kaffee im Mund. Das ist ungewöhnlich, aber sinnvoll. Es verschafft mir ein Gefühl, als sei ein unverbrauchter Morgen angebrochen, ich noch frisch. Es schmeckt nach Tatendrang, nach Losgehts und nach Bereitsein. Koffein ist ein wichtiger Begleiter, ein überzeugender Freund auf dem Weg zum Ziel.

Immerhin werde ich die ganze Nacht wach bleiben müssen, um durchzulaufen. 112 Kilometer zusammenzusammeln, das dauert. Auch meine Kohlenhydratspeicher sind gefüllt. Anders als sonst, habe ich die letzten Tage statt Gemüse Reis, Nudeln, Kartoffeln und Müsli in mich hineingeschaufelt. Auch das ist sinnvoll.

Jede kohlenhydratlastige Kalorie wird zu Glukose transformiert und die wird von meinen Mitochondrien zu Energie umgewandelt. Davon wird mein Körper die nächsten Stunden sehr viel brauchen. Kalorien sind, mehr noch als Koffein, meine allerbesten Freunde auf der Reise zum Ziel.

Im Vorraum jedes Ultratrails, im Startbereich, sind wir in einer Welt zwischen Erwartungen, Hoffnungen, Ängsten vor der Linie und Anstrengung, Ergebnisoffenheit, Erlebnis hinter der Linie, gefangen. Vor der Startlinie ist mir, als stünde ich vor mir selbst. Mit ihrem Überschreiten beginnt die Reise, auf der ich mich und meinen Körper ein bisschen besser kennenlerne.

Auf einmal nimmt der Lärmpegel ab, es wird still, während erwartungsvolles Schweigen laut wird, bis der Startschuss fällt. Als hätte der Schuss mich selbst getroffen, vibriert mein Körper, mein Daumen drückt den Startbutton auf der Laufuhr an meinem rechten Handgelenk. Simultan beginnen die Oberschenkelmuskeln ihren langen Arbeitstag höchst alarmiert und motiviert.

Wie bei John Bonhams legendärem Schlagzeugsolo in *Moby Dick* (LED ZEPPELIN II) hämmern statt Drum Sticks und Händen meine Sohlen erst auf Kopfsteinpflaster, dann auf Teer. Jede Erschütterung beim harten Aufprall ist gewollt, gleich der Reaktionen und Emotionen des Publikums, das erschüttert, bewegt, mitgerissen werden soll. Die anderen Bandmitglieder, äh Mitlaufenden, stimmen mit ein. Tab, tab, tab, tab, dödümm, dödümm, dödümm.

Aus meinem Solo erwächst ein Song, aus vielen Songs ein Konzert, aus vielen Konzerten eine Tournee. Aus den vielen Schritten wächst ein Kilometer, aus der Kilometersumme ein Wettkampf, aus der Wettkampfserie, mit teils tagelangen Etappen-Ultratrails, ein Erfahrungsschatz. Es fühlt sich gut an, wenn der Körper arbeitet und funktioniert, wie ein melodisches Musikstück klingt er fort, tönt über den Untergrund, fügt sich dem Rhythmus des Weges. Das ist stimmig.

Als wäre er für nichts anderes als das Laufen gemacht. Als wäre das Laufen eine Kunst. Das ist ja auch so, oder? Wir segnen den Asphalt unter unseren Trailschuhen und biegen ins luxemburgische Müllerthal ab.

Die Forelle im Strom, unter vielen Forellen, voll in ihrem Element, ist auf der UTML-Strecke. Um mich herum mein mir vertrauter Schwarm, die Traillaufenden, Mikroabenteurer, die Gnuherde. Im Gänsemarsch biegen wir auf einen schmalspurigen Trail ab. Vor mir schnauft jemand so angenehm angestrengt, dass ich mich bergauf an seine Waden klebe.

Hinter mir schnauft jemand in meinen Nacken. Ich sehe, höre, rieche euch. Tipptopp. Auf die Ohren packe ich mir nach einigen Kilometern meine liebste Metalmusik. Nach Kohlenhydraten und Koffein die Nummer drei der wichtigen Dinge, die mich auf dem Weg ins Ziel unterstützen sollen.

Ab jetzt heißt es abrufen, was geht. All in. Rennen, was das Zeug hält. Es ist ja ernst, es geht um 112 Kilometer. Ums Durchkommen, ums Überleben, ums Siegen? Ich kann das, da bin ich mir sicher. Teer wird zu Trail, Trail ab und zu wieder zu Teer, Stopp an einer Verpflegungsstation, Kohlenhydrate auffüllen, Koffein zuführen, Musik lauter schalten, weiterlaufen.

Vom Mondschein ausgeleuchtet, laufen wir über Felder. Das gleißende Licht hinter uns lassend, verschwinden wir wieder im zappendusteren Wald. Dem Tempo tut das keinen Abbruch. Mein Körper kämpft mit allem, was er hat. Jeder Muskel kontrahiert. Der Magen rebelliert. In der Versteckheit des Waldes muss ich spucken. Mageninhalt füllt meinen Mund, ich übergebe ihn dem Wegesrand. Zu hastig habe ich nach der VP getrunken und gegessen, während ich weiterlief. Nachspucken, Mund abwischen, weiterlaufen.

Leider ist der Geschmack von Kaffee nun Vergangenheit. Der Geschmack von Erbrochenem macht alles noch abenteuerlicher. Ich mag das. „Was bin ich doch für eine Haudegin“, denke ich stolz, „spucken müssen und währenddessen weiterlaufen, das hätte ich vor ein paar Jahren auch noch nicht gedacht, dass ich so drauf bin.“ Danke, lieber Körper, dass du das mitmachst, ermüdet hin oder her.

Ich bleibe dennoch im melodischen Rhythmus des Trails, ich, die kleine Note zwischen den vielen Noten. Aus der Gesamtheit entsteht etwas den einzelnen Ton Erhebendes, es entsteht eine Trailsinfonie. Es klingt, äh, läuft.

PHASE ZWEI BEIM UTML

Das Feld lichtet sich. Die Stirnlampen einiger vor mir laufender Männer kann ich manchmal durch das Waldgestrüpp aufblitzen sehen. Oder ist das Gestrüpp lichtundurchlässig und das Blitzen sind die Augen lauernder Wildtiere, die von meiner Stirnlampe reflektiert werden? Hoffentlich nicht. Wie gruselig ist das bitte?

Ich bin von allen Seiten vom Unterholz umzingelt, wer weiß, was in der Dunkelheit hockt. Die Schwärze bietet Raum für viele Vorstellungsvariationen, wie das Rascheln, das ans Ohr dringt. Ein Ast streift meinen Arm, als sei er eine knöchernde Klaue, die mich zu fassen versucht. Stopp! Schnell die eine Nummer zu gruseligen Gedanken ablenken.

Ich weiß, dass ich die führende Frau bin, vor mir rennt keine. Die Nummer zwei befindet sich sicher hinter mir, irgendwo hinter mir. Nah oder Kilometer weit weg? Das weiß ich nicht, ich kann sie weder sehen noch hören. Es ist, als sei ich mitten im Schaf-Wolf-Spiel, das ich aus Kindertagen kenne: Jemand rennt hinter mir her, das heißt, ich werde verfolgt, jeden Augenblick kann die Konkurrenz aufschließen, die Feinde mich überholen und das will ich partout nicht, also renne ich, ums Überleben.

Eine Verfolgungsjagd zu simulieren, sich in die Vorstellung hineinzusteigern, bereitet mir Freude und lenkt von den müden Muskeln ab. Zunächst bereitet die simulierte Unbedingtheit natürlich Angst – wer wird schon gerne verfolgt, mitten in der Nacht in einem dunklen Wald irgendwo in der Fremde –, aber die Angst wird schnell zur Angstlust, die es zu potenzieren lohnt.

Denn wenn man die Gedanken weiterspinnt, ausschmückt, übertreibt, dann wird daraus ein mentales Spiel, das mich über Stunden beschäftigen kann, ablenkt und voranpreschen lässt. Aus mir wird ein Schaf, aus der zweiten Frau der Wolf, aus dem gesamten Teilnehmerfeld hinter mir eine Wolfsmeute und aus dem Ziel der rettende Schafsstall.

Treibjagd. Als Schaf galoppiere ich überzeugt, müder Körper hin oder her, ums Verderben. Ich schrecke regelrecht aus der Müdigkeit auf und lausche, lausche, meine Musik kurz gemutet, aufmerksam in die Stille hinein: Nichts. Die Stille ist trügerisch, denn ich weiß: Hinter mir prescht die Meute Wölfe her, mir dicht mit ihren Fängen auf den Fersen. Oder auch nicht nah, aber klar ist, dass sie kommen wird.

Haben sie schon meine Witterung aufgenommen? Ich muss den Angriff vermeiden. Erreichen sie mich, bin ich geliefert. Dann zerbeißen, zerreißen, zerfleischen sie mich. Denke ich und lasse meinen Gedanken zügellosen Lauf. Laufschritt für Laufschritt pirschen sie sich an meinen schutzlosen Rücken heran. Manchmal, zwischen zwei Liedern aus meiner Playlist, höre ich ein Knacken im Dickicht. Sind sie das? Nein, das kann nicht sein, die Wölfe würden doch auf der vorgegebenen Strecke bleiben. Sonst droht ihnen die Disqualifikation.

Raubtier hin oder her: Reißende Zähne schützen vor Strafe nicht. Es gibt Regeln für alle zu beachten, ob Schaf oder Wolf. Das Gehölz darf ich mir nicht als Gefahrenpol ausmalen, sonst wird das Gedankenspiel zu gruselig, es muss im Rahmen des Aushaltbaren, des Motivierenden bleiben.

Schafe sollen eine Höchstgeschwindigkeit von 24 Kilometern pro Stunde schaffen können. Nicht schlecht als Skill für eine Hetzjagd. Und sie sind nun einmal Fluchttiere, das zügige Fliehen liegt in ihren Genen, die ich zu meinen mache. Ich fliehe. Im dunklen Wald sind solche Vorstellungen beängstigend antreibend.

Ein Kribbeln durchfährt meine Magengegend. Am liebsten würde ich nicht laufen, sondern sprinten, ihre Zähne will ich nicht in meinen Waden spüren. Meinen Laufschritt fast zügelnd, damit ich nicht übertreibe und unnötig Körner verschwende, fährt mein Kopf fort. Im Schutz des schwarzen Waldes kann ich zwar die Verfolger nicht sehen, aber sie können auch mich nicht erkennen. Der Wald ist Gefahren- und Schutzzone zugleich.

Die Strecke verlässt den Wald, führt auf ein offenes Feld, einen sichtschutzlosen Ort. Oh, oh. Hier muss ich besonders vorsichtig sein. Um nicht erspäht zu werden, knipse ich das Licht meiner Stirnlampe aus. Der mich von Weitem ortende Lichtkegel erstirbt und damit die Bedrohung gesehen zu werden, erst einmal.

Dunkelheit breitet sich aus, alles wird schwarz, bis die Augen sich an das Nachtlicht und die Helligkeit des Mondes gewöhnt haben, die den Weg sichtbar werden lässt. Für andere, für die Meute, bin ich unsichtbar. Mann, was bin ich für ein schlaues Schaf.

Schafe, das weiß ich, sind in der Lage, bewusste Entscheidungen zu treffen. Ihre Gehirngröße und Struktur gleicht dem einiger Primatenarten. Das passt ja. Sie haben ein weitgefasstes Blickfeld von 270 bis 320 Grad. Dadurch können sie beinahe alles um sich herum sehen, ohne den Kopf drehen zu müssen. Das hilft ihnen, Raubtiere frühzeitig zu erkennen.

Gut, auf die Fähigkeit kann ich nicht zugreifen, da wäre mir ein echtes Schaf um einiges voraus. Aber ich kann es mir ja vorstellen. Meine Musik leiser gestellt, spähe ich halb nach hinten. Achtung, bloß nicht stolpern jetzt. Die weit aufgerissenen Augen bestätigen: niemand da. Kein Kratzen von Krallen, äh, keine Trailsohlen auf Feldweg sind zu vernehmen, kein Stirnlampenschein zu erkennen.

Ich möchte mir vorstellen, dass ich einen Vorsprung erlaufen habe, das spornt mich an und verschafft mir das Gefühl von Erleichterung nach all den anspannenden Gedanken. Mit jedem Schritt baue ich den Vorsprung aus, zumindest in meinem Kopf bin ich allen kilometerweit voraus. Jedes Abstoßen vom Feldboden ein Landgewinn.

Wieder auf den dichten Waldschneisen angekommen, schalte ich mein Kopflicht ein. Bei einem Sturz würde die Meute, bestehend aus Unzähligen, sich an meine Kehle werfen, mich reißen, denn sie sind alle kräftig und ich schmächtig, flauschig, sie würden mich zwischen ihren Zähnen zum Stillstand bringen, dann links liegen lassen, nur um vor mir ungehindert ins Ziel zu hetzen.

Das arme Schaf. Das darf nicht sein. Es will leben. Ich will leben. Ich will laufen. Mental in die Atmosphäre einer großen Gefahr geraten, beschleunigt sich mein Schritt. Stopp, Moment, nicht überpacen, dann würde ich bald schlapp machen und dasselbe Szenario wie nach einem Sturz träte ein: Ende, Tod, aus und vorbei. Es ist ein schmaler Grat.

Man muss den Fokus behalten, konzentriert bleiben, insbesondere als schwaches Schaf. Schwach, aber dafür schnell und schlau. Diese Vorteile muss ich zum Überleben ausspielen. Mäh. Die Bedrohung ist real, zumindest in meinem Kopf.

Gedanken spinnen kostet Energie. Und die sickert wie Staub durch eine Sanduhr, wird rarer, droht zu versiegen. Das Gedankenkarussell dreht sich langsamer, die Schafsimulation funktioniert immer weniger gut. Ich brauche Neues, das mich pusht.

Bin ich lieber der Wolf im Schafspelz? Einen Versuch ist es wert: Rollentausch. Dann verfolge ich eben, statt verfolgt zu werden. Wo seid ihr? Ich hole euch ein. Lauft. Meine Tritte werden stärker. Fester und aggressiver. Habe ich eben echt die Zähne gefletscht? Peinlich, wie ich mich hier reinsteigere. Egal, sieht ja niemand. Ich bin ein Wolf und die können eine Höchstgeschwindigkeit von bis zu 60 Kilometer pro Stunde erreichen, mehr als doppelt so schnell wie ein Schaf.

Ha! Dieser Skill gibt Selbstbewusstsein. Ich wolfe mich schneller als zuvor voran. Die Vorstellung, wie ich zügig zu den anderen, den Schafen, aufschließe, zieht. Und ich bin hungrig. Als wäre ich ein an einer unsichtbaren, straff gespannten Hundeleine befestigter Wolf, werde ich vorwärtsgezogen, hetze ich über die Waldtrails, nehme die Kurven schnittig und schaue bei jeder Abbiegung, ob ich die vor mir Fliehenden schon erspähen kann. Kurve, optisches Abscannen, nichts, noch nicht, aber bald. Bald habe ich euch. Lauft und seht euch lieber nicht um, ich bin euch auf den (Achilles-)Fersen.

Mit fortschreitender Zeit ist es so, als verdünne sich mein Wolfsfell, das Zähnefletschen kommt mir mehr als albern vor und bald laufe ich ganz kahl und nackt, ich bin wieder Juliane, felllos, die Fantasie hat ihr Ende gefunden, ich habe keine Energie mehr dafür. Kein Fliehen, Verfolgen,

Pirschen, sondern Trotten, ich verfalle in den müden Ultratrailschlurf mit leergedachtem Kopf und abgelaufenen Beinen. Es hat sich ausgewolft.

Die Liebe zum Trailrunning ist eine oszillierende; gerade noch liebte ich das Laufen, fühlte mich in meinem Element, lebendig und voller Leidenschaft, bis die Stimmung kippt, hinüber in Phase drei.

PHASE DREI BEIM UTML

Der Körper ist längst ermüdet, die Muskeln schwächeln, die Kopfleistung erstirbt, der Kopf ist so leer wie vollständig vakuumiert. Das ist nicht neu, das ist jedes Mal so. Irgendwann hört es auf, Spaß zu machen. Irgendwann hören die eigenen Gedanken auf. Ich habe keine Lust mehr, es widerstrebt mir, weiterzulaufen.

Dinge, die ich lieber tun würde als laufen? Eigentlich alles. Für negative Gefühle ist leider noch Raum. Warum tue ich mir das an? Immer wieder. Ich will nicht mehr, das spüre ich wie einen inneren Imperativ: Hör auf, hör auf, HÖR AUF.

Dagegen gibt es ein Mittel, lang bewährt, das bei jedem Ultratrail zum Einsatz kommt: Death Metal, und zwar laut. Die Musik fängt mich emotional auf, wenn der Körper und der Kopf abgelaufen sind, mich am Weiterlaufen hindern wollen beziehungsweise nicht mehr in der Art erreichbar sind, in der ich sie bräuchte.

Statt selbst zu denken, lasse ich mich von fremden Gedanken beschallen. Sie übernehmen den Job meines Kopfs und, in Arnsteins Worten formuliert, berühren mein Herz. Ihre Texte werden zu meinen Mantren. Bei Bands wie The Black Dahlia Murder, As I Lay Dying, Trivium oder Vader geht es (wie die Genre- und Bandnamen schon verraten) ums Ganze, um Leben oder Tod, um eine künstlerisch simulierte Unbedingtheit, wie beim Laufen.

Die simulierte Unbedingtheit gibt es eben auch in der Kunst, vor allem in der Musik und im Metal, nicht nur im Sport. Durch den gutturalen Gesang und die Stimmung, die die Musik schafft, wird der Kopf wieder etwas wacher, es passiert etwas mit mir. Die Musik spricht zu mir, setzt bei den Emotionen an, ich trete in Resonanz mit ihr, so hebt sie mich über körperliche Schwächemomente und über mentalen Systemausfall.

Jedes Screamen und Growlen der Kunstschaffenden ist wie ein Rückenklopfen von Freunden, das sagen will: weiter, weiter, immer weiter. Es erreicht mich mitten im Motivationszentrum. Wie bei jeder Resonanzerfahrung ist es, wie Rosa formuliert, „etwas, das über uns hinausgeht".

Das, was am besten funktioniert und deswegen einen festen Platz in jeder Race-Playlist hat, ist das zwölfminütige Stück *Shogun* von der Band Trivium. Der Name leitet sich vom alten japanischen Militärtitel Shōgun ab, der einen Anführer der Kriegerkaste der Samurai darstellte. Er bedeutet *Barbaren unterwerfender General.*

Die Barbaren sind dann wohl die Gedanken, die mich zum Aufgeben zwingen wollen, die stänkern oder die einfach streiken und damit dasselbe bewirken, die leidvoll sind oder, metaphorisch gesprochen, die den sogenannten *Schweinehund* laut werden lassen. Und der General? Das bin ich, die ich meine Gedanken zu umschiffen versuche, in einen anderen Kanal schiebe, in Phase vier, mitten ins Herz des Ultratrails.

Shogun ist von pompöser Epik, übertrieben, es geht um alles, das sagt der Text aus, untermalt von großartiger Metalmusik. Beim Laufen trifft es mich mehr, als wenn ich es außerhalb des Sports höre. Der Text begleitet jeden meiner Schritte mit musikalischer Kraft und gibt dadurch jedem Aufprall wieder Sinn. Aus dem Englischen übersetzt:

Ich werde nicht als Gespenst auf der Erde wandeln (So fühlt es sich allerdings inzwischen an – die rhythmisch starke Musik unterstützt mich allerdings, dagegen anzukämpfen)

Ich werde meine Zunge nicht zurückhalten.

Dies ist meine Ehrenurkunde.

Gezeichnet von dem Blut, das ich vergossen habe (und dem Schweiß).

Die Bestien werden sich bald versammeln (Bestien, das sind die inneren Dämonen, die aufhören wollen zu laufen, aufgeben, abbrechen).

Sich in ihrem fauligen Fleisch vereinen.

Ihre Herzen schlagen nicht aus Lust.

Sie pumpen Gewalt und Gift (und verursachen so DNFs).

Das Fleisch öffnet sich, das Blut zieht sich zurück (metaphorisch für: Alle Masken sind gefallen, das pure Ich kommt beim Laufen, spätestens in Phase vier, eher drei, zum Vorschein, da ist keine Energie mehr für Knigge, Etikette oder ein falsches Lächeln. Es ist okay, sich schwach zu zeigen, zu weinen, schreien oder fluchen).

Der Tod umarmt, alles ist zu Ende (... zumindest fühlt es sich so an).

Die Zeit wird nicht all deinen Schmerz heilen (diese Erkenntnis führt dazu, die Schmerzen und das Leiden als Wegbegleiter zu akzeptieren).

Ich kann es nicht erwarten, dass alles zusammenbricht (hinter der Ziellinie aber bitte erst).

Die Monster wandeln unter uns (unter anderem der innere Schweinehund, der DNFen möchte).

Sie saugen das Blut aus dem, was gut ist (er zieht die mentale Energie ab).

Sie infizieren sich bei der Übertragung.

Verschlingen die Unschuld des Lebens (des Laufs).

Unsere Zeit ist gekommen, hervorzutreten (und weiter zu gehen, hinein in die nächste Phase).

Der erbärmliche Schoß, aus dem sie sich nähren.

Seht die abscheulichen Dämonen.

Schickt sie in die Hölle, die sie schufen (das will ich versuchen).

Das Fleisch tut sich auf, das Blut weicht zurück.

Der Tod umarmt, alles ist zu Ende.

Die Zeit wird nicht all deinen Schmerz heilen.

Ich kann es nicht erwarten, dass alles zusammenbricht (zumindest der Wesenszustand von Phase drei, ist der nämlich zusammengebrochen, also überwunden, wartet eine Art befreiende Trance auf mich, in Phase vier).

Auf dein Gesicht niederprasselt, deine Adern ausreißt.

Deine Eingeweide gewinnen und dich von innen heraus töten (simulierte Unbedingtheit on point: Der Text ist überspitzt, dramatisiert und wirkt so besonders intensiv).

Und die Meere werden sich wie Schlangen erheben.

Aus dem Mund der Erdoberfläche hervorgebracht.

Bald wird der Himmel fallen, brennend (so fühlt sich der Kampf gegen den Part in mir an, der aufgeben möchte).

Sich weit öffnen und das Leiden verschlingen (Ja, hoffentlich. In Phase vier nämlich).

Der Puls beschleunigt sich jetzt (der Blick auf meine Laufuhr bestätigt das).

Sanft, es ist mühsam (oh, ja: Das Tempo des Stücks verlangsamt sich. Zusammen mit der Musik spüre ich das Mühsame noch deutlicher).

Schau nach innen, um den Sturm zu beruhigen, (im Inneren, also im eigenen Kopf und durch die eigenen Emotionen entscheidet sich das Rennen und das Ob der nächsten Phase)

der im Inneren der Form tobt (beziehungsweise in Phase drei tobt).

Es gibt kein Zurück mehr (stimmt. Umkehren wäre jetzt auch Quatsch).

Denn ich bin Zeuge der Veränderung (ich weiß ja, dass es sich lohnt, nicht aufzugeben, das haben andere Ultras bereits bezeugt. Sie veränderten mich, zum Positiven).

Nimm alles, was du zu opfern hast (die All-in-Haltung ist die notwendige, um den Ultratrail zu finishen und opfern muss ich meinen Widerstand, nicht weitermachen zu wollen).

Denn du wirst viel mehr verlieren.

Wenn du in diesem Kampf erfolgreich bist (wenn der Schweinehund oder die inneren Damönen siegen, ich ihnen also nachgebe, aufhöre, es nicht schaffe, sie zu bändigen, sie hinter mir zu lassen, verliere ich nicht nur das Rennen, sondern auch meine Haltung im Sport, viel Selbstbewusstsein und den Sinn, der im Wert Weitermachen liegt – im Laufen wie im Leben, der Sinn wiegt schwer).

Wirst du noch so viel mehr verlieren (und das will ich natürlich nicht, also kämpfe ich lieber ums Weitermachen und gegen die innere Stimme die sagt: Hör auf).

Die Zeit ist gekommen, sich dem Bösen zu stellen (ab Minute sieben erreicht das Stück, auch musikalisch, seinen Höhepunkt, beim Kampf gegen die inneren Dämonen).

Jetzt erheben sich die Meere wie Schlangen.

Aus dem Mund der Erdoberfläche hervorgegangen.

Der Himmel fällt nun brennend herab.

Öffnet euch weit und stellt euch dem Leiden (Gitarrensolo, wild. Genau das ist es, was man im Ultratrail machen muss: sich dem Leiden öffnen, es akzeptieren, vielleicht sogar wertschätzen).

Das Inferno spuckt die Horden der Hölle aus.

Wirft die Flammen auf unsere Welt.

Während der Tod alles Licht verdunkelt (der Tod, symbolisch stehend für ein DNF, würde das Licht, metaphorisch für das Finishen, erlöschen. Das gilt es zu verhindern. Wie? Weitermachen = kämpfen).

Wir machen unser letztes Gefecht, bis zum Tod: Kämpfe (es folgt ein musikalisch sehr dynamischer Part im Song. Beim Hören des Songs fällt es leichter, die Laufbewegungen der Dynamik anzupassen. Es läuft wieder runder).

Die Zeit wird nicht all deinen Schmerz heilen (die Musik wird wieder ruhiger, der Kampf ist gekämpft, der Kopf hat akzeptiert, dass das Leiden zum Laufen dazugehört, die Emotionen beruhigen sich. Zum kämpferisch Aggressiven gesellt sich eine akzeptierende Dankbarkeit. Dankbar, dass man die Stärke besitzt, auszuhalten, weiterzumachen).

Das Stück wird zu meinem Lauf, es verläuft parallel zu meinem Rennen oder ich laufe parallel zum Song. An seine Ups und Downs hänge ich mich ran, lasse die Downs, also das Leiden, die Zweifel, zu. Steigere ich mich sogar noch mehr rein.

Durch die Akzeptanz, dass die körperliche wie mentale Belastung hoch ist, dass das Rennen hart ist, passiert das: Das Leiden ist nicht mehr Feind, es gilt nicht, es abzuwehren, sondern es wird zum Begleiter. So schaffe ich es, auf eine andere Ebene zu gelangen, insbesondere emotional, nach dem Motto: Wenn du etwas nicht ändern kannst, lerne, damit zu leben beziehungsweise laufen.

Die Stimme des Sängers Matthew ist so pressend, leidend und eindringlich, als renne er selbst gerade einen Ultratrail und befinde sich in Phase drei. Die Laute klingen so ernst und wichtig, dass sich die Atmosphäre auf mich überträgt und Emotion wird. Das fühlt sich zwingend an hier, ich will ins Ziel, am Ende werde ich mit dem tollsten Gefühl aller Gefühle belohnt: dem Post-Ultratrail-Rausch.

Daran zu denken, treibt mir die Tränen in die Augen. Am liebsten würde ich laut mit meinen Metalsupportern mitscreamen: Ich kann das. Ich kann das. Ich bin mir sicher, dass ich das kann. Ich kann das, absolut sicher. Ich will leben. Ich will laufen. Und den Kampf gegen mich selbst, gegen die Strecke, gegen die anderen, meistern. Die Musik zerdehnt mich, ich gehe ihr weiter nach. Danke Trivium, danke Trail, danke Körper. Ich liebe Ultratrailsport.

PHASE VIER BEIM UTML? NEIN.

Das wird nichts, nicht heute, nicht beim UTML. Es gibt ein Problem. Mir fällt es spät auf. Seit Kilometern laufe ich alleine, kein Lichtkegel ist mehr in Sicht, kein Geräusch von Mitlaufenden zu vernehmen. Zwar sehe ich die Streckenmarkierungen, also folgere ich daraus, dass ich auf dem richtigen Weg sein muss? Aber irgendetwas stimmt hier nicht. Seit bestimmt einer Stunde habe ich keine Menschenseele mehr gesehen oder gehört.

Schön fürs Schaf, aber nicht für mich, ich bin Juliane und das kann nicht sein. Es dämmert inzwischen und von einer Anhöhe kann ich schon Echternach im Tal erspähen, den Start- wie Zielort. Moment! Ich habe erst 80 Kilometer auf meiner Uhr stehen und die Stadt ist maximal fünf Kilometer weit entfernt. Es müssten aber noch über 30 Kilometer ins Ziel sein. Mit meinem Handy rufe ich fast panisch den Streckenchef Mohamad (genau, den Mohamad, den wir schon vom TAM kennen) an.

Noch immer im Laufschritt schildere ich ihm meine Irritation. Er seufzt. Ich schreie fast: „Was? Bin ich falsch hier? Aber hier gibt es Markierungen?! Wo ist das Problem?“ Mohamad antwortet: „Du bist wohl in den falschen Loop abgebogen. Die vorletzte Schleife scheinst du ausgelassen zu haben. Somit bist du zwar noch auf der Strecke, aber um nicht disqualifiziert zu werden, müsstest du zurücklaufen, das fehlende Teilstück laufen und dann noch einmal den Loop laufen, auf dem du dich gerade befindest. Es sind über zehn Kilometer, die du falsch gelaufen bist, die du zurücklaufen und am Ende ein zweites Mal ablaufen müsstest.“

Wie das passieren konnte? Tja, da hat mich wohl ein Streckenposten versehentlich auf die falsche Schleife geschickt. Das ist Pech und meine eigene Schuld, wenn ich den Track zur korrekten Navigation nicht auf meine

Uhr geladen habe. Ich weine. Bitte nicht, das kann doch nicht wahr sein. Ich erfahre auch noch, dass ich als erste Frau 1:45 Stunden Vorsprung vor der zweiten Frau erlaufen hatte. Aber, tja, all die Müh war für die Katz.

Rund 30 Kilometer in der Summe mehr laufen bei einem eh schon sehr langen Rennen? No way. Ich akzeptiere mein erstes DNF, lautstark fluchend, wuterfüllt weinend und müde. D. N. F.! 88.986 Schritte umsonst. 9,5 Stunden verschwendet. 4184 Kalorien unnötig verbrannt? Nicht umsonst (die drei Phasen waren mal wieder toll), aber eben finishlos. Das fühlt sich nach Scheitern und schlecht an, vor allem, wenn man im Vorhinein eine so große Klappe hatte.

In der Folge brodelt es in mir. Ich will nicht nur die vierte Phase in einem Ultratrail erleben, ich will auch ein Finish. Der Entschluss, bei einem anderen Rennen zu starten, mit dem ich meine Saison beenden kann, ist ad hoc gefasst. Ein Rennen, bei dem ich meine Fitness auf den Trail bringen kann, bei dem ich aufs Ganze gehe, bis in die kritische Phase vier.

Ersatz ist schnell gefunden: Der 118 Kilometer lange Dalmacija Ultra Trail in Kroatien (DUT) soll mein Jahresabschlussrennen werden. Rund 6000 Höhenmeter sind zu überwinden. Bis dahin bin ich rastlos.

Ehrgeiz sammelt sich an, staut sich auf. Verursacht durch das Scheitern. Diese Energie wird mich am Ende zum Sieg führen. Ein Scheitern hat auch immer eine sehr motivierende Seite. Scheitern ist schön, zumindest im Nachhinein. Wenn man es in Energie transformieren konnte.

STUPIDER SIEG: DUT

Es ist Freitag, dieses Mal, Glück gehabt, nicht der 13., sondern der 18. Oktober, wieder kurz vor Mitternacht, diesmal in Solin, Kroatien. Ich finde mich in einer Menschenmenge wieder, die laufwillig das Startfeld des Dalmacija Ultratrails bevölkert. Ich bin bereit. Ich werde alles geben, was ich habe.

Die 118 Kilometer-Startenden stehen kampfbereit auf dem sandigen Grund von Ancient Salona, dem antiken Amphitheater. Sie stehen aufrecht wie Abbilder der Athene, Göttin des Kampfs in der griechischen Mythologie und eigentliche Heldin der Odyssee, mit ihrem Schild und dem Speer. Nur besser ausgerüstet mit Stirnlampen, Rucksäcken inklusive Pflichtequipment (Überlebensdecke, Notfallpfeife, Bandage, Handy inklusive Notfallnummer, Trinkbehältnis mit mindestens einem Liter Fassungsvermögen, Trinkbecher, Kopflampe, Essensreserve, Regenjacke, lange Hose, Erste-Hilfe-Set), Laufstöcken, Kompressionskleidung, Mützen, Handschuhen.

Die Sandkörner knirschen unter den grippy Trailsohlen beim nervösen Fuß hin- und herbewegen, so wie die Zähne meiner aufeinandergepressten Kiefer. Athene oder ein kampfwillig schnaubender Stier, starke Bilder flackern vor meinen Augen, während vor uns allen die Feuer einer Allee aus Fackeln zappeln, durch die wir gleich aus der Arena rennen werden. Episch. Ich wünschte, Athene könnte auch mich begleiten und beschützen, wie sie das bei Odysseus auf seiner Abenteuerfahrt, der Odyssee, tat.

Das Startsignal ist ein Kanonenschuss. Ebenso episch. Er fällt, wir laufen – in eine andere Zeit, in fremde Universen, alles ist Rastlosigkeit, nichts ist Alltag. Die Metal-Musik in den Ohren ist sogar noch epischer als sonst und versetzt mich in meinen mentalen Race-Tunnel.

Die warme Luft über und zwischen uns ist zersetzt von Staub, wie beim Aufscheuchen einer Gnuherde in der Steppe durch irgendein bedrohliches Tier. Ich renne, gebe Gas, dem verstaubten Lichtkegel der Stirnlampe folgend. Ich bin ganz vorne mit dabei. Vor mir nur die drei führenden Männer. Einer von ihnen, der Franzose Gilles Klipfel, wird das Rennen in knapp 15 Stunden gewinnen. Chapeau. Bei mir wird das etwas länger dauern.

PHASE EINS BEIM DUT

Die Hitze der Feuer aus der Fackelallee wie einen ermunternden, trainerlichen Klaps rechts und links an den nackten Armen spürend, passieren wir die letzten zivilisatorischen Strukturen und verabschieden uns in die Dunkelheit. Eine wilde Steilküste breitet sich um uns aus, staubig, voller

Kakteen, immer mit Meerblick. Nach dem Feuerschein übernimmt ab jetzt wieder der Mond die Belichtung.

Das sandig-steinige Terrain phosphoresziert matt blaugrau, wie die Asche einer verlassenen Lagerfeuerstelle. Die Sterne zeichnen sich ungewöhnlich deutlich vom Himmel ab. Das erkenne ich, als meine Augen aufwärts zum zu erlaufenden Hang wandern, der sich in aufbäumender Schwärze präsentiert. Das Meer reflektiert den Mond- und Sternschein. Unten das Strahlen des Meeres, mittig das Strahlen der Stadt, darüber die Schwärze der Berge und oben das Strahlen des Himmels – als rannte ich in einer durchdacht ausgeleuchteten Arena. Weiterhin wirkt all das sehr konstruiert wie vor einer Kulisse für einen pathetischen, für *Pro 7* produzierten Blockbuster. Die Szenerie ist tatsächlich Drehort für berühmte Filme gewesen, für *Winnetou* zum Beispiel.

Ich bin jetzt in meinem eigenen Film, eine außergewöhnliche Stimmung in einer außergewöhnlichen Nacht, unwirklich, gleich einer Simulation. Super, denn die unwirkliche Kulisse bietet Raum für simulierte Stärke. Die werde ich mir selbst schaffen, wie bei jedem Ultratrail.

Die lagerfeuerliche Wärme lässt Schweiß aus allen Poren sprudeln. Meine nackten Oberschenkel sind schon funkelnd von ihm beperlt. Manchmal fällt ein runder Schweißtropfen dem harten Gleichschritt der Beine zum Opfer, verliert den Halt der Haut und wird in der Dunkelheit zurückgelassen. Die Männer keuchen laut. Keuchen vor mir, Keuchen hinter mir. Das gibt mir ein gutes Gefühl.

Das Keuchen ist unsere nonverbale Kommunikation. Es sagt: Anstrengend ist es für uns alle. Und: Wir kämpfen uns gemeinsam voran. Ich höre dich, du hörst mich. Reihe dich gern ein. Keuchen, Schritt, Keuchen, Schritt, mach mit.

Es ist kein Kinderspiel. Es ist ernst, mal wieder. Gemeinsam ist es leichter. Die keuchende Lokomotive aus Trailrunnern zieht zügig vorwärts, ich bin ein wichtiges Rädchen in ihrem System, genauso stark wie die anderen Rädchen, jedes wird zum Vortrieb benötigt. Es gibt ein körperlich erfahrbares Wir (kann ich es doch hören, riechen und spüren), das stärker ist als das Ich.

Der lange, sich vor uns aufbauende Anstieg lädt die DUT-Lok ein, in seinem steinig, steilen Terrain voller Dornenbüsche zu paradieren. Ständig schneiden die scharfen Spitzen der Büsche in das Fleisch meiner nackten Beine. Das Blut, das sich aus den kleinen Wunden drückt und sich aus ihr befreit, vermischt sich mit dem Schweiß und wird zu einer neuen, nassen Perle, die zerfließt.

Das Schweißblutgemisch bahnt sich, ebenfalls ähnlich einer Lok, den Weg über den Oberschenkel hinab, so wie wir uns den Berghang hinaufbahnen. Dem darauf befindlichen Sand und Schmutz weicht das Schweißblut nicht aus, es absorbiert beides und wächst zu einer noch schwereren Perle heran, einer dunklen. Ich lasse die Dornen mich streifen, ich lasse sie bereitwillig gewähren, mein Fleisch aufzuschlitzen, denn ein Ausweichen würde Zeit kosten. Und das Zeitbudget ist knapp, ich werde das Zeitkonto zum Ende des Rennens hin belasten, das weiß ich schon jetzt. Denn es ist immer so beim Ultratraillaufen.

„Hinten kackt die Ente", lautet der eingeprägte Spruch dazu, hinten raus wird es hart. Also lieber Zeit sparen, lieber bluten als verlieren. Der Staub, den die Tritte der Männer vor mir aufwirbeln, erschwert das Atmen und belegt nun auch mein Gesicht wie eine Maske, die mich chamäleonartig unsichtbar werden lässt und mich vollständig in meine Umgebung integriert. Gut so. Wir sind eins, noch.

Als Teil der Lokomotive, werde ich mich bald abkoppeln müssen. Die Männer haben mehr PS. Ihr Keuchen nehme ich über mir wahr. Es wird immer leiser. Sie gewinnen Land, ich gewinne Abstand, verliere auf dem ansteigenden Trail ihre Umrisse an die Nacht.

Kilometer, Stunden und Stücke aus meiner Metal-Playlist vergehen auf diesem welligen Trail im oberen Hang der Bergwand, von dem ich einen erhabenen Blick auf die Küstenstadt habe, die wir überstiegen haben. Der Ausblick erinnert an einen Blick aus dem Flugzeug, wenn es in der Nacht startet und sich über die zu verlassende, beleuchtete Stadt erhebt. Unter mir tausende kleine Lichter und ich über ihnen, sehr fern.

Dieses Mal hat mir nicht die Kraft des Fliegers den Anblick verschafft, sondern ich mir selbst, dank meiner Muskelkraft. Das ist cool. Ich will nirgendwo anders auf der Welt sein als hier, voller Schweiß, Staub, Blut und der Stirnlampe auf meinem Kopf unter Sternenhimmel, das Meer und die Berge von meinen Pupillen reflektierend. Das ist meine Mission, mein Duell gegen mich selbst, ich fühle mich wohl in meiner Rolle als weiblicher Odysseus, Lokomotivteil, Verfolgerin und Verfolgte.

Statt mit Schwert und Schild bin ich mit Stirnlampe und Asics Trabuco ausgestattet, das reicht aus für einen Trailkampf, der minimalistisch geführt wird, Verletzte bleiben aber auch hier nicht aus. Ich bin verletzt und ganz allein. Das ist ein angenehmes Gefühl. Denn: Ich komme klar, ich komme vorwärts.

Verpflegungsstände, reich gedeckt, unterbrechen die Einsamkeit alle zehn Kilometer. Helfende Hände bieten neben warmem Lächeln und Schulterklopfern Mandarinen, Brot, Cola, Wasser, isotonische Getränke, Schokolade, Chips, Nüsse an. Dankbar lange ich zu, hamstere Nüsse und Schokolade in meinem Gefrierbeutel, den ich im vorderen Teil meiner Rucksacktasche, gut erreichbar, verschwinden lasse und direkt weiterrenne. „Hvala und Pozdrav. Danke und Tschüss." Keine Zeit verlieren. Essen kann ich im Rennschritt.

Auf einer technischen Passage, bei der wir über scharfkantige Steinschluchten balancieren müssen, überholen mich zwei Kroaten, die laut ihrer am Rucksack befestigten Startnummern Josip und Marco heißen. Ich stolpere unbeholfen herum, der Streckenabschnitt taugt mir nicht, zu verletzungsriskant. Ein Sturz wäre fatal, das verunsichert und verlangsamt mich.

Die beiden dagegen scheinen über das anspruchsvolle Terrain zu fliegen, als sei es eine glatte, hindernislose Asphaltstraße, auf der zu stürzen einem nicht die Beine und den kompletten Körper zerschneiden würde. Von denen kann ich noch viel lernen und hänge mich deswegen an ihre Fersen: Den Blick auf dieselben geheftet, kopiere ich ihre sicheren Schritte von spitzer Felskante zu noch spitzerer Felskante und bin durch das Abspicken schneller als ohne sie unterwegs. Hoffentlich merken Sie nichts von meinem Betrug, von meinem heimlichen Wettbewerbsvorteil, den sie mir unbewusst anbieten, den ich mir bewusst erschleiche.

Auf einmal besteht ihr Zweierteam aus drei Mitgliedern. Ob sie wollen oder nicht, meinen Atem spüren sie ab jetzt im Nacken. Jossip, Marco? Ihr seid nun meine Trailbuddys, ungewollt. Wir werden über 40 Kilometer zusammenlaufen, viel lachen, bluten und irgendwann werden sie mich abhängen. Aber das weiß ich jetzt noch nicht.

Gerade sind sie die besten Pacemaker, Lehrer und Trailbuddys, die ich mir wünschen kann. Im Schatten meiner zu Verfolgenden fintiere ich gekonnt kopierend durch die Nacht. Die Schnelligkeit lässt mich Tribut zahlen. Eine ganze Nacht konzentriert zu laufen, kostet den Körper viel, vielleicht mehr, als er irgendwann zu geben bereit ist. Dann endet Phase eins des DUTs.

PHASE ZWEI BEIM DUT

Die Erschöpfung kommt schleichend. Sie macht sich nach 60 Kilometern ständigen Auf und Abs auf technischem Grund bemerkbar. Meine Augenlieder haften aneinander wie die Gummisohlen auf trockenem Fels. Ich bin so müde. Es sind inzwischen acht Nachtstunden auf dem Trail vergangen.

Zeit, sich abzulenken von der körperlichen Anstrengung. Was hilft da besser, als Kontakt mit Freunden aufzunehmen? Also schicke ich meinem Kumpel Luke eine WhatsApp-Audio. In meiner Sprachnachricht kann ich noch lachen, aber erwähne auch, wie zermürbende Müdigkeit Fuß fasst, und dass ich ganz allein bin.

Jossip und Marco habe ich ziehen lassen müssen, aber ich werde sie mir wieder schnappen, denke ich laut. Mein Laufschritt ist fest und gleichmäßig. So gleichmäßig, dass ich kaum bemerke, dass meine Augen mit jedem Zufallen ein paar Sekunden länger im Geschlossenmodus verweilen wollen. Das geht nicht. Nicht einschlafen! Nicht einschlafen! Ich bin noch immer die erste Frau und das will ich bleiben. Werde es aber nicht bleiben, wenn ich einschlafe und stürze.

Also gebe ich mir leichte Ohrfeigen, kneife mich in den Handrücken. Dieses Selbstverletzen bringt nicht viel, also verletze ich andere und beginne, laut Lieder aus meiner Playlist mitzusingen. Nicht einschlafen! Augen auf, weiter. Singen ist eine bewährte Methode: *Mr. Brightside* von The Killers, mal wieder *Shogun* von Trivium, *Sleepwalker* von Parkway Drive? Mein Stimmorgan wird jetzt genauso beansprucht wie meine Beine, lenkt gleichzeitig von der Beinarbeit ab. Singend und angescreamt maulwurfe ich mich durch die Bläue der Nacht.

Aber Moment. Was ist das? Den weit aufgerissenen Maulwurfsaugen sei ein Blinzeln gegönnt, denn sie wurden geblendet. Sonnenspeichen fingern sich durch die Lücken der kroatischen Berge und betatschen die Welt. Die Nacht ist vorbei. Eine Zäsur und der nächste Verpflegungsstand naht.

Das Orgateam jubelt und ich freue mich, von der einen zoologischen Klassifizierung in die nächste zu switchen: denn hier kann der Maulwurf hamstern. Ich schlürfe heiße Suppe, verschlinge einen großen Tellerinhalt Nudeln mit Tomatensoße, fülle die Reserven auf, lache über die Gags der lustigen Kroaten und ziehe weiter, so zügig ich kann.

Denn die Konkurrenz könnte direkt hinter mir lauern – es gibt kein Zeittracking, sodass ich nicht taktieren kann, ich muss 110 Prozent geben, wenn ich meine Position halten möchte. 60 Kilometer to run, 60 Kilometer in der Sonne, es wird schwer werden. Es wird heiß an der kroatischen Küste.

Dass etwas nicht in Ordnung ist mit mir, merke ich, als sich alles in meinem Gesicht verkrampft und ich wild um mich schlage. Was war passiert? Meine Kopfhörer hatten sich am Rucksack verhakt. Die Erschöpfung ist so groß, das Nervenkostüm so angerissen, dass diese minimal

Stress auslösende Situation zu viel ist. Ich zerreiße das Kabel in unverhältnismäßiger Aggression. Das tut gut. Und erkenne: Okay, ich bin an der nervlichen Belastungsgrenze angekommen.

Schnell stopfe ich mir meine gehamsterten Nüsse und Schokolade in den Mund, um zusätzlichen Unterzucker zu vermeiden. Inzwischen stehen 102 Kilometer auf der Habenseite. Über 100 Kilometer gelaufen zu sein, ohne ein Verschnaufen – da kann man schon einmal sein Kopfhörerkabel zerreißen, das ist wirklich gar nicht so unnormal, beruhige ich mich selbst.

Um Kopfhörerverschleiß zu vermeiden, künftig, werde ich Bluetooth-Hörer verwenden, nehme ich mir vor. Wenn ich überhaupt noch einmal einen Ultra laufen werde. Ich kann schon lange nicht mehr, jetzt will ich nicht mehr. Bye, Phase zwei.

PHASE DREI BEIM DUT

Die Schatten der Nacht waren nachgiebig mit uns Laufenden. So schön kühl, als wollte sie uns bei unserem Vorhaben unterstützen. Die Sonne ist da anders, nach ihrer sanften Begrüßung, flammt sie unsere Kopfhäute an. Es tut weh. Aber es ist nicht der einzige Schmerz und erst recht nicht der schlimmste, daher ist er schnell verdrängt.

Wieder zwingt mich der Streckenverlauf durch Dornengebiet und inzwischen ist es keine Petitesse mehr, dass die Spitzen das sowieso schon wunde Fleisch an den Beinen aufreißen und neue, tiefere Wundstellen schaffen. Der salzige Schweiß tropft in die offenen Wunden und das brennt schlimmer als ein Brennnesselbad. Natürlich ist das aushaltbar, aber nervig. Aufhören! Ich heule, schreie, fluche.

Dass ich diesen Sport hasse, den Veranstalter, den Streckenplaner, die Steine und Steine generell, die Dornen und Dornen im Allgemeinen, meinen einohrigen Kopfhörer und verfluche alles und alle. Ich will nicht mehr! Wirklich, gar nicht mehr, wie Odysseus befinde ich mich zwischen Skylla und Charybdis: Aufzuhören und mit einem zweiten DNF zu leben, wäre zu schmerzhaft, das Weitermachen ist aber auch zu schmerzhaft; es ist eine Odyssee.

Ich trete, so gar nicht mehr heldinnenhaft odysseusmäßig, sondern wie ein trotziges, kleines Kind, gegen einen Steinklotz und tue mir dabei so weh, dass ich noch emotionaler, aggressiver werde. Aber Aggression gibt Kraft, also laufe ich schneller weiter. Allein aus der Motivation heraus, den „Scheiß hier endlich hinter mir zu lassen", um nie, nie mehr an einem solchen Ultratrail teilzunehmen.

So sage ich es auch Luke in einer weiteren WhatsApp-Audio. Ich meine das Ernst, ich würde glatt einen Eid darauf schwören in diesem Moment. Lachen kann ich in der neuen Audio nicht mehr, das ist mir seit Kilometern vergangen.

Hört man die erste und die zweite Audio später nacheinander (was ich in Vorbereitung auf dieses Buch tat), hört man ganz deutlich Phase zwei und Phase drei heraus. Nach aushaltbar kommt unerträglich und doch läuft man weiter. Das ist Ultratrailsport.

Die armen, netten Helfenden an der nächsten Verpflegungsstation ahnen ja nicht, was in mir vorgeht und wie fertig ich mich fühle. Bei dem Versuch, meine Trinkblase aus einem großen Behälter mit Wasser zu befüllen, hakt der Verschluss und ich verspüre schon wieder das Bedürfnis, das Ding zu zerreißen und schnaube verdächtig zornig. Ich bin so voller Wut, dass ich kurz vom Platzen bin. Einige Äderchen in meinen Augen haben das schon getan.

Eine Helferin erkennt das und eilt mir zur Unterstützung. Als sie den Verschluss nach meinem Empfinden nicht schnell genug aufbekommt, reiße ich ihr meinen Rucksack samt Trinkblase aus der Hand, schmeiße alles zu Boden und trete heftig dagegen, schlage die Hände über dem Kopf zusammen, wende mich ab und fluche weinend im Weggehen.

Statt einer Schelle, die ich verdient hätte, bekomme ich von einer helfenden Hand Schokolade gereicht. Der Mund, der zu der Hand gehört, überredet mich dazu, mich einen Moment zu setzen. Danach geht es mir besser und ich entschuldige mich. Du bist nicht du, wenn du Ultra läufst und noch weniger, wenn du im Unterzucker bist … Entschuldigung und danke.

Beschämt laufe ich weiter. Ich schwöre mir, nie mehr einen Wettkampf über 100 Kilometer anzutreten. Denn das macht mich offenbar zu einem fiesen Monster. Der Exit-Gedanke entlastet. Nur noch das hier zu Ende bringen, dann bin ich raus. Raus aus dem Ultra-Business, raus aus dem Laufsport, raus aus Sportlichem generell. Lesen macht viel mehr Spaß. Das ist ein viel angenehmeres Hobby als Laufen.

16 Kilometer nur noch to run. Zwei Lügen in einem Satz: *Nur. Run.* Ich wandertrablaufe an dem von mir fast unbeachteten türkisklaren Meer und dem hellblendenden Strand der kroatischen Küste entlang und leide stillheulend vor mich hin. In einer weiteren WhatsApp-Audio, die ich meinem Kumpel Luke schicke, frage ich schluchzend, wie ich bitte 16 Kilometer schaffen soll? Die Frage ist ernst gemeint. Wie?

Zum Laufen fehlt mir jede Motivation. Zur Aggression fehlt mir jede Kraft. Zum Weinen reicht sie noch. Die Tränen bahnen sich allein den Weg aus den Augen, vermengen sich mit dem Gesichtsschweiß und tropfen ab. Sie werden im Fallen von meiner Brust aufgefangen. Ich gönne dem ausgetrockneten Trail nichts. Es ist sehr heiß, meine Kopfhaut dürfte längst aufgeplatzt sein. Abgeblättert wie alte Farbe von einem Vintage-Möbelstück. Es ist sehr zermürbend, Schmerzen zu haben, das Ablenken davon, das Aushalten von Emotionen, das Laufen, das Leben, alles.

Was genau mag ich noch einmal an dem Sport? Ich erinnere mich an die letzten Wochen und meinen unbedingten Willen zum Finish beim DUT nach meinem Scheitern beim UTML. Aber das Motiv ist abgenutzt, verpufft und zieht nicht mehr. Statt zu siegen, möchte ich schlafen, in Embryostellung, am Streckenrand, ewig, und statt zu laufen, möchte ich mir ein anderes Hobby suchen, eines im Sitzen. Beim Lesen habe ich noch nie das Bedürfnis entwickelt, wen anzuschreien, meine Kopfhaut abzuziehen oder meine Beine zu betäuben.

Ach, Quatsch. Ich liebe das doch, denke ich und lächle wissend, einen Mundwinkel hochziehend. Jeder Muskel ist spürbar, zwar durch Schmerz, Vibration und Kontraktion, aber eben doch so deutlich spürbar wie sonst nie. In meinem verletzlichsten, ja eigentlich schwächsten Moment, fühle ich mich so stark wie nie. In Interjektionen ausgedrückt: aua neben aha. Wie geht das, das ist doch paradox? Ja, genau, das ist ganz klassische Ultratrailsportparadoxie.

Ich liebhasse es. Hallo, Ultratrailrunning, da bist du ja. Phase drei lasse ich so hinter mir und lasse mich von meinen Trailschuhen auf eine neue Bewusstseinsebene hieven.

PHASE VIER BEIM DUT

Es grenzt für mich an ein Wunder, dass mein Körper nicht zerfällt, sondern weiter auf der Strecke bleibt und beim Race mitmacht. Mein Kopf denkt längst nicht mehr, aber das ist egal, denn er ist stumm geschaltet, ich höre nicht auf ihn, sonst würde ich nämlich aufhören. Meine Emotionen schweigen, selbst Metalmusik kriegt sie nicht wach.

Meine Schmerzen spüre ich nicht mehr direkt, alles ist betäubt, Äußeres, Körperliches, wie Innerliches, Gedanken und Emotionen. Es ist der Trancezustand erreicht. Ich bin der Situation entrückt. Als sei ich nicht ganz bei Bewusstsein und wandelte in einem Trailtraum.

Hat mich der Trail hypnotisiert? Die immer gleiche Bewegung kann Menschen in einen solchen hypnoseartigen Zustand versetzen. Nur so, glaube ich, funktioniert es überhaupt, dieses Ultratrailrunning. Denn weder meinen Körper noch meinen Kopf möchte ich gerade aushalten, die Schmerzen, die Gedanken, alles ist schwer erträglich geworden.

Der Rausch hingegen ist, ja, was ist er? Interessant. Es ist, als hätte ich meinen Körper verlassen und würde von außen auf die Situation blicken. Und das Bild, das ich von oben betrachte, ist stimmig: Da ist ein Mensch in der Natur unterwegs, er bewegt sich fort, fließend, ganz natürlich fügt er sich in seine Umgebung ein.

Ohne ihn wäre das Bild unvollständig. Erst mit ihm macht es Sinn, es bildet sogar eine Art Ästhetik ab, eine Symbiose zwischen Körper aus Fleisch und Blut und Bergkorpus. Ich beobachte als Zuschauerin meiner selbst, ohne Teil des Szenarios zu sein. Wie auf Droge. Auf der Ultratraildroge der sogenannten *Phase vier* des Ultratrailrunnings. Eine Droge, die nicht benebelt, sondern klärt:

Da ist dieses Ich, körperlich abgebildet als Juliane, in einer trockenen Küstenlandschaft, in ihren Trailklamotten, die schwitzt, blutet und vollends ihrem menschlichen Leid ausgeliefert ist, aber sich eben nicht hinlegt zum Aufgeben, sondern in emsiger Manier weitermacht. Nicht um zu siegen, denn das ist ihr egal geworden, nicht, um die Landschaft zu genießen, denn die ist ihr egal geworden, nicht, um des Finishs wegen, all das ist egal geworden, sondern um des Laufens willen.

Insbesondere um des Weitermachens willen. Und noch mehr um des Nichtaufgebens wegen. Denn das hat für sich einen Wert. Das Weitermachen im Laufen ist wertvoll, das Nicht Aufgeben erst recht, fürs Leben. Dieses Bild des Durchhaltens gefällt mir als außenstehende Betrachterin gut. Ich genieße das Abwesendsein von Juliane mit ihrem falschen Motiv, siegen zu wollen, ihrem Ego, den Befindlichkeiten und die Anwesenheit von, ja von was? Von Trance, von Rausch, von der unbeschreiblichen Phase vier eben, der spirituellen Dimension des Laufens, dem ozeanischen Gefühl darin, der All-Einheit mit Trail, Welt und Universum. Mehr davon, ich bin high. In ihrem Buch *Sky Runner* beschreibt Emelie Forsberg, weltbekannte Trailläuferin, genau das: „Ein Rennen zu bestehen, ist etwas Besonderes. Unsere Motivation bringt uns an die Startlinie; wir stehen davor, unser Ziel zu erreichen. Aber noch außergewöhnlicher und noch wichtiger ist es für mich, die Motivation zum Laufen zu finden, wenn nicht Gewinnen das Ziel ist." Denn es gibt größere Ziele, die sie inzwischen antreiben, so auch mich.

Dass nach der Küste wieder bergige Traillandschaft und mit der Landschaft Steine, Steine, Steine, noch brütendere Hitze und Höhenmeter folgen, lässt sich im Rausch mehr als nur gut aushalten. Je härter die Strecke und die Herausforderungen sind, desto stärker ist das High und je stärker das High ist, desto sinnvoller scheint der ganze Sport.

Ich schwitze mit mir selbst um die Wette. Mein Schweiß lässt die Brust aus, tropft zu Boden und dadurch werde ich noch ein bisschen mehr eins mit meiner Umgebung. Ich gehöre hier hin, ich mache dieses Stück Natur erst zur Trailrunningstrecke, ich bin ein notwendiger Teil. Alles macht jetzt Sinn. Das Laufen, die Härte, ich selbst. Es ist eine Sin(n)fonie.

„Um Dinge zu bekommen, die sonst keiner hat, musst du Dinge tun, die sonst keiner tut", so Benjamin Jaworskyj, Fotograf. Die Phase vier ist so ein Ding, das sich zu bekommen lohnt. Und das Ultratrailrunning ist das Ding, das man dafür tun muss.

„Juliane?", höre ich hinter mir eine vertraute Stimme rufen, die mich aufweckt und aus dem High ins Hier und Jetzt reißt. Judith aus dem ASICS-FrontRunner-Team, die die 54-Kilometer-Strecke läuft, die in die 118-Kilometer-Strecke mündet. Wie schön, ich falle ihr in die Arme und schaffe es wieder, Emotionen zuzulassen, ich strahle so sehr vor Freude, sie zu sehen, dass der Kiefer wehtut.

Und sie strahlt und weint aus Empathie ein paar Tränen. Zusammen kämpfen wir uns bis zur letzten Verpflegungsstation weiter. Danach muss ich Judith ziehen lassen, weil ich ihr Tempo nicht mithalten kann. Die Begegnung spendet mir Kraft. Ich setze Schritte und fühle mich wie eine Raupe, die sich durch einen Apfel durchwurmt und frage mich, wie lang vier Kilometer sein können.

Auf einmal treffe ich auf Dane und Sinisa vom Orgateam, die es sich hier in den Bergen gemütlich gemacht haben, vor einem kleinen Standgrill sitzend, Wein trinken und den Laufenden cheeren. Das Bild ist dermaßen lässig, dass ich anhalte, ein Glas Wein annehme und mit ihnen trinke. Meinen Ultratrailrausch könnte ich ja mit Alkohol noch verstärken? Nein, das funktioniert nicht, aber meine Stimmung steigt dennoch steil nach oben an.

Sie schaffen es, mich zum Lachen zu bringen und ich lasse ein wenig Leid bei ihnen liegen. Über die Strecke und das Laufen zu lästern, tut gut, selbst wenn es nicht ganz ernst gemeint ist. Bald muss ich weiter. Weinpumpenden Herzens sickere ich den Trail hinab. Bis zum nächsten Anstieg, der wieder einen Heulkrampf verursacht, bis zum nächsten Downhill, der mich wieder zum Lächeln bringt, bis kurz vor dem Ziel, was mich wieder zum Heulen bringt. Ich versinke in Freude darüber, dass es vorbei ist. Ich ertrinke, vorbei, vorbei.

Nach 19 Stunden und neun Minuten kann ich die Ziellinie in Omis überqueren. Das Zielband greifend, sacke ich auf die Knie zu Boden. Ich bin die erste Frau geworden, die Siegerin, aber das ist egal. Der Zielbogen ist ein Fenster mit Blick auf das Vorbeisein, auf die ersehnte Post-Ultratrail-Phase, auf ausgelassene Strandstimmung, auf Leute mit einem bunten Getränk in der Hand und auf eine mich anstrahlende, blonde Frau: Das ist Judith, die mich empfängt, später kommt Luke dazu und Jossip und Marco.

Die Hand, die nicht Tränen abwischt, klatscht High Fives ab. Glücklich erschöpft und so müde, dass sich der Trubel um mich herum wie ein einziger Dämmerzustand darstellt. Ich gebe ein Interview und spreche, ohne zu verstehen, was ich sage. Irgendwann falle ich in ein Bett und bin raus. Raus aus dem DUT, raus aus Phase eins bis vier, raus aus allem. Pozdrav.

20 Frauen, 98 Männer schaffen 2019 die Distanz und laufen am Strand in Omis ein. Jede und jeder mit ganz eigenen spannenden drei (oder vier) Phasenerlebnissen.

Diese Phasen sind es, die das lange Laufen so interessant machen, weil sie wie eine Zäsur wirken. Das Leben ist nach dem Erlebten ein anderes: Ein bescheideneres, ein demütigeres, insgesamt ein besseres? Alles, meine ich zu wissen.

KAPITEL SECHS

LEIDENSMÜDE – PITZ ALPINE GLACIER ULTRATRAIL

Die Profilsohle meiner ASICS ist parallel ausgerichtet zu der sich über mich türmenden Felswand. Staub tanzt besoffen über und neben mir, aufgewirbelt von meinem Niedergang zu Boden. „Da steh‘ ich nun, nein, da liege ich nun, ich armer Tor und fühle mich dümmer als je zuvor. [...] Und sehe, dass wir, nein dass ich nichts wissen kann.“

Ähnliche Sätze lässt Goethe seine Kunstfigur Faust aufsagen (als deren literarisches Vorbild Odysseus gelten soll), als die auf ihr bisheriges Leben zurückblickt. Der Unterschied zwischen Faust und mir: Faust konnte bei seinem Rückblick wenigstens noch stehen, während ich hier im steinigen Staub liege, rücklings. Auf einem Berg in der stechenden Sonne, die mir munter meine linke Gesichtshälfte zerkocht.

Das Rennen zieht noch einmal an mir vorüber, während der Berg seine spitzen Steinwirbel gegen meinen dagegen morsch wirkenden Rücken drückt und eine Prägung wie in nachgiebigem Material hinterlässt. Ich habe ihm nichts entgegenzuhalten. Außer Schmerzen und Scham wegen einem Zuviel an Dummheit und einem Zuwenig an Demut. Das Beste ist der Ausblick von hier oben.

Sogar in der liegenden Position meine ich, dass sich mir alle Pitztaler Gipfelspitzen in angenehmer Entfernung, nämlich ohne Körperkontakt, entgegenrecken. Ich sehe im Liegen nur die dreieckigen Köpfe und die präsentieren sich wie die vielfach gecopypaste Glaspyramide im Innenhof des Louvre in Paris, die als Haupteingang zum Museum dient. Glänzend, einladend, als wäre jeder Gipfel ein Tor hin zu großer Kunst, als böte jeder von ihnen ein Erlebnis, in dem Ästhetik liegt, als wollten sie mir gefallen. Das tun sie.

Solange die Strecke des Pitz Alpine Glacier Trails (PAGT), an dem ich gerade teilnehme, nicht über sie führt, denn dann würde ich abrupt anfangen, sie zu verabscheuen. Ich will keine Berge mehr hochlaufen müssen, mir reicht es mit dem Erlebnis, geht mir weg mit Ästhetik. Aber ich muss.

Erst einmal liege ich hier, jeder Ästhetik wie Athletik verlustig, und laufe nicht weiter, mitten im Rennen. Pulveriger Wind lässt Staub meine Gesichtshaut peelen. Autsch. Der Himmel blendet. Mit zusammengekniffenen, schmerzenden Augen erkenne ich sich abzeichnende Zirruswolken.

Während ich von allen Seiten traktiert werde, macht die Laufuhr weiter. Tick, tack, tick, tack, tick, tack. Ich würde ja weiterlaufen, wenn ich nur wüsste, tja!, wie?! Ich kann nicht mehr. Ich will nicht mehr. Muss ich echt? Mir will der Übergang von Phase zwei in Phase drei des Ultratraillaufens nicht gelingen.

Zurück zu Faust, in seinem Monolog meint er, dass er deswegen ein armer Tor sei, also ein dumm handelnder Mensch, weil er zunächst voller Hoffnung seine Aufgabe als Gelehrter gestartet hatte. Letztlich endete er aber als Enttäuschter, weil er trotz seiner Bemühungen unsere Welt und ihre Geheimnisse zu verstehen, nicht einen Schritt vorangekommen war. Er wurde kein bisschen klüger, als er es vor seinen Studien schon gewesen war.

Die einzige Erkenntnis nach dieser Zeit: Es ist unmöglich, die Geheimnisse unserer Welt und unseres Lebens erkennen oder lösen zu können und dass wir nichts wissen. Ein weiterer Unterschied zwischen Faust und mir: Ich hätte es besser wissen müssen. Ohne ausreichende Vorbereitung meldete ich mich für einen 105 Kilometer langen Lauf durchs Hochgebirge an und startete. Das macht man doch nicht. Das ist dumm.

Die erste Hälfte kam ich durch. Die zweite, na ja, in der liege ich ergeben auf dem Boden, wie erdrosselt, Steine quetschen meine Hinterseite, während die Zeit, im Gegensatz zu mir, weiterläuft. Warum mache ich diesen Fehler, obwohl ich es besser weiß?

Wenn das rätselhafte Geheimnis Ultratrailrunning lautet, ist es durch eine sehr simple Gleichung zu lösen: Die Formel, viel Training, also hohe Umfänge schrubben = du wirst ins Ziel kommen, irgendwie, irgendwann, ist nicht neu. Während der Pandemie war ich träge geworden, hatte versucht, meinen Schrittzähler täglich auf 10.000 zu bringen, gehend, was aber offensichtlich nicht als ausreichende Präparation für einen Ultra zu verbuchen ist.

Trotzdem kam es zur Anmeldung. Demut? Fehl am Platz beziehungsweise fehl vorm PAGT. Dass dieser Großmut nicht zu der großen Herausforderung passt, ist klar.

Hinweis zu folgenden Szenen: Mein Verhalten ist disqualifikationswürdig, denn grundsätzlich dürfen Wettkampfteilnehmende keine Unterstützung von außen annehmen.

Luke und Antonia, die am Rande meines Gesichtsfeldes stehen, ermuntern mich, mich weiter zu schleppen. „Dumm", denke ich laut, schiebe den Faust-Vergleich in den Hinterkopf. „Als Strafe für mein Torsein werde ich das Rennen zu Ende bringen, egal wie lange das dauern wird." Lange, das heißt mindestens zehn Stunden des Leidens bei null Spaß. Das ist gerecht.

Denn ich weiß, dass ich nichts weiß und stattdessen leiden muss, demütig. Ich brauche noch einen Moment auf dem Boden, gutes Zureden hin oder her. Demut. Als würde das Wort hämisch lachend in Großdruckbuchstaben über mir prangen: D E M U T.

Das ist laut Wörterbuch eben dies: eine Ergebenheit, die in der Einsicht in die Notwendigkeit und im Willen zum Hinnehmen der Gegebenheiten begründet ist. Klingt kompliziert, heißt aber: Wer nicht einsehen will, muss leiden. Wer nicht hinnehmen kann oder will, dass ohne Vorbereitung kein Ultra gelaufen werden sollte, wird scheitern und im besten Fall nach der Klatsche demütig werden. Oder?

Zurück zum Anfang, wie begann die Dummheit? In München begann sie und hat eine Ursache.

SIEBEN QUADRATMETER

Sieben Quadratmeter Bodenfläche, sieben Quadratmeter aber auch nur, weil mir das gemietete Hochbett unter ihm Zusatzplatz bietet. Raum erstreckt sich nur nach oben, in diesem Altbau mit seinen hohen Wänden. Das gegenüberliegende Fenster ist wie eine Luke, wie ein kleines Guckloch ins Draußen, man fühlt sich wie eine Katze in einem Transportkorb.

Und das Draußen ist aus diesem Blickwinkel die gegenüberliegende Hauswand des Gebäudekomplexes über dem Hinterhof. Sie kommt so nah an meine sieben Quadratmeter heran, dass ich den Nachbarn die Hand zum Gruß durch mein Fenster reichen könnte. Oder mich aus deren Küche bedienen könnte, in die ich direkt von meinem Schreibtisch vorm Fenster aus schaue.

In München muss Wohnraum effizient genutzt werden, wie wollen die anderthalb Millionen Menschen sonst Platz finden? Willkommen am effizienten Wohnort Nockherberg. Käfigartig lässt sich die Überschaubarkeit meines wohngemeinschaftlichen Zimmers beschreiben. Warum sollte man hier wohnen wollen?

Nachdem ich das Kanzleiapartment räumen musste, weil das Wohnen darin zeitlich begrenzt war und nach einer Eigenbedarfskündigung meines WG-Zimmers im Glockenbachviertel, hocke ich nun in dem einzig bezahlbaren Plätzchen, das mich mein Teilzeitjob in München mieten lässt. Na ja, es ist noch immer besser als die Abstellkammer im Allgäu.

Der Münchener Wohnungsmarkt macht nur Spaß mit Vitamin B oder mit viel Geld. Andernfalls bleibt er einem verschlossen. Die Zusage für das Zimmer bekam ich, weil mein Mitbewohner ein alter Bekannter meines besten Freundes Luke ist. Vitamin Luke hat mir die Tür geöffnet, also, willkommen am Nockherberg.

Wenn ich nicht in meinem Käfig mit Hinterhof- und nachbarlichen Küchenblick hocke, bietet mir mein circa acht Quadratmeter großes Kanzleibüro räumliche Abwechslung. Das ist mit einem größeren Fenster ausgestattet als in meinem WG-Zimmer, allerdings mit Gitterstäben vor dem Blick auf die Straße.

Nahe der Theresienwiese ist verkehrstechnisch immer viel los um die Kanzlei. Beim Lüften schmuggeln sich jedes Mal Abgase hinein und hängen als Dunst über meinem Schreibtisch. Das ist mir lieber als die anderen Gerüche, denn zur Oktoberfestzeit ist das im schlechtesten Fall der Geruch von Erbrochenen, im besten Fall von gebrannten Mandeln.

Beide Fensterausblicke kennen keine Sonne. Nockherberg, der Name trügt, von Bergfeeling ist da nichts zu spüren. Die S-Bahn rattert in einer Lautstärke, die jedes Gespräch unmöglich macht, der Kronepark hat wenig mit Natur zu tun und frische Luft kriegt man hier auch nirgends. Man inhaliert Abgase.

Das erinnert mich an ein Bild aus einem Gedicht, das ich in der neunten Klasse las. Wie ein Wurm, der sich seinen Weg durch den Darm bahnt, bahnen sich die Öffis durch München. Die Stadt krankt. Münchens Fluidum ist geprägt von Smog, Lärm und Hundescheiße, worin ich bereitwillig schwimme.

Wirklich, ich wohne gerne hier. Ich bahne mir beim Laufen gerne den Weg durch Kaugummi und anderen Schmutz, ohne Witz. Die Ausflüge am Wochenende in die Berge verschaffen den Ausgleich zum Großstadtleben, der mich sie schätzen lässt. Die extreme Kluft zwischen Großstadt und Alpenwelt, zwischen Großkanzlei und Trailszene lässt jeweils Zweiteres noch freier erscheinen.

Plötzlich kam die Pandemie und mit ihr die Ausgangssperren und Race-Absagen. Nicht einmal in die Kanzlei durfte ich zur Käfigabwechslung noch. Zeitweise wurde eine Home-Office-Pflicht verordnet. Innsbruck Alpine Trailrunning Festival, Ultra Trail du Mont Blanc, Trans Atlas Marathon und Transalpine Run – alle Wettkämpfe, die ich ursprünglich für dieses Jahr geplant hatte, wurden verschoben oder abgesagt.

Zum Gedankenlüften eine Runde Trailrunning in den Bergen? Verboten beziehungsweise eine Grauzone. Aus den hochhackigen Pumps in abgeranzte Trailschuhe schlüpfen und den Wechsel von sauber zu schmutzig, von formell, konservativ, distanziert zu frei, nahbar, fast punkig, genießen? Verboten. Genommen werden mir mit den Bergen und dem Berglaufen auch die geliebten Kontraste und aufgetragen wird mir, staatlich verordnet, das Großstadtleben und zwar vierundzwanzigsieben. Ab diesem Moment verliert München an Attraktivität.

Die Stadt wird zum Knast auf sieben Quadratmetern mit Blick auf weiße Wand und auf fremde Küchengeräte. Das ist ein Problem. Ich muss hier raus. Ich trage das Problem wälzend mit mir herum, bis: „Das ist einer der technischsten Trails, die ich je gelaufen bin, echt kranker Scheiß, das mache ich nie wieder. Da liegen riesige Steinbrocken rum, über die du in der Nacht klettern musst, dann die Gletscherquerung, die zu schmalen Wege direkt über steilen Schluchten… Das ist der PAGT, der einzige größere Trailwettkampf, der in der Pandemie stattfindet."

Mit diesem vielversprechenden Teaser von einem ASICS-Teamkollegen im Ohr, finde ich zur Anmeldung. „Das klingt nach einem intensiven Erlebnis", sage ich mir, ihm zustimmend. Ein Abenteuer, das es schaffen würde, mich aus der Großkanzlei- und Großstadtalltagsblase abzuholen und es schafft, mich dankbar und demütig werden und auf das Wesentliche konzentrieren lässt.

Hohe Ansprüche an ein Rennen. Ultratrails im Hochgebirge sind natürlich auch deswegen toll, weil man so die Möglichkeit hat, lange in den Bergen mit vielen Gleichgesinnten unterwegs zu sein, die vier Phasen zu erleben, außerdem gibt es alle paar Kilometer leckeres Essen an Verpflegungsstationen und ein kühles Bier im Ziel.

Hinzu kommt dieses Mal, dass meine Freunde Babsi, Luke und Antonia mir anbieten: „Wenn du läufst, versorgen wir dich während des Wettkampfs mit frischem Bananenbrot." Die Entscheidung fällt. PAGT? JA, BITTE und zwar die längste Distanz, die es gibt. Hauptsache raus, Natur, Berge und das lang, lang, lang mit Bananenbrot. Meine PAGT-Tasche ist schneller gepackt als die Bestätigungsmail zur Registrierung für das Rennen raus ist. Pfiat di, München, ich bin weg und zwar 105 Kilometer lang.

1,50 METER

... und zack stehe ich nachts in Mandarfen, um kurz vor halb elf, eigentlich zur Schlafenszeit. Statt ins Bett, werden wir ins Hochgebirge gehen. Das Atmen fällt schwer. Ich stehe an der Startlinie des PAGT und ziehe den Sauerstoff mit einem tiefen Atemzug ein. Nicht, weil ich mich angestrengt hätte – ich bin noch nicht losgelaufen –, sondern weil ich eine Mund-Nasen-Bedeckung trage, pandemiebedingt.

Oder ist es meine fehlende Fitness, weil ich gerade ein paar Treppenstufen bewältigt habe? Ich fühle mich nicht fit. Besonders herausfordernd in diesem bizarren Jahr ist, dass ich keinen einzigen Wettkampfkilometer zur Vorbereitung laufen konnte, wie auch, fand ja keiner statt.

Das ist verzwickt, denn aus Wettkampflaufen besteht normalerweise meine Vorbereitung, oft meine einzige. Trainingspläne meide ich. Bahnintervalle und solche Dinge, die Trainer in Pläne kritzeln, sind mir fremd, und das wäre auch völlig kontraproduktiv, laufe ich meist aus anderen Gründen und möchte das Laufen nicht als zusätzliche Stressquelle wissen.

Hier bin ich also bei meinem Kontrastprogramm PAGT, für das ich mich zwar körperlich nicht bereit fühle, wenigstens aber emotional. Hinter der Startlinie wartet ein Superlativ-Wettkampf auf uns, einer der härtesten Wettkämpfe, der in einer der schönsten Regionen Europas stattfindet: dem Pitztal in Österreich, mitten in den Alpen.

Umgeben von 3000 Meter hohen, schneebedeckten Bergen führt die Strecke über steinige Trails, ständig bergauf, um dann auf sehr technischen, teils exponierten Trails wieder ins Tal zu führen. Über grüne Wiesen, reißende Flüsse, hohe Wasserfälle, vorbei an türkis strahlenden Bergseen.

Und als wäre das noch nicht genug Summierung von Naturspektakeln, das große Highlight: Laufen über den Pitztaler Gletscher.

Wegen des Nachtstarts erwartet mich außerdem ein Sonnenaufgang mitten im Hochgebirge. „Genug Belohnung, nachdem ich die ganze Nacht durchgelaufen sein werde", motiviere ich mich vorfreudig an der Startlinie.

Das Pitztal ist in der Pandemie allen einen Schritt voraus: Nach unzähligen Corona-bedingten Race-Absagen hat der Tourismusverband Pitztal gemeinsam mit Salomon und der Laufwerkstatt für den Pitz Alpine Glacier Trail, als erster großer Trailrunningveranstaltung 2020, das Okay von der österreichischen Regierung bekommen. Die Voraussetzung: ein coronakonformes Konzept für die 750 Angemeldeten.

„Wir mussten mit unserem Konzept bis nach ganz oben bei den Behörden. Das war unglaublich viel Arbeit und Anstrengung. Aber wir sind sehr glücklich, dass der PAGT jetzt stattfinden kann. Die Sportler und Sportlerinnen sind so dankbar. Das war die ganze Arbeit wert", erzählte mir Gerry Gstettner, der PAGT-Projektleiter.

In der Umsetzung heißt das für uns Startende: Kein Live Race Briefing, sondern Infodokumente durchlesen, keine Start- und Finish-Area mit Festivalcharakter, sondern eine Durchlaufzone ohne Verweilmöglichkeit, keine Verpflegungsstationen zum Selbstbedienen, bei denen wir mit der Hand in die Nuss-, Keks- und Käsebehälter langen können, um Nachschub zu schaufeln, sondern unsere Schale hinhalten, damit mit einer Zange Essen durch das PAGT-Organisationsteam gereicht wird. Es wird anders werden.

In sieben Minuten: Um mich herum stehen auf den Markierungspunkten, die in 1,50 Meter Abstand auf den Asphalt gesprüht sind, die anderen PAGTler, alle maskiert. Einige winken mir zu, und ich habe Probleme, sie nur anhand der Augenpartie zu erkennen, also winke ich unwissend zurück, lächle, bis mir auffällt, dass sie mein Gesicht und damit mein Lächeln nicht sehen können.

Philipp Reiter, Fotograf, verewigt uns und die abstruse Situation auf Bildern. Auch ihm lächle ich unnötigerweise zu. Oder auch nicht unnötig, denn die zusammengekniffenen Augen und die Lachfältchen recht und links von ihnen verraten das freudige Lächeln. Diese Freude steckt an. Erkennungsmerkmale sind rar: Jede und jeder hier trägt Trailrunningschuhe, Laufrucksack mit dem Pflichtequipment darin und bunte Funktionsklamotten. In jedem Fall stehen hier ausschließlich Verbündete. Ich bin aufgeregt.

Der Startschuss fällt, ich renne gegen eine dunkle Wand. Nach einigen hundert Metern lichtet sich das Feld, die Stirnlampen beleuchten die orangefarben markierte Strecke, die weißen Stoffmasken weichen Schwärze. Tschüss, gemütliche Zivilisation, hallo nächtliche Wildnis.

Was sich die folgenden 45 Kilometer, die ich durch die Nacht laufe, bietet, ist genau das, was ich mir gewünscht habe: Ständig dem Schein meiner Stirnlampe folgend, hüpfe ich über enge, steinige Trails, kraxle einen derart steilen Berg hoch, dass ich die Hände zu Hilfe nehmen muss, um die Strecke zu schaffen. Meine Finger graben sich in den Schmutz, suchen Halt, ich fasse an Fels, ziehe mich an Baumästen die senkrechte Steigung hoch und versuche, mit den anderen Laufenden mitzuhalten.

Meine Schuhe wühlen im erdigen Steilhang. Ich schwitze, keuche, steige und laufe nur, wenn der Weg sichere Trittbreite bietet. Der Mond erleuchtet den an der Strecke schlafenden Rifflsee und macht ihn dadurch zu einer weiteren Lichtquelle. Es zeigen sich so viele Sterne, wie ich noch an keinem anderen Ort der Welt erkennen konnte.

Unter ihnen bilden sich die spitzen, schwarzen Bergsilhouetten ab. Müde bin ich nicht, denn das Adrenalin arbeitet zuverlässig und bringt mich voran. Kurz vor der Gletscherquerung werde ich von einem PAGT-Unterstützer daran erinnert, mir meine zur Pflichtausrüstung gehörenden Schneeketten unter die Schuhe zu binden, denn es wird glatt.

Das Gletschereis glitzert edel, es scheint mir geradezu unerhört, es mit den verdreckten Schuhen zu betreten. Trotzdem tue ich es, mitten in dieser PAGT-Nacht und werde in diesem Moment von Gefühlen überrannt: Ich liebe diesen Tag, dieses Hobby und das ganze Leben.

„Training? Wird überbewertet", meine ich zu wissen. Ich habe Spaß! Das ist das Erlebnis, das ist exakt das Abenteuer, das ich mir gewünscht habe. Die innere Anspannung durch Hektik, die Enge des Alltags, selbst die Pandemie scheinen weit, weit weg von diesem Stück Restgletscher zu sein. Mindestens im 200 Kilometer entfernten München sind sie geblieben. Ich atme tief ein und laufe weiter den Gletscher hinab. In völliger Resonanz mit der Umgebung.

(DE-)MUTIG

Kilian Jornet, Ausnahmetalent des Trailrunningsports, sagt, dass man sich in den Bergen klein fühlt und so Demut lernt. Ich empfinde es genau andersherum, denn ich fühle mich groß und so, als hätte ich die Berge unter meinen Trailrunningschuhen im Grip beziehungsweise im Griff, eher mutig als demütig.

Demut wird als eine christliche Tugend deklariert. Der Demütige erkennt und akzeptiert aus freien Stücken, dass es etwas für ihn Unerreichbares, Höheres gibt. (Unerreichbar? Hoffentlich gilt das nicht für den PAGT.) Das klingt sehr verstaubt. Passt das zu unserem trendigen Hobby Trailrunning? Vielleicht.

Berge galten oftmals als heilige Orte der Gottesbegegungen, als Sitz der Götter wie der Olymp bei den Griechen, der Elbrus (wie bereits erwähnt) oder auch der Fuji in Japan. Wegen der großen Ehrfurcht mied man Berge in weit zurückliegenden Zeiten.

Im Laufe der Geschichte wurden sie zu Sportgeräten und mit dem alpinen Extremsport und seinen außergewöhnlichen Erlebnissen führt die Entwicklung wieder zurück ins Religiöse: Denn diese sogenannten *Grenzerfahrungen* muten mystisch an, ähneln religiösen Erfahrungen. Vielleicht passt Demut doch zum Bergsport.

Der Sonnenaufgang in den Bergen hat in der Tat etwas Göttliches. Obwohl ich nicht religiös bin, muss ich dennoch dieses Wort wählen, weil *schön, außergewöhnlich, atemraubend* zur Beschreibung nicht ausreichen. Der Sonnenaufgang ist mehr, vielleicht göttlich. Jedenfalls eine außeralltägliche Erfahrung. Man möchte fast die Hände falten und danke sagen, irgendwem, aber nur fast.

Ich brauche die Hände ja für etwas anderes, nämlich, um meine Laufstöcke zu benutzen, hier wird nicht gebetet. Das Licht, das mich umgibt, kurz bevor die Sonne sich über die Bergspitzen gearbeitet hat, schafft eine einlullende Stimmung der Geborgenheit. Als wäre ich ein Baby, das von einem Elternteil eingekuschelt würde, in eine flauschige Decke, so verhält sich das lauschige Licht hier auf dem Höhenweg.

Und dann die ersten Strahlen, die von den spitzesten der Berggipfel gebrochen werden und in einer Vielzahl die alpine Landschaft ertasten, wie Finger bei einem schnellen Klavierstück, und sich weiter vorarbeiten, bis sie wieder zu einem Strahl werden, der zu einem grellen Lichtkegel heranwächst. Würde man das Bild in Töne übersetzen, wäre es eindringliche Musik, die auf leise Art und Weise inwendig begeistert und die Stimmung aufhellt.

Vielleicht wie Beethovens fünfte Sinfonie, wie mein klassikbewandeter Bruder Alex mich unterrichtet, die den Sieg des Lichts über die Dunkelheit symbolisieren soll. Meine Finger klammern sich noch fester um den Kork der Stöcke und massakrieren den Untergrund im Rhythmus Hieb, Stich, Hieb, Stich.

Die Sonne hat den Horizont überschritten und mich ab jetzt im festen Griff ihrer heißen Hand. Kein Stern ist mehr zu sehen und der Mond nur noch schwach zu erkennen. Die Schatten sind vertrieben. Hallo, neuer Tag. Die Nacht ist abgelaufen und durchgelaufen, fast die Hälfte des Rennens geschafft.

HOCHMUT(-IG)

Zehn Stunden später – Kilometer 55 beim PAGT. Der Tag kam schneller als mir recht war. Mit ihm kam die Hitze auf Wäschetrocknerniveau und mein Fall nach dem Hochmut. Der lange Anstieg auf ein Gipfelplateau lässt die Bedürfnisse meines Körpers so laut werden, dass ich ihm gewähre, was er sich seit Stunden wünscht: Ruhe. In schmilzender Bewegung lasse ich ihn in den Schutt gleiten und verlange ihm keine Bewegung mehr ab. Team Berge und Sonne eins, ich null.

Keine Methode hilft mir mehr, ich muss mich ablegen. Wie aufgebahrt ruhe ich Rücken an Bergrücken, die Arme rechts und links von mir gebettet, den Kopf unbequem nach hinten überdehnt. Die Beine, die nicht mehr laufen, lagern lang und breit weggestreckt von mir, wie tote Fische, die das Zappeln aufgegeben haben, sich ihrem Schicksal ergeben und sich mental auf ihr elendiges Vertrocknen in der Sonne vorbereiten.

Dieses Bild könnte man als Demutsgebärde gegenüber dem Berg und gegenüber dem Ultratrailsport sehen. Im englischen Begriff von *humility* steckt das lateinische Wort *humus*, die Erde, oder das germanische *diemuot*, der Demütige oder der Niedrige, der durch seine soziale Stellung der Erde näher ist als sein Herr und Gott, so wie ich. Wie ein untertäniger Hund liege ich auf der Erde, der die herrschende Rangordnung zu spüren bekommen hat, der keine Chance gegen den stärkeren Aggressor hat, weswegen er den Schwanz einzieht, sich Bauch nach oben auf den Boden legt und hofft, dass dieses Verhalten den Stärkeren beschwichtigt und dessen Aggression hemmt.

Meine Unterwerfungsgeste schreit geradezu: „Lieber Bergsport, bitte tu mir nicht weiter weh, ich werde auch nie mehr denken, ich hätte dich im Griff." Die Summe meiner Schritte, die gegen Steine anschlugen, die Höhenmeter, die meine Oberschenkelmuskeln vervibriert haben, die Sonneneinstrahlung auf der Höhe, all das ist Henkerswerk.

Henker, wieder so eine christliche Parallele. War Judas aus dem Neuen Testament nicht der heilige Henker? Ich fühle mich jedenfalls gerichtet. Der erfüllte Tatbestand für die Berghinrichtung? Unterlassene Demut.

„Wie kann etwas so Schönes so vernichtend strafend sein?", frage ich mich. „Schon schön hier", dachte ich noch beim Zusammensinken. So aggressiv der Anstieg auch war, der Ausblick entschädigt für einiges und lenkt lange ab. Der blaue Himmel, der Blick auf einen türkisblau strahlenden See im Tal, in den Fängen einer kargen, verlassenen Berglandschaft – und wir mittendrin, ohne Exitoption.

Das mag ich grundsätzlich sehr, ja, zahle sogar Anmeldegebühren, um dieses Gefühl immer wieder zu erkaufen. Heute wäre ich lieber woanders. Ich möchte mein Geld zurück. Das ist paradox, die todesähnlichen Erschöpfungsgefühle zu empfinden, während man auf so eine gesunde, lebensbejahende und malerische Postkartenlandschaft schaut.

Den Körper interessiert all das nicht, er hält sich auch in noch so schöner Umgebung nicht auf den Beinen, die entschädigt ihn für nichts. Je schöner ich eine Umgebung finde, desto anstrengender ist sie zu erreichen, das ist das Dilemma.

Das Fleisch ist müde, erschöpft und ohne einen Hauch mentaler Kraft kann ich mich nicht wieder aufraffen. Der spitze Stein, der sich in meinen oberen Rücken bohrt, ist längst schon lästig, aber ich bin zu antriebslos, die liegende Position auch nur einen Zentimeter zu verändern.

Es lief doch zunächst so ok, was war in den letzten Stunden passiert? Es lief irgendwie alles, also, schief, zuletzt: Zum Ende der Nacht nach der Gletscherquerung plagen mich Wadenkrämpfe, ich falle böse aufs Knie und mein Trinkbeutel reißt. All das machte mir nichts aus, denn nach Sonnenaufgang, der für sich allein schon für alles Erlittene entschädigte, empfangen mich meine Freunde Babsi, Luke und Antonia in Mandarfen an ihrem Camper, der an der PAGT-Strecke geparkt steht.

Hier komme ich in den Genuss des versprochenen, selbst gebackenen Bananenbrots und heißen, schwarzen Kaffees mit Hafermilch. Das bedeutet pures Glück für Magen und Mind. Voller Motivation und mit vollem

Bauch begleiten mich Luke und Antonia seitdem auf der Rennroute, Babsi fährt mit dem Camper an einen Punkt, den wir drei später erreichen werden.

Während meine Kraft von Kilometer zu Kilometer abnimmt, die Müdigkeit und die Kraftlosigkeit zunehmen, scheint genau das das Unterstützer-Gen der beiden zu befeuern. Anfangs noch plaudernd, lachend und scherzend werde ich mit der Dauer des Rennens immer leiser und langsamer.

Da wissen wir schon: Das wird ein langwieriger Tag werden. „Danke, dass ihr da seid", sage ich in dem Wissen, dass ich die beiden bitter brauchen werde, wenn ich es ins Ziel schaffen will.

Die gleißenden Sonnenstrahlen abwehrend, spendet Luke mir Schatten und Antonia reicht mir Kekse. Die beiden sind sehr motiviert, mich ins Ziel zu treiben. Und ich? Ich will schlafen und mich am liebsten nie mehr bewegen, nicht mehr leiden müssen.

Man verlernt das Leidenaushalten ohne Praxis. Anstrengung aushalten, Schmerzen verdrängen, von der Belastung ablenken – das sind Methoden, um das Leiden zu trainieren. Ich habe dieses Jahr nichts davon trainiert.

Die Support-Gesten sind so liebevoll, dass mich das aufraffen lässt. Weniger für mich, mehr für sie. Ich hieve meinen demutdurchseuchten Körper mühevoll hoch, stütze mich auf die Laufstöcke und taumele die ersten Gehversuche hinter meinen zwei Pacern her, um dann in einen Zombiewalk zu wechseln, stetig, stoisch, ein gepeinigter Schritt nach dem nächsten in Richtung Ziel.

Damit ich nicht noch einmal auf die Idee komme, mich hinzulegen, nehmen Luke und Antonia mich in die Support-Zange, Luke marschiert vor mir und Antonia hinter mir her – so quälen sie mich im schleppenden Schneckentempo den Berghang entlang. Die Sonne brennt auf unsere Kopfhäute und meinen geplagten Körper.

Ich muss weiter … es sei denn, mein müder Körper fällt kartoffelsackartig gegen einen Stein. Wenn ich jetzt falle, bedeutet das, das Rennen wäre vorbei. Das wäre DIE Lösung, das Ende, hier und jetzt. Einladend spitz ragt eine Felskante gegen die Laufrichtung aus einer zu passierenden Steinwand heraus. Einen großen Schritt auf ihn zu, ein Stolpern simulieren und einfach … Der spitze Stein zieht unkollidiert an uns vorbei.

Ich muss weiter … es sei denn, ich verlöre einen Schuh. Die Schlucht linkseitig unseres Trails gräbt sich hunderte Meter in die Tiefe, fiele mein Schuh da hinein, wäre das Rennen vorbei für mich. Das wäre DIE Lösung. Wie verlockend die Tiefe mich anlächelt. Ich müsste nur beim Entleeren meiner Schuhe von Steinen ein ungeschicktes Stolpern in Richtung Abgrund tätigen. Die Schlucht bleibt schuhleer, wir ziehen weiter.

Ich muss weiter … es sei denn, ich verstecke mich in irgendeiner Höhle hier im Gebirge und da bleibe ich einfach. Das wäre DIE Lösung. Mein suchender Blick kriegt keine Höhle zu fassen.

Ich muss weiter … es sei denn, ein wildes Tier greift mich an, gibt es hier nicht Schlangen? Ich habe das Warnschild noch im Hinterkopf. Rote Buchstaben ließen sich lesen: Achtung, Schlangen! Das wäre DIE Lösung. Wo seid ihr, beinlose Freunde? Kommt zu mir. Kein wildes Tier tut mir den Gefallen. Unangegriffen trotte ich weiter.

Ich überlege mir all das mit Bedacht, aber ohne Ertrag. Denn: Ich muss weiter, das Ziel heißt Mandarfen, da wird es zu Ende sein. Es gibt keine Exitoption. Die Vorstellung dessen hilft.

„Im Gegensatz zum Tier kann ich mich über die Zwänge der Natur erheben. Ich kann Sex haben, ohne mich vermehren zu wollen. […] Ich kann den Überlebenstrieb ignorieren und mich in Gefahr bringen, allein um den Reiz der Herausforderung willen. Dem wahren Menschen genügt das Dasein nicht, wenn es ein bloßes Hier-Sein meint. Der Mensch muss sein Dasein erfahren. Im Schmerz. Im Rausch. Im Scheitern. Im Höhenflug. Im Gefühl der vollständigen Machtfülle über die eigene Existenz“, schreibt die Autorin Juli Zeh in ihrem Buch *Corpus Delicti*. Indem ich nicht aussteige, sondern mir nur vorstelle, auszusteigen, was beim Weitermachen hilft, spüre ich die Machtfülle über meine Existenz hier beim (hochmütigen) Höhenflug PAGT. Macht hilft und ein Mantra. Mantramäßig male ich mir das Ziel aus.

Mandarfen.
Besser noch, in Großdruckbuchstaben. MANDARFEN.
Weiterlaufen.
Man.
Darf.
En.
Weitertraben.
Mandarfen.
Weiterweiterweiter.

Mein Fuß rammt mal wieder einen Stein. Ich will nicht mehr. Stopp. Nicht nachdenken, außer: Mandarfen. Man. Darf. En. Weiter, nicht nachdenken, Mandarfen. Ein gut gelaunter Mitläufer überholt uns locker trabend. Er verrät, dass er das Race letztes Jahr schon gelaufen ist.

Ungefragt will er uns den weiteren Streckenverlauf verraten: „Also der Berghang zieht sich hier noch eeewig weiter. EWIG! Wenn ihr schon völlig am Ende seid, dann kommt immer noch eine Abzweigung und noch eine und noch eine. Das endet nie. NIE! Erst, wenn ihr wirklich gar keinen Bock mehr habt und das Ende schier nie in Sicht zu sein scheint, dann geht es irgendwann ins Tal runter."

Diese Infos hätte er sich gerne sparen können. Mein „Mandarfen" muss ich jetzt umso intensiver denken. Danke für nichts, Kollege. Wir trotten trotzdem weiter. Mandarfen! Bei der Abzweigung für die 60-Kilometer-Distanz bin ich versucht, das Rennen abzubrechen und den Trail in Richtung Ziel abzukürzen.

Ich brauche ein neues Mantra und mache mir das von Courtney Dauwalter, Utratrail-Legende, zu eigen: This is fine, I am fine, keep going. This is fine, I am fine, this is fine, I am fine. Weiter. Der Berghang zieht sich tatsächlich eeewig hin, aber: This is fine!

Meine Supporter locken gut gelaunt mit Keksen, Bananenbrot und lieben Worten, so biegen meine müden Beine nicht ab, sondern traben weiter in Richtung Ziellinie des 90-Kilometer-Wettbewerbs (man hat die Option beim PAGT während des Rennens von der 105 Kilometer- auf die 90 Kilometer-Distanz zu wechseln). Ohne einen Funken mentaler Energie zehre ich von der mentalen Kraft meiner Support-Zange und Courtney Dauwalters Mantra. Die Abzweigungen scheinen aber wirklich NIE enden zu wollen. Der Weg ist Trail gewordene Vergeblichkeit.

Als wir 15 Kilometer vor dem Ziel Barbara und ihr Bananenbrot treffen, werden meine Knie ganz zittrig vor Freude, vor Rührung und vor Erschöpfung und weil das Bananenbrot sehr lecker schmeckt. In meinem ganzen Leben habe ich noch nie so leckeres Bananenbrot gegessen, da bin ich mir sicher.

Ich hocke in Barbaras Campingstuhl, Fliegen setzen sich auf meine Beine, die mich schon als Kadaver wähnten. Nicht heute, auf nach Mandarfen! Krümmel und Tränen abwischend springe ich auf, die Fliegen verscheuchend.

Die letzten Kilometer trabe ich von Luke begleitet, zum Ziel. Das Ziel in Mandarfen, so nah, die Erlösung, der Anfang vom Ende der Qual. Wir sind noch immer tief im Tal, rechts und links thronen noch immer die spitzen Berge mit Pyramidenköpfen.

Kilometerzusammenklamüsern war noch nie so leidvoll. Und so wenig ästhetisch. Ich schummele mich vorwärts. Das ist eine Laufstrecke und ich mache sie zur Schleichstrecke.

Sie führt dankenswerterweise über einen untechnischen Wanderweg entlang eines Flusses in Richtung Erlösung und in Richtung Zielbier, schlängelnd und im Schatten. Unsere Unterhaltungen über die Berge und die Trails lenken so gut ab, dass ich mein Leiden fast vergesse.

Luke plappert munter von seinem Vorhaben, den PAGT auch laufen zu wollen. Das lasse ich unkommentiert, aktuell wünsche ich niemandem, diese ewig lange Odyssee bewältigen zu müssen, aber Luke ist ein Typ, der solche

Herausforderungen liebt, auch dann noch oder gerade dann, wenn sie besonders hart werden. Darin unterscheiden wir uns: Ich mag meine Komfortzone.

Meine Leidenstoleranz ist begrenzt. Unterstützen würde ich ihn definitiv, aber an künftige eigene Läufe werde ich jetzt nicht denken. Mandarfen. Ich beobachte mit steigender Nervosität jeden Punkt am Horizont, wie klein er auch ist, solange er nur das Potenzial hat, irgendwann ein Zielbogen zu werden.

20:46 Stunden, das sind 1246 Minuten. Ich trabe über den sandigen Boden unter einem Zielbogen hindurch und schwupps, bin ich im Ziel, mitten in Mandarfen, bekomme eine Medaille um den Hals gehängt. Und ein Bier in die Hand gedrückt. Ich frage nach drei weiteren Medaillen und habe Glück, dass welche übrig sind: die bekommen Babsi, Luke und Antonia umgehängt.

Meine lege ich direkt ab, um auch mich abzulegen: in den Staub im Zielbereich. Wie ein sich windendes Tier, das harpuniert, gerade so seinen Weg zur letzten Stätte gefunden hat, um hier die Augen zu schließen, erst einmal für immer. Hier ergebe ich mich der Schwerkraft, dem Sport, den 90 Kilometern. So fühlt sich Erlösung an. Und Demut? Darüber muss ich später nachdenken.

Ich habe „Eis“ gehört. Dafür lohnt es, sich aufzuraffen. Mich der zoologischen Klassifizierung entziehend, nehme ich wieder Menschengestalt an, indem ich mich auf meine zwei Beine stelle, dass eine beim Gehen leicht nachziehend.

Gemeinsam gehen wir eiscremewärts, ich Staub abklopfend, auch, um das linksseitige Hinken zu vertuschen. Der sinkende Vorhang der Abenddämmerung tilgt die zappelnden Schatten auf dem Eventgelände, wir vertilgen mehrere Eiskugeln abseits des ihn beobachtenden, abnehmenden Trubels.

Mir kommt in den Sinn, dass man offenbar ohne eigene mentale Energie, aber mit der von Freunden angezapften Mentalbatterie, solche Rennen ins Ziel bringen kann. Ich genieße das kühle Bier, Eis und die Gesellschaft meiner Freunde im Zielbereich, ohne die ich wohl noch immer irgendwo im Pitztal in den Bergen herumliegen würde, auf oder an spitzen Steinen ohne Bier, Eis und Bananenbrot. Ich bin froh, dass es euch gibt, Babsi, Luke und Antonia. Kilian Jornet hatte recht.

Hat Demut etwas mit Mut zu tun? Erich Fromm, Psychoanalytiker und Philosoph, sagt, Demut sei die Überwindung des Narzissmus. Zum Narzissmus gehöre eine tiefe Verunsicherung hinsichtlich der eigenen Stärken und Schwächen und ein wackliges Selbstwertgefühl. Zu überwinden ist dies nur durch das Erkennen und vor allem Anerkennen dessen, was man wirklich ist. Die eigenen Schwächen akzeptieren, Grenzen und Vergänglichkeit respektieren, den Dingen wie sie sind, ins Auge blicken und das Beste daraus machen – das alles ist Teil von Selbsterkenntnis. Und erfordert den Mut zur eigenen Wahrheit.

Eine andere Deutung des Begriffs *Demut* stammt von Teresa von Avila, die als Heilige verehrt wurde und sagte: Demütig sei, wer weiß, wie liebe- und gnadenbedürftig er ist. Demütig ist, wer sich mit seinen Schwächen anderen zumutet und zugleich seine Stärken und Fähigkeiten bereit ist zu teilen. Demütig ist, wer auch die Schwächen der anderen kennt und annehmen kann, ohne daran zu zerbrechen.

Dieses Vertrauen darauf, am richtigen Platz zu sein und das Leben mit allen Möglichkeiten und Grenzen als Geschenk zu betrachten, erfordere ebenfalls Mut. Demut hat nicht nur mit Mut zu tun. Demut ist eine besondere Form des Muts. Demut ist der Mut, auf bescheidene Art selbstbewusst zu sein. Sich nicht verstecken, sich aber ebenso wenig exponieren. Sein Können, aber auch Nichtkönnen offenzulegen. Das ist mutig und demütig zugleich. Es lohnt sich, das zu kultivieren, dann wären wir alle besser Ultralaufende und bessere Menschen?

DANACH

Und um den Rahmen um das Kapitel zu schließen, lasse ich Goethe noch einmal zu Wort kommen, dieses mal ein unverändertes Zitat beziehungsweise sein Gedicht *Demut*:

„Seh ich die Werke der Meister an,

So seh ich das, was sie getan;

Betracht ich meine Siebensachen,

Seh ich, was ich hätt sollen machen."

Ja, ich weiß, was ich hätte machen sollen: Mich demütig vorbereiten nämlich, das hätte ich machen sollen, wenn ich die souveränen Finishs meiner Mitlaufenden, also ihre Werke, sehe. Das sind die wahren Meister, genau wie meine Freunde. Ihr Werk, mich ins Ziel zu schleppen, ist auch eine wahre Meisterleistung, die ich mir nicht zugetraut hätte. Ich erkenne, ich stehe nicht über den Dingen (und den Bergen). Nächstes Mal weiß ich es besser, hoffentlich. Trailrunning ist ein so ehrlicher Sport, wer im Vorhinein Zeit, Muskelkraft und Energie investiert, wird ankommen. Es gibt keine Abkürzung und nicht jeder hat so super Freunde, die den Job für einen übernehmen.

Eines ist toll an den meisten leidvollen Erfahrungen. Und der Grund, warum ich sie immer mal wieder anstrebe, sie zu durchleben. Der Kast'sche Vorgang hat mit meinem Lauf seinen Lauf genommen: Ein Prozess (hier: Leid in den Bergen) erzeugt einen Gegenprozess (hier: ein auf das Leid folgendes Hoch in München). Diesen Effekt koste ich aus und genieße mein Dasein in München als Hoch, die Normalität als Rausch.

Ein drogenfreier Rausch, dafür reicht ein leidvoller Ultrartrail als Impuls aus. Das Beste am PAGT war, dass er vorbei ging. Das Danach ist genußvoll. Nietzsche sagte einst: „Leiden ohne Sinn macht Leiden erst sinnlos."

Beim PAGT hatte das Leiden Sinn, mehr davon. Moment, mehr davon? Ein klassisches Phänomen, das nach jedem Wettkampf eintritt, ist, dass das Leiden ausgeblendet wird. Die schmerzvollen Erinnerungen weichen dem Erleben des Erfolgs, es geschafft zu haben, ein Erlebnis mit Freunden teilen zu dürfen und den imposanten Bergbildern. Denke ich zurück, sind die Erinnerungen ans Laufleid an den Seiten angeknabbert, unvollständig. Gut, dass ich sie aufgeschrieben habe, in Demut.

KAPITEL SIEBEN

SHACKLETON HATTE RECHT - SCHWANGERSCHAFT, GEBURT UND DIE ULTRA TOUR MONTE ROSA

„By endurance we conquer", liest sich Ernest Shackletons Leitspruch. Er, der britische Polarforscher, Abenteurer, das Ausdauer- und Führungstalent, das auf einem Segelschiff namens *Endurance* 1914 auf eine Antarktisexpedition aufbrach. Die Endurance sank und zwang ihn so, zusammen mit der Mannschaft eine spektakuläre Überlebensreise anzutreten, die als legendäre Odyssee filmisch wie literarisch festgehalten ist.

Sie endete siegreich, also ohne Tote, siegreich auch, weil sie ein großes Abenteuer beschreibt, siegreich, weil sie viele Erkenntnisse bietet, auch heute, über 100 Jahre später. Die wohl wichtigste: „Ausdauer führt zum Sieg", was auch immer unter Sieg subsumierbar sein möchte.

Shackleton könnte als moderner Odysseus verstanden werden: Neugierig, listig und ständig auf der Suche nach Erfahrung. So gelingt es ihm, Gefahren zu meistern. Andererseits muss er, der Willkür der Naturgefahren ausgeliefert, vielfach Leiden erdulden. So wie Ultralaufende?

Nach dem Lesen der vorherigen Kapitel könnte die Schlussfolgerung gezogen werden: Der Ausdauersport Laufen sei verlust- statt siegreich und primär leidvoll. Diesen Eindruck möchte ich nachdrücklich kanalisieren. Ich weiß, dass es zu einer wohlklingenden Sin(n)fonie fürs Leben werden kann, gerade wenn und weil Läufe Odysseen gleichen. Weswegen? Wegen der Essenz des Laufens!

Es ist nicht nur, dass ich beim Laufen den Kreislauf der Projekte durchbreche, den Kreislauf, in dem alles immer mehr werden muss, ich immer schneller, immer effektiver als zeitgemäßes Lebens- und Arbeitskonzept, auf das sich alle geeinigt zu haben scheinen und das seine eigene Bedeutungsarmut sinnfällig macht. Beim Laufen muss ich nichts. Die Bestimmung lautet, zu sein, laufend.

Es ist nicht nur das Gefühl nach dem Laufen, seinen Körper genutzt zu haben (als am Schreibtisch Arbeitende), der funktioniert, nach Herzenslust zu transpirieren, sich zu duschen und zu wissen, diese Dusche lohnt sich, ich nehme sie nicht nur aus zivilisatorischer Gepflogenheit, nein, ich habe etwas getan, dass das Duschen notwendig macht und nun wasche ich den Schweiß ab und fühle mich danach genutzt und dafür ist der Körper da. Der Körper soll nicht ungenutzt sterben.

Es ist nicht nur das Gefühl, mit der Außenwelt zu einer All-Einheit zu verschmelzen, wenn ich durch die Natur trabe und damit ein natürlicher Teil von ihr werde, ein Teil eines großen Ganzen (der großen Suppe Welt), ein Teil, der seine Berechtigung, seine Notwendigkeit hat, ohne den etwas fehlen würde.

Es ist nicht nur das Gefühl, mit sich selbst in Einklang zu sein, also seinen Körper zu spüren, namentlich jeden Schritt beim Aufprall, die Fußsohlen auf der Innensohle des Schuhs, die Außensohle des Schuhs auf Wald-, Straßen- oder Sandboden wahrzunehmen, das Blut pulsieren zu lassen, die Kontraktion der Oberschenkelmuskeln zu registrieren, der Waden bei Anstiegen, den Rücken bei Abstiegen und damit einen Zusammenhang zwischen Wille, Körperlichem und Außenwelt zu schaffen, was sich gut anfühlt, lebendig, achtsam, frei, unfrei, kontrolliert und unkontrolliert zugleich, ein ozeanisches Gefühl.

Es sind nicht nur die Gnus.

Es ist nicht nur das Gefühl der Zusammengehörigkeit mit anderen Menschen, die laufen, egal wie alt, wie schnell oder langsam, egal welche Sprache sie sprechen; sich als Team mit einem Verbindungspunkt zu begreifen, als weltweites, ein sich wohlgesonnen gegenübertretendes, das intern immer wieder spannende Begegnungen anstupst oder sogar Ehen verursacht, wie bei mir und Christian.

Es ist nicht nur das Gefühl, etwas Ursprüngliches wiederentdeckt zu haben, das zur menschlichen Evolution dazugehört, viele es aber verlernt, verdrängt oder vergessen haben.

Es ist nicht nur die Erfahrung, gesünder und glücklicher zu leben.

Es ist nicht nur das Gefühl, ein bisschen cooler geworden zu sein.

Es ist nicht nur das Wissen, durchs Laufen eine neue Identität dazugewonnen zu haben, man ist nicht mehr nur Juliane, Frau, Juristin, Wahl-Bayerin, Freundin, Schwester, Tochter, Kundin, sondern eben auch Läuferin und das ist ein Mehr an eigenem Dasein, an eigenem Sein; man ist wer in einem Wir, der Identitätsgruppe der Laufenden.

Es ist nicht nur das Wissen, sich nonverbal, laufend politisch zu äußern. Ja, Laufen ist politisch, kann antikapitalisitisch, friedensbewegend, rebellisch, befreiend sein, ein Statement für sich.

Es ist nicht nur das Wissen, sein Gehirn effektiver, ausdauernder werden zu lassen, mit jedem Lauf seine Kreativität zu schulen, seine Konzentration, neue Verbindungen zwischen Nervenzellen zu bilden.

Es ist nicht nur das Gefühl, demütiger, aber auch selbstbewusster und damit auch mutiger zu werden, mit jedem Lauf.

Es sind nicht nur all die schönen Begegnungen, Geschichten, Bücher, Podcasts, Subkulturen, in die wir durchs Laufen eintauchen, die wir aufsaugen, die uns begleiten und prägen.

Es ist nicht nur der Anlass, dem Ich die Stirn zu bieten.

Es ist nicht nur die Möglichkeit, seine Verletzlichkeit körperlich zu erfahren und so, paradoxerweise, Stärke zu schaffen.

Es ist auch nicht nur der positive Umgang mit den Zweifeln.

Es ist auch nicht nur die simulierte Unbedingtheit zu erfahren, den Intensivierungsmodus des Daseins.

Es sind nicht nur die vier Arnstein'schen Phasen, die man bei jeder Art des langen Laufens erfahren kann.

Es sind nicht nur die Verpflegungsstände, die reich an Keksen, Stullen, Kuchen, Suppe, Nüssen und tausenden kalorienreichen Leckereien zum Hamstern sind.

Es ist nicht nur die kathartische Wirkung jedes Laufs.

Es sind nicht nur die Laufevents.

Es ist nicht nur die Trance, das Runner's High, das der Welt entrückt sein, für wenige Augenblicke.

Es ist nicht nur der Facettenreichtum, den das Laufen bietet: Müde? Dann laufe ich, um wach zu werden. Voller Energie? Dann laufe ich zum Auspowern. Traurig? Dann laufe ich zum Nachdenken. Glücklich? Dann laufe ich voller Freude. Oder um PBs zu erreichen oder aus reinem Genuss ohne Uhr oder mit Freundinnen oder um Gegenden zu erkundschaften oder um Einsamkeit zu finden.

Es sind nicht nur die Resonanzerfahrungen.

Es ist nicht nur die Reise, auf die man sich mit jedem längeren Lauf begibt, die stets ergebnisoffen ist und Neues bietet.

Es ist nicht nur die aktive wie passive Bewanderung: Nicht nur bewandern wir Berge beim Trailrunning, auch kehren wir bewandert zurück.

Es ist nicht nur das gesellschaftlich akzeptierte, zeitweilige Ausbrechen aus dem zivilisatorischen Usus.

Es ist nicht nur, Hoffnung als Haltung zu kultivieren, denn jeder Start beinhaltet die Hoffnung, die angetretene Reise voller Unbekannten zu meistern, um irgendwann anzukommen. Diese hoffnungsvolle Haltung wird auch außerhalb der Laufwelt wichtig. Wenn man zum Beispiel ein

Kind in die Welt setzt, wächst sie zur moralischen Pflicht heran, insbesondere in unserer Zeit, mit den stark einschneidenden klimatischen und politischen Veränderungen, weltweit.

Es ist die Gewissheit, dass das Laufen bleibt, auch wenn die Welt aus den Angeln fällt. Laufen kann zur Konstante werden. Es sei denn, ja, es sei denn, du wirst schwanger. Dann heißt es adieu Laufen, oder?

ADIEU, SELBSTVERSTÄNDLICHKEIT LAUFEN – HALLO, SCHWANGERSCHAFT

„Glückwunsch zur Schwangerschaft! Aber Juliane, dir ist schon klar: Mindestens ein Jahr, besser anderthalb Jahre, darfst du nicht laufen, ansonsten wirst du im Alter inkontinent werden! Yoga geht und macht eh viel mehr Spaß, wirst du schon sehen." (Zitat einer befreundeten jungen Mutter).

„Sie wollen einen über 100 Kilometer langen Ultratrail mit 6000 Höhenmetern durchs Hochgebirge im vierten Schwangerschaftsmonat laufen? Wenn Sie sich dabei wohlfühlen, dann ist das kein Problem für das Kind, Frau Bruneß, das können Sie schon tun. Ich verschreibe Ihnen Magnesium gegen Krämpfe." (Antwort meiner Frauenärztin auf die Frage, ob ich den ZUT laufen dürfe, schwanger).

PRÄSCHWANGERSCHAFTLICHES LAUFEN

Die natürlichen Kräfte des weiblichen Körpers zu zelebrieren, erscheint sehr zeitgeistig. Schon zu früheren Zeiten galt gesellschaftlich eines als absolutes Natürlichkeitspostulat: Das Gebären von Kindern – dafür sei der Frauenkörper gemacht.

Ich bin eine Frau, ich bin eine Schwangere (2022/2023), aber natürlich wie selbstverständlich war für meinen Körper über ein Jahrzehnt lang etwas anderes: Ich bin Läuferin! Mein persönliches Natürlichkeits-Postulat lautet seit über einem Jahrzehnt, dass ich meinen weiblichen Körper laufen lasse.

Und zwar Straßenmarathons auf Zeit, Ultratrails zum Genuss oder um die vier Phasen zu erleben, mal flach im Urbanen, mal auf und ab im trailigen Gelände, zur Abwechslung ausgiebig drinnen auf dem Laufband, manchmal schnell, gerne langsam, oft ziellos, häufig odysseisch, noch häufiger sinfonisch – Hauptsache, es läuft und zwar rund sechsmal in der Woche. So war das jedenfalls pränatal, also vor der Geburt meines ersten Kindes und damit vor meiner Schwangerschaft.

Das Laufen war über zehn Jahre lang mein verlässlicher Begleiter: Bei hunderten Wettkämpfen durfte ich partizipieren, tausende Trainingskilometer sammeln, immer verletzungsfrei, meist mit Freude bei der schönsten Sache der Welt, die zur absoluten Natürlichkeit herangewachsen war, mehr noch, zur Selbstverständlichkeit.

Auch der Freundeskreis ist laufverrückt: Man trifft sich vor dem Pizzaessen zum Laufen, das ist doch klar. Und auf einmal soll diese Selbstverständlichkeit einem neuen Zustand weichen: Der Schwangerschaft? Das wirkt in meiner Laufwelt widernatürlich.

Ich laufe, also bin ich Läuferin. Und nun? Darf, soll, kann ich noch laufen? Und wenn die Empfehlung lautet: Laufen – lasse es bleiben, was passiert mit der Identifikation als Läuferin, wenn das Distinktionsmerkmal Laufen fehlt?

Ebenso natürlich, wie es für die Frau in den Augen der Gesellschaft zu sein scheint, schwanger zu werden, ist es für Teile eben dieser Gesellschaft natürlich oder sogar notwendig, der Frau Rat zum Thema zu erteilen, insbesondere gegenüber schwangeren Läuferinnen, so zumindest meine Erfahrungen.

Mal ist es der mahnende Zeigefinger, nicht zu viel, besser gar nicht zu laufen, erst recht nicht an Wettkämpfen teilzunehmen, am besten nicht einmal mehr selbst zum Einkaufen zu gehen. Mal ist es ein Motivationsspruch, bloß nicht aufzuhören mit dem Sport, denn Bewegung sei essenziell wichtig für die eigene Psyche und für die Gesundheit des Kindes. Jede und jeder scheint irgendeine Art von Expertise bei dieser *natürlichen* Angelegenheit zu haben.

Alle, außer mir, der Betroffenen mit Babybauch, die erschlagen von den Ratschlägen, ratlos bleibt. Die Bandbreite der Tipps von: „Hör zwingend auf zu laufen", bis zu: „Lauf ruhig einen Ultramarathon", lassen keinen Trend ableiten. Unschlüssig bin ich, ob es „adieu, Laufen – hallo, Schwangerschaft" heißen muss?

KEINE EINHELLIGE MEDIZINISCHE MEINUNG ZUM THEMA LAUFEN IN DER SCHWANGERSCHAFT

Mangels hilfreicher Erkenntnisse aus dem Bekanntenkreis zu einem un- oder angebrachten Laufverhalten in der Schwangerschaft, starte ich eine Recherche in einem weiter gefassten Zirkel und finde auch hier ein Kaleidoskop an Kommentaren: Laufen sei *eine denkbar ungeeignete Sportart* für Schwangere, lässt sich Susanne Weber, Heidelberger Gynäkologin und Sportmedizinerin, in einem Artikel der *Süddeutschen Zeitung* (April 2021) zitieren.

Warum das? Sie erklärt: Um den Körper auf die Geburt vorzubereiten, sorgen die Schwangerschaftshormone dafür, dass die Bänder und Sehnen weicher werden. In Kombination mit dem höheren Gewicht (die Gewichtszunahme beträgt durchschnittlich 11 bis 20 Kilogramm während der rund 40 Schwangerschaftswochen) führt das zu einer Instabilität der Gelenke und zu einem erhöhten Verletzungsrisiko. Das ist insbesondere beim Trailrunning oder Intervalleinheiten der Fall.

Wird der Beckenboden dabei zu stark beansprucht, führt das zu Inkontinenz und anderen Langzeitfolgen. Und so sei die oft gehörte Empfehlung, in der Schwangerschaft joggen zu gehen, überhaupt keine gute Idee. Aha! Da hatte die befreundete Mutter also vielleicht einen Punkt mit ihrer Warnung. Ergo: Ich lasse das Laufen sein, richtig?

In jedem Fall sei davon abzuraten, im anaeroben Bereich, also bei der Energiegewinnung aus Kohlenhydraten ohne Sauerstoff bei intensiven Belastungen im Pulsbereich bei 80 und 90 Prozent der maximalen Herzfrequenz, zu trainieren, weil sonst die Sauerstoffzufuhr für das Kind nicht mehr ausreichend bestehen bleibe und zudem das Blut übersäuere, sagt Marion Sulprizio, Diplom-Psychologin von der Deutschen Sporthochschule Köln, in obigem Artikel.

Webers Kollege Prof. Dr. Wilhelm Bloch von der Deutschen Sporthochschule Köln beruhigt in einem Artikel des *Ärzteblatts* (Ausgabe 22/2018): „Lauftraining während der Schwangerschaft stellt keine Gefahr für den Fötus dar." Er belegt seine Aussage mit einer britischen Studie von 2018, die untersuchte, ob das Laufen negative Auswirkungen auf den Geburtstermin oder auf das -gewicht des Kindes hat.

Ausgewertet wurden die Daten von 1293 Läuferinnen. 579 Frauen (44 Prozent) unterbrachen das Laufen: 188 Frauen (15 Prozent) beendeten das Laufen während des ersten Trimesters, 318 Frauen (25 Prozent) liefen noch im zweiten und hörten im dritten Trimester auf und 208 Frauen (16 Prozent) liefen noch im dritten Trimester. Negative Auswirkungen konnten in keinem Fall nachgewiesen werden. Allerdings erwähnt auch er den Einfluss des Laufsports auf den Beckenboden, der ärztlich abgeklärt werden sollte.

Ich notiere also: Laufen während der Schwangerschaft ist für das Kind völlig okay. Für die Frau stellt es vielleicht nicht die optimalste Sportart dar, vor allem, je weiter die Schwangerschaft voranschreitet. Es kommt in jedem Fall darauf an, wie laufaktiv die Frau vor dieser Zeit gewesen ist. Es ist individuell abzuklären, was möglich ist.

Unterlassen sollten Schwangere Leistungssport. Das betont auch meine Frauenärztin, die empfiehlt, so lange zu laufen, bis das Ende der Komfortzone erreicht ist – Bis dahin und nicht weiter, denn, solange ich mich wohlfühle, fühle sich zum einen das Kind wohl und zum anderen wisse mein Körper schon ziemlich genau selbst, wo die Grenze erreicht ist, so einfach sei das.

PRÄNATALES LAUFEN

Das *Ob* des Laufens mit Babybauch ist geklärt und zwar zum Positiven für mich: Ich laufe, brav in meiner Komfortzone. An manchen Tagen muss ich mit voranschreitender Schwangerschaft feststellen, dass sich die Komfortzone kleiner zeigt, an anderen Tagen fühle ich mich fit wie nie zuvor. Manchmal wirkt ein leichtes Traben atemraubend, am nächsten Tag jogge ich stundenlang in der Bergwelt herum.

Wenn jeder Laufschritt hart gegen die Komfortzonenwand kickt, bin ich besonders dankbar für den beschwichtigenden Rat meines Partners und Ehemanns Christian, der sich selbst als (Ultra-)Läufer identifiziert: „Die Schwangerschaft ist nur eine zeitlich begrenzte Phase, in der das Laufen zurückstehen kann, ohne dass ich meine Identifikation als Läuferin ablegen müsste. Die Leistungsfähigkeit, die Laufabenteuer, die Bergerlebnisse können nach der Geburt wieder forciert werden, zusammen mit dem Kindchen, jetzt heißt es, rücksichtsvoll mit dem Körper umzugehen. Es stehen andere Prioritäten an, die viel größer und wichtiger sind als PBs oder Finishs." D'accord.

Dennoch: Einen gemeinsamen Laufurlaub mit unseren Freunden Sandra und Tom planen wir und zwar schwangerengerecht: Es sollen die 170 Kilometer mit über 10.000 Höhenmetern um das Mont-Blanc-Massiv durch Frankreich, Italien und der Schweiz gelaufen werden. – Auf den Spuren des größten Trailevents der Welt, des UTMB (Ultra-Trail Du Mont-Blanc), fragmentiert auf vier Tage. Für mich im fünften Schwangerschaftsmonat, natürlich, in der Komfortzone. Würde diese gesprengt werden, so planen wir, fahre ich Teile der Strecke per Bus.

Anders als erwartet, muss ich nie in den Bus steigen. 50 Kilometer und 3500 Höhenmeter? Sind lauf- und wanderbar, zu zweit in meinem Körper.

Auch anders als erwartet heißt es nie „adieu, Selbstverständlichkeit Laufen – hallo, Schwangerschaft". Über Instagram dokumentiere ich mein schwangeres Laufen und werde mit viel Unverständnis konfrontiert: Ob ich den Fötus schon totgelaufen hätte? Solche Fragen ignorierend, wird die Schwangerscahft zu einer spannenden, ärztlich begleiteten Reise voller Lauferlebnisse.

Schwangersein und Weiterlaufen befruchteten sich gegenseitig, für mich – das muss hier ergänzt werden, denn wie jeder Frauenkörper individuell ist, verläuft jede Schwangerschaft anders und die weiblichen Bedürfnisse währenddessen.

Für mich hieß ein Bedürfnis Bewegung, für andere Frauen heißt es Ruhe. Der Clou ist, auf die Bedürfnisse zu hören und nicht gegen seinen Körper zu arbeiten. „Geht es Mama gut, geht es dem Kind gut", behalte ich die Aussage meiner Gynäkologin im Hinterkopf.

Einen Tag vor der Geburt laufe ich noch immer meine zehn Kilometer lange Dorfrunde, genau, komfortzonenfreundlich, und bringe tags darauf ein putzmunteres und gesundes Kind zur Welt. Hallo, kleine, süße Emelie Bruneß!

UND DANACH? SCHWANGERSCHAFT UND GEBURT ALS LEISTUNGSBOOST? NEUE ERKENNTNISSE ZUM POSTNATALEN LAUFEN

Sobald sie schwanger ist, habe eine Frau ihre besten sportlichen Tage hinter sich. Das dachten viele für lange Zeit. Ich kann jetzt sagen: Pustekuchen. Eine neue Studie beweist Gegenteiliges. Auch die deutsche Athletin Fabienne Königstein stellt Gegenbeweise an. Ich habe mir die Studie angeschaut und mit der jungen Mutter Königstein über ihren postnatalen Wiedereinstieg in den Laufsport gesprochen.

Auch mein eigener Laufeinstieg bewies mir Gegenteiliges: Im selben Jahr von Emelies Geburt konnte ich wieder Ultratrails in den Bergen laufen, mit einem Gefühl von Stärke, das ich bis dato nicht kannte.

Als ich den Titel von Alex Hutchinsons Artikel *How Pregnancy Affects Your Marathon Time* las (veröffentlicht auf *Outside Online* am 8. Juli

2022), erwartete ich, was man in Sportler- und Sponsorenkreisen lange dachte: Zum Positiven verändert sich die Leistungsfähigkeit einer Frau nach Schwangerschaft und Geburt sicherlich nicht. Ein Trugschluss – ich wurde beim Lesen überrascht: Der *Outside*-Kolumnist liefert ganz neue Erkenntnisse.

GEHALTSKÜRZUNGEN BEI SCHWANGEREN SPORTLERINNEN

Zunächst erinnert Hutchinson in seinem Beitrag daran, dass vor einigen Jahren die von Nike gesponserten Läuferinnen Alysia Montaño und Kara Goucher öffentlich machten, in welchem Umfang ihr Gehalt gekürzt wurde, als sie schwanger wurden.

Allyson Felix folgte mit der Geschichte, dass Nike ihr einen Vertrag mit einer 70-prozentigen Gehaltskürzung angeboten hatte, nachdem ihre Schwangerschaft bekannt geworden war. „Schwanger zu werden", sagte die ehemalige Nike-Läuferin Phoebe Wright, sei *The kiss of death* für eine Sportlerin.

Die moralischen Fragen ausklammernd, will ich mich den physiologischen Fakten widmen, so wie Hutchinson. Er fragt: Ist es richtig, anzunehmen, dass eine Frau, sobald sie schwanger ist, ihre besten sportlichen Tage hinter sich hat? Könnte es nicht sein, dass Sportlerinnen nach der Geburt einen Vorteil haben?

Genau das vermuten Experten und verweisen auf dauerhafte Veränderungen der kardiovaskulären Fähigkeiten, also solche, die das Herz-Kreislauf-System betreffen. So kann das Herz einer schwangeren Frau eine viel höhere Blutmenge pumpen, da sich diese während der Schwangerschaft stark erhöht. Dazu kommt eine möglicherweise höhere Schmerztoleranz nach dem Geburtsvorgang. Das wären vorteilige Fähigkeiten im Leistungssport.

SPEZIELLE SCHWANGEREN-FÄHIGKEITEN - NEUE ERKENNTNISSE

Die schlüssig klingenden Thesen müssten mit Daten bestätigt werden. Diese liefert nun eine neue Studie im *European Journal of Sport Science* von dem Forscherteam unter der Leitung von Nicolas Forstmann (Institut für Forschung in BioMedizin und Epidemiologie des Sports und dem Nationalen Institut für Sportexpertise und -leistung, Frankreich). Forstmann und sein Team analysierten die Karriereverläufe der schnellsten Marathonläuferinnen der Geschichte.

Die Analyse umfasst die 150 schnellsten Marathonläuferinnen der Welt. Die Basis bilden die auf den von World Athletics (Dachverband aller nationalen Sportverbände für Leichtathletik) geführten Listen. 37 Läuferinnen konnten identifiziert werden, die während ihrer Elitekarriere Kinder zur Welt gebracht hatten. Das bedeutet, dass sie in der World-Athletics-Datenbank auf Distanzen zwischen 1500 Metern und Marathon sowohl vor als auch nach der Geburt mindestens eine Leistung auf Spitzenniveau erbracht hatten.

Von diesen 37 Athleten bekamen 23 während ihrer Karriere ein Kind im Durchschnittsalter von 28,3 Jahren, die anderen 14 Athletinnen hatten zwei Kinder im Durchschnittsalter von 24,7 und 32,6 Jahren.

Insgesamt liefen 26 der 37 Läuferinnen ihre schnellsten Zeiten (im Durchschnitt 2:21 Stunden) nach dem ersten Kind. Bei einer genaueren Betrachtung zeigt sich, dass in der Gruppe mit einem Kind nur acht Läuferinnen ihre Bestzeit vor dem Kind, jedoch 15 Läuferinnen ihre Bestzeit nach der Geburt des Kindes liefen.

In der Gruppe mit zwei Kindern liefen drei Läuferinnen ihre Bestzeit vor den Kindern, fünf zwischen den Kindern und sogar sechs nach dem zweiten Kind. Hutchinson resümiert, dass diese Daten ziemlich gut aussehen für die Annahme, dass Schwangere nach der Geburt sportlich leistungsfähiger sind als zuvor.

SCHWANGERSCHAFT UND GEBURT ALS LEISTUNGSBOOST?

Trotz blinder Flecken in der Studie (Was ist mit Frauen, die in der Studie nicht auftauchen? Wie ist der Zeitfaktor mit einzukalkulieren – nach der Schwangerschaft sind die Frauen älter? Et cetera) sind die neuen Daten nach Hutchinsons Meinung zwar beruhigend. Frauen, die nach der Geburt eines Kindes erfolgreich ins Training und in den Wettkampf zurückkehren können, machen anscheinend da weiter, wo sie aufgehört haben, teils erfolgreicher als zuvor.

Seit Montaño, Goucher und Felix sich zu Wort gemeldet haben, haben sich Nike und andere Unternehmen öffentlich verpflichtet, die Entschädigung von Sportlerinnen während und nach der Schwangerschaft zu schützen. Auch das wirkt beruhigend. Hutchinson vermutet, dass die Athleten immer noch nervös sind, wenn es darum geht, ihren Sponsoren mitzuteilen, dass sie eine Familie gründen wollen, aber er wie ich hoffen, dass diese Daten ihnen nützliche Informationen für das Gespräch liefern.

Man sollte sich dennoch darüber im Klaren sein, dass Schwangerschaft und Geburt große Herausforderungen für das Training auf Spitzenniveau darstellen. Geschwächte Bänder können die Laufmechanik verändern, gerissene Bauchmuskeln beeinträchtigen die Stabilität, der Stoffwechsel in der Stillzeit kann zu einem Kaloriendefizit führen und anfällig für Stressfrakturen machen.

Alle diese Probleme treten häufig bei Sportlerinnen auf, die nach der Geburt eines Kindes schnell wieder voll ins Training einsteigen. Es scheint also wichtig zu sein, nach einer Geburt die nötige Geduld aufzubringen, sonst bringt der beste Leistungsboost nichts.

KÖNIGSTEINS ERFAHRUNGEN

Fabienne Königstein, deutsche Marathonmeisterin (2018, mit einer Bestzeit von 2:32:35 Stunden) und einer Zehn-Kilometer-Bestzeit 33:15 Minuten (2019) gehört zur deutschen Läuferinnenspitze und ist ebenfalls eine gesponserte Athletin. Dann wurde sie schwanger.

Was waren die Gedanken der 30-Jährigen vor der Geburt in Bezug auf ihre Leistungsfähigkeit im Sport und die Schwangerschaft? Sorge vor dem Fitnessverlust habe sie nicht gehabt, sagt sie. „Es gibt einige Läuferinnen, die, nachdem sie Mutter geworden sind, sogar noch stärker zurückgekommen sind und als Mama ihre Bestzeiten aufgestellt haben. Diese Vorbilder sind sehr wichtig!"

Königssteins Aussage deckt sich mit den Erkenntnissen aus der Studie. Sie habe gleich mehrere Athletinnen, die bereits Mama sind, nach ihren Erfahrungen gefragt. Der häufigste Rat war, dass jede Schwangerschaft individuell sei und sie auf ihr Körpergefühl hören solle.

DER WIEDEREINSTIEG NACH DER GEBURT

Ich frage sie nach ihrem Wiedereinstieg nach der Geburt ins Laufen. „Am meisten Probleme hatte ich mit dem Beckenboden und Inkontinenz, die aber nun, fünf Monate nach der Geburt, kein Thema mehr sind. In den ersten Wochen nach der Entbindung habe ich täglich Rückbildungs- und Stabilisationsübungen gemacht und bin spazieren gewesen. Das Ausdauertraining fand auf dem Rad statt, dem Crosstrainer (zwei Wochen nach Geburt) und im Wasser (fünf Wochen nach Geburt). Zehn Wochen nach Geburt konnte ich dann wieder beschwerdefrei 30 Minuten am Stück laufen."

Sie kann für sich festhalten: „Die Veränderungen, die ich wahrgenommen habe, waren ansonsten positiv: Endlich hatte ich keinen dicken Bauch mehr und viel bessere Regenerationsfähigkeiten." Auch dies deckt sich mit den Thesen von oben genannten Experten zu den speziellen Schwangerenskills.

Meine eigenen Erfahrungen sind ähnlich. Während des sogenannten *Wochenbetts*, also sechs bis acht Wochen nach der Geburt, wandere und steige ich lediglich, teils auf dem Laufband. Laufen ist tabu, es gilt, den Beckenboden zu entlasten wegen oben genannter Risiken. Die Fitness lässt sich so gut aufbauen beziehungsweise aufrechterhalten, außerdem tut mir die Bewegung gut.

BEDACHTE UND GEDULDIGE RÜCKBILDUNG ALS SCHLÜSSEL ZUM ERFOLG

Wichtig sei, so Königstein, eine koordinierte und geduldige postnatale Rückbildungspraxis umzusetzen: „Meine Rückbildungsübungen habe ich mithilfe eines Buchs gemacht, da der übliche Rückbildungskurs erst viele Wochen nach der Geburt startet und ich nicht so lange warten wollte. Den Return-To-Sports hat mein Mann und Sportmediziner Karsten Königstein in Zusammenarbeit mit Physiotherapeuten gestaltet."

Bei ihr funktionierte der Wiedereinstieg problemlos und erfolgreich, wie ihr erster Wettkampf nach der Geburt beweist: Königstein lief nur 15 Wochen nach der Geburt bei dem 10 Kilometer langen Hockenheimringlauf eine Zeit von 35:04 Minuten. Und das, obwohl sie noch stillte. Ich gratuliere, möchte aber auch darauf hinweisen, dass diese Leistung nicht als Referenz für die Leserinnen dienen soll – Hotchinson wie auch Königstein mahnen: Jede Schwangerschaft und jeder Wiedereinstieg sind individuell. Hotchinsons Recherche und Königsteins Erfahrungen sollen als Anker der guten Hoffnung für schwangere Ambitionierte dienen.

Ich hatte Glück, mein postnatales Laufen lief problemfrei: So konnte ich, nach Absprache mit einer Beckenbodenphysiotherapeutin und Gynäkologin, drei Monate nach der Geburt in Hamburg einen Halbmarathon laufen, fünf Monate später die bergige 45-Kilometer-Strecke beim

Zugspitz Ultratrail und acht Monate später die 105 Kilometer lange Ultra Tour Monte Rosa mit über 6000 Höhenmeter in der Schweiz, wer hätte das gedacht?

Nie zuvor in meinem Leben hatte ich mich derart stark gefühlt – der Schwangerschaft und der Geburt sei Dank? Wahrscheinlich, der Frauenkörper ist jedenfalls ein regeneratives Wunderwerk und vielleicht ist auch das kleine Kindchen eine neue, große Motivationsquelle, denn ihr möchte ich gerne die wertvolle Essenz mitgeben, die die Laufkultur beinhaltet.

TIPPS FÜR SCHWANGERE LÄUFERINNEN

1. Gerade im ersten Trimester, wenn häufig Übelkeit und Müdigkeit auftreten, kann Sport in Maßen helfen, wenn frau sich vom Sofa oder Bett aufraffen möchte.

2. Die Schwangerschaft ist keine Zeit für Spitzenleistungen. Wir sollten den Sport so ausüben, dass es uns dabei gut geht.

3. Am Ende der Schwangerschaft lieber häufiger auf dem (Spinning-)Rad oder im Wasser trainieren. Das Laufen ist dann eine besonders große Belastung für den Bewegungsapparat.

TIPPS FÜR DEN WIEDEREINSTIEG NACH DER GEBURT

1. Geduld, Geduld, Geduld.

2. Ein solides Beckenbodentraining ist nicht nur in den ersten Wochen wichtig, sondern viele Monate lang.

3. Auf den Körper hören, ihm Zeit geben und sich nicht mit anderen vergleichen. Jede Schwangerschaft verläuft individuell und die Zeit nach der Geburt genauso.

Die Schwangerschaft und die pränatale Periode scheinen einen Umweg im Läuferinnenleben einzuleiten, …

… aber das Neue, sagte Hans Blumenberg, Philosoph, entstehe durch das Gehen (oder Laufen) von Umwegen (oder überhaupt von Wegstrecke) – und diese Umwege fehlen heutzutage meist.

Denn, der kürzeste Weg zwischen zwei Punkten scheint die sinnvollste, weil effizienteste Art, ans Ziel zu gelangen. Doch was hat man dabei gewonnen, beziehungsweise: Was hat man auf diesem Weg alles nicht gesehen? Durch das Gehen (oder Laufen?) von Umwegen und völlig zufällig entsteht da das Neue. Zum Bewältigen dieser Wege braucht man natürlich Ausdauer, nur so kann man siegreich enden, so wie Shackleton schon wusste: By endurance we conquer.

Durch Ausdauer zum Sieg – was auch immer dieser Sieg sein mag. Für mich: Ein (um-)wegreiches Leben. Shackleton hatte recht und Barbara Pabst auch. „Fürs Leben", antwortet sie auf die Frage: „Wofür trainierst du, wenn du ständig Berge rauf und runterrennst?" D'accord.

BILDNACHWEIS

Cover- und Umschlaggestaltung: Isabella Frangenberg

Layout: Isabella Frangenberg

Satz: Zerosoft

Gestaltung Bildseiten: Isabella Frangenberg

Lektorat: Dr. Irmgard Jaeger

Redaktionelle Begleitung: Christian Bruneß

Covermotiv: © René Claußnitzer

Autorenbild: © Andy Astfalck

© Peter Hochhauser: S. 105, 108-109, 115-118

© Jens Nieth: S. 106-107

© Andy Astfalck: S. 110-111

© Hendrik Auf'mkolk: S. 113-114

© Juliane Bruneß: S. 112

© Andi Frank: S. 119-120